新能源汽车维修技能

多国华 编著

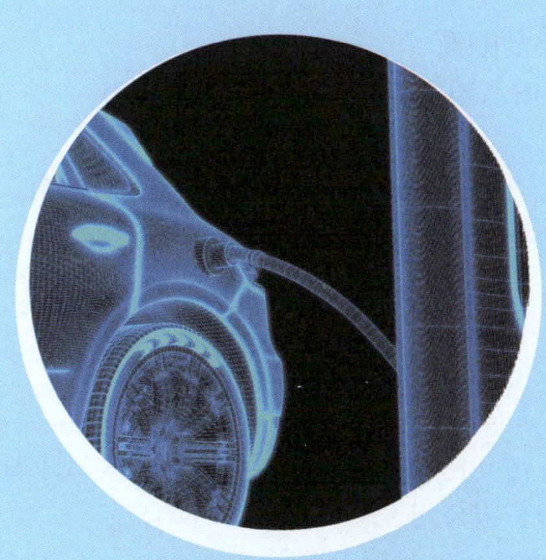

中国铁道出版社有限公司
CHINA RAILWAY PUBLISHING HOUSE CO., LTD.

内容简介

随着新能源汽车纳入国家发展战略，新能源汽车的保有量和维修需求也出现了“水涨船高”的现象。本书由经验丰富的新能源汽车维修工程师编写，重点讲解了新能源汽车各个模块的结构、工作原理及常见故障检测维修方法，并通过大量翔实的全彩图解梳理了新能源汽车维修的实践思路和完整流程。

本书内容全面，图文并茂，强调动手能力和实用技能的培养，结合图解有助于增加实践经验。本书旨在帮助汽车维修从业人员系统学习新能源汽车的工作原理，并通过实战案例获得熟练的检修技能，进而积累一定的维修经验；除此之外，本书还可作为汽车维修培训的参考教材。

图书在版编目（CIP）数据

新能源汽车维修技能全图解/多国华编著. —北京：中国铁道出版社有限公司，2022. 4

ISBN 978-7-113-28749-8

Ⅰ.①新… Ⅱ.①多… Ⅲ.①新能源-汽车-车辆修理-图解 Ⅳ.①U469. 707-64

中国版本图书馆CIP数据核字（2022）第000897号

书　　名：新能源汽车维修技能全图解
XINNENGYUAN QICHE WEIXIU JINENG QUANTUJIE

作　　者：多国华

责任编辑：荆　波　**编辑部电话：**（010）51873026　**邮箱：**the-tradeoff@qq. com
封面设计：MX DESIGN STUDIO
责任校对：苗　丹
责任印制：赵星辰

出版发行：中国铁道出版社有限公司（100054，北京市西城区右安门西街 8 号）
印　　刷：北京联兴盛业印刷股份有限公司
版　　次：2022 年 4 月第 1 版　2022 年 4 月第 1 次印刷
开　　本：787 mm×1 092 mm 1/16　**印张：**12. 5　**字数：**296 千
书　　号：ISBN 978-7-113-28749-8
定　　价：59. 80 元

前言

为什么写这本书

如今新能源汽车已经列入国家发展战略，在不久的将来新能源汽车将逐步取代传统的燃油汽车。随着新能源汽车的保有量逐渐增多，新能源汽车的维修需求越来越多，因此新能源汽车维修服务将会逐渐成为汽车服务的主要组成部分。随之而来，汽车修理行业中对于新能源汽车专业维修工程师的需求势必越来越多。

那么怎样才能成为新能源汽车维修工程师呢？其实很简单，只要“多看、多学、多问、多练”即可。

首先对于新能源汽车电路和动力输出 / 输入相关专业知识的掌握是必不可少的，这些知识是我们认识汽车结构和工作原理的基础，更是汽车检测维修时判断故障原因的理论支撑。

其次要掌握新能源汽车的基本维修技巧、正确的维修方法和规范的维修程序，这些既是技能更是经验，它可以帮助我们更快地判断故障原因，梳理出有效的检修思路，并作出高效的维修实操。

最后要从大量的实际检修操作中总结规律，积累经验；掌握某一类故障的基本检修方案，清楚主流品牌新能源汽车的常见故障和维修思路，在不断地动手实践中提升维修技能水平。

本书以现场检测实操和翔实步骤图解的方式展开讲解，方便初学者快速掌握新能源汽车的检测维修方法。本书力求为维修学习人员提供“手把手讲解 + 经验梳理”的学习模式，帮助读者快速成长为专业的新能源汽车维修工程师。

全书学习地图

第一部分（1~3 章）旨在帮助读者较为全面地了解新能源汽车的整车结构及维修过程中的安全防护，继而熟练掌握常用汽车维修工具的使用技巧，并对常见汽车电子元器件基本知识和汽车电路图读图识图方法做了详细描述。

第二部分（4 ~10 章）分别讲解了整车控制器（VCU）、动力电池、动力电池的冷却系统、动力电池控制系统、动力电池充电系统、电动机控制系统、高压系统、DC/DC 转换器、空调系统等关键系统的结构原理、故障维修方法及维修实战。

本书特色

1 技术实用，内容丰富

本书讲解了新能源汽车的各种基本维修技能，同时总结了整车控制器（VCU）、动力电池系统、充电系统、电动机控制系统、高压配电系统、DC/DC转换器、空调系统等重要系统的故障维修实操，内容非常丰富实用。

2 大量实操，增加经验

本书结合大量的检测实操对新能源汽车的各种电路故障进行了实际检测判断，配备了大量的实践操作图，总结了丰富的实践经验；读者学过这些实操内容，可以轻松掌握新能源汽车电路检测与维修的实践技能。

3 直观图解，轻松掌握

本书讲解过程使用了直观图解的讲解方式，上手更容易，学习更轻松。读者可以一目了然地看清楚新能源汽车电路故障的检测判断过程，快速掌握所学知识。

读者对象

本书较为系统地讲解了新能源汽车的各个重要系统的结构原理、维修方法及维修实战，旨在帮助读者扎实掌握新能源汽车维修方法和技巧，提升维修经验。以下三类读者可以从本书的学习中获益：

- 新能源汽车维修初级技师；
- 从传统燃油车转向新能源汽车维修的从业人员；
- 热衷于汽车维修的新能源汽车车主；
- 职业院校相关专业学生和汽车维修培训班学员。

整体下载包

为了帮助读者更加扎实地掌握新能源汽车故障检测与维修技能，笔者特地为本书制作了整体下载包，内容包括：

- 9 段新能源汽车故障检修视频；
- 13 段常见电子元器件故障检测与判断视频。

整体下载包可通过图书封底的下载链接获取使用。

多国华

2021 年 10 月

目 录

第 4 章 新能源汽车整车控制器故障诊断与维修

第 5 章 新能源汽车动力电池结构及控制系统故障诊断与维修

第 6 章 新能源汽车动力电池充电系统故障诊断与维修

第 7 章 新能源汽车电动机及电动机控制系统故障诊断与维修

第 8 章 新能源汽车高压分配系统与高压互锁系统故障诊断与维修

第 9 章 新能源汽车DC/DC 转换器故障诊断与维修

第 10 章 新能源汽车空调系统故障诊断与维修

第1章

新能源汽车整车结构与安全防护

新能源汽车是未来汽车的发展方向，它和传统燃油车在结构上有什么差别呢，我们本章中会详细了解。除此之外，新能源汽车的内部有高达几百伏的工作电压，如果操作不当，这些高电压会对人体造成伤害，因此在学习新能源汽车维修之前，要务必清楚高压安全防护知识和操作规范。

1.1 新能源汽车的整车结构

新能源汽车有别于以前的汽油车、柴油车等传统能源汽车，它是指以车载电源（如动力电池）为动力，用电动机驱动车轮行驶的汽车。新能源汽车是现代汽车的发展方向，是未来的主力汽车，下面讲解新能源汽车的种类及结构；关于新能源汽车的结构，我们将对其电力控制系统进行重点阐述，细致了解一下电力控制系统中的10个主要组成部分，帮助读者透彻理解电力控制系统的工作原理。

1.1.1 新能源汽车的种类

目前新能源汽车主要有三种：纯电动汽车、混合动力汽车、燃料电池汽车。

（1）纯电动汽车

纯电动汽车（Battery Electric Vehicle，BEV），顾名思义，是完全由可充电电池（如三元锂电池、磷酸铁锂电池等）提供动力源的汽车。比较有代表性的纯电动汽车品牌有——特斯拉、北汽新能源等。

（2）混合动力汽车

混合动力汽车（Hybrid Electric Vehicle，HEV），是一种用电动机作为发动机的辅助动力的驱动汽车，即采用传统的内燃机（柴油机或汽油机）和电动机作为动力源。混合动力车型主要以日系为主，如普锐斯、丰田雷凌等都属于油电混合动力车型。

（3）燃料电池汽车

燃料电池汽车（Fuel Cell Electric Vehicle，FCEV），是一种用车载燃料电池装置产生的电力作为动力源的汽车。车载燃料电池装置所使用的燃料为高纯度氢气或含氢燃料经重整所得到的高含氢重整气。

1.1.2 新能源汽车的结构

传统燃油汽车主要由发动机、底盘、车身、电气设备四大部分组成。而新能源汽车中的纯电动汽车与传统燃油汽车相比，取消了发动机，取而代之的是电源系统和驱动电动机等新机构。由此可知，纯电动汽车主要由电力驱动控制系统、底盘、车身、辅助系统等组成，如图1-1所示。

新能源汽车和传统汽车的车身及底盘类似，在本小节中，我们重点讲解电力驱动控制系统。图1-2（a）所示为电力驱动控制系统结构框图。从图1-2中可以看出，电力驱动控制系统由动力电池、电池管理系统、整车控制器、慢充接口、快充接口、车载充电机、高压分配盒、DC/DC转换器、蓄电池、空调压缩机、PTC加热器、电机控制器、电动机等组成。

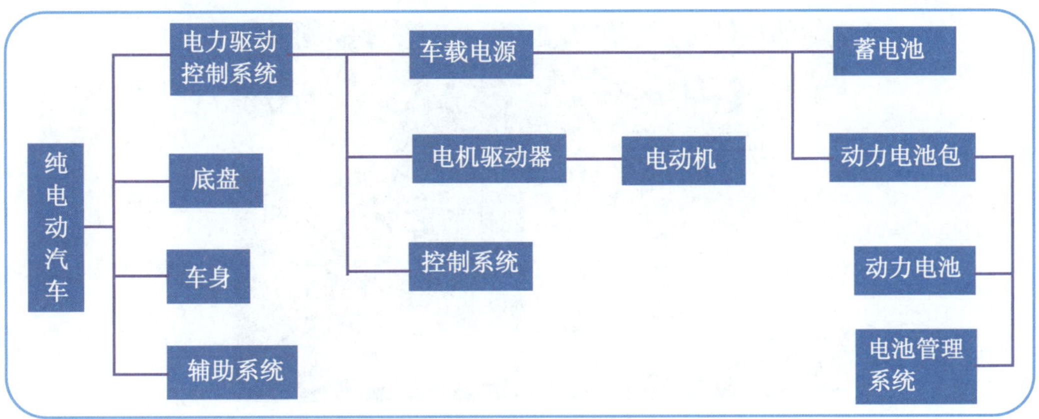

图 1-1　新能源汽车的结构

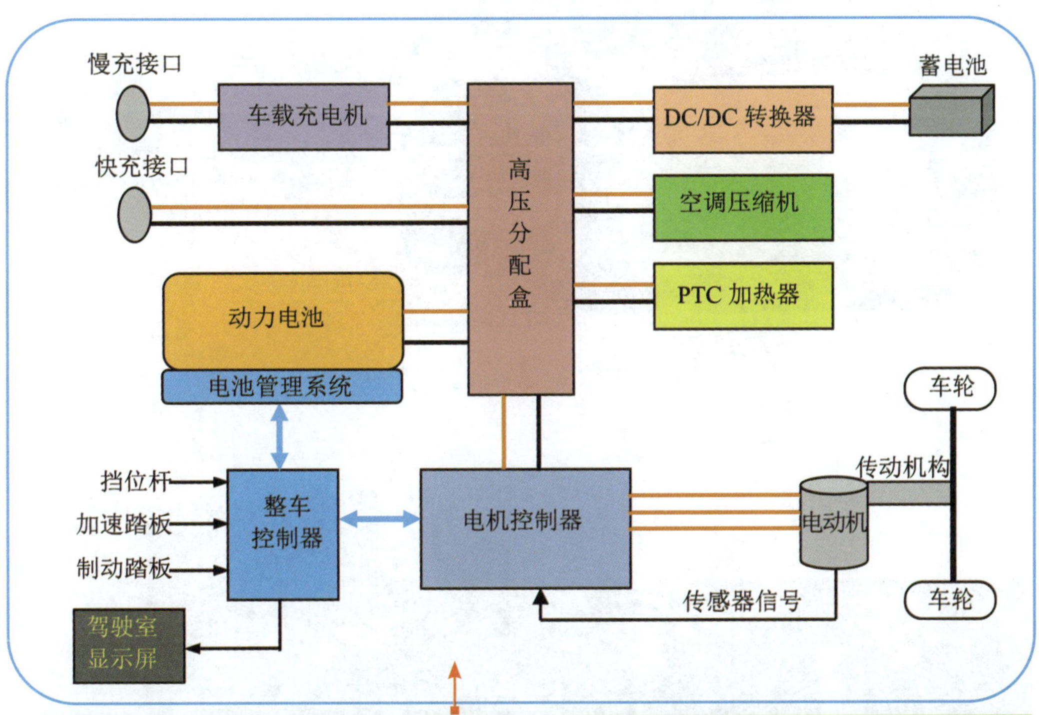

上图中，动力电池的高压电经过高压分配盒后，分别输送给电机控制器、DC/DC 转换器、空调压缩机、PTC 加热器等设备，为它们供电。电机控制器驱动电动机转动，电动机通过传动机构带动车轮转动。同时，整车控制器控制整车设备运转，电池管理系统对动力电池进行管理。通过慢充接口或快充接口可以对动力电池进行充电。

（a）新能源汽车电力驱动控制系统结构框图

图 1-2　新能源汽车组成结构

（b）新能源汽车各种控制模块

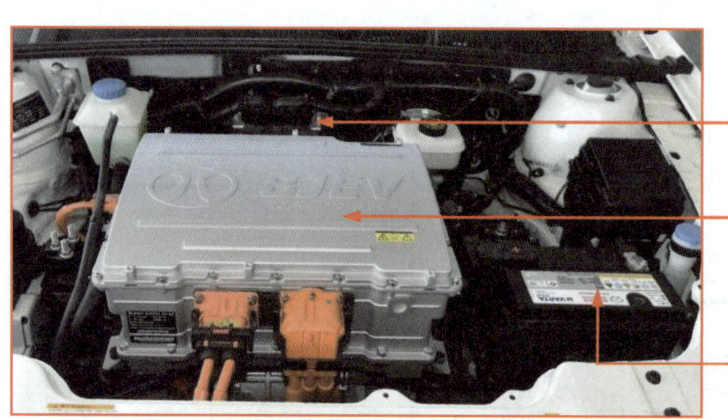

（c）新能源汽车集成式控制器

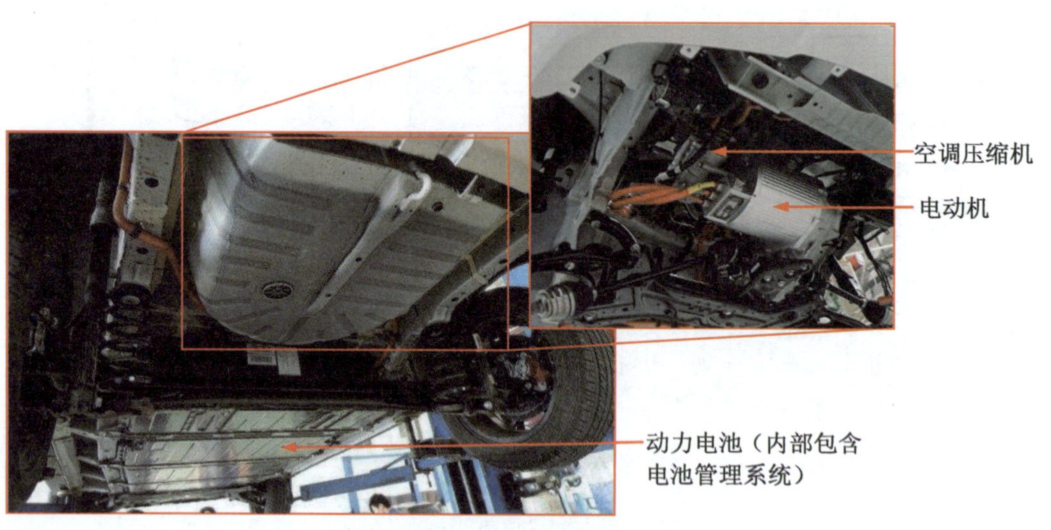

（d）新能源汽车电动机及动力电池

图 1-2　新能源汽车组成结构（续）

（1）整车控制器（VCU）

整车控制器是新能源汽车的控制中心，如图 1-3 所示。电机控制系统运行状态的信息会发送给整车控制器，然后由整车控制器进行处理。同时，整车控制器根据驾驶员输入的加速踏板和制动踏板的信号，向电机控制器发出相应的控制指令，对电动机进行起动、加速、减速、制动控制。在纯电动汽车减速和下坡滑行时，整车控制器配合电源系统的电池管理系统进行发电反馈，使动力蓄电池反向充电。整车控制器还对动力蓄电池充、放电过程进行控制。对于与汽车行驶状况有关的速度、功率、电压、电流等信息，VCU 会将它们传输到车载信息显示系统进行相应的数字或模拟显示。

图 1-3　整车控制器

（2）动力电池

动力电池是新能源汽车动力的来源，它存储的是直流电，并具备高能量、高密度、高循环的特性；现在新能源汽车的动力电池类型主要由三元锂电池和磷酸铁锂电池，动力电池如图 1-4 所示。

图 1-4　动力电池

（3）电动机

电动机用于驱动汽车行驶，目前使用较多的是交流电动机（如交流异步电动机、交流永磁同步电动机等），如图 1-5 所示。动力电池输出的直流电通过电机控制器逆变后给电动机输出三相交流电，来驱动电动机运转。

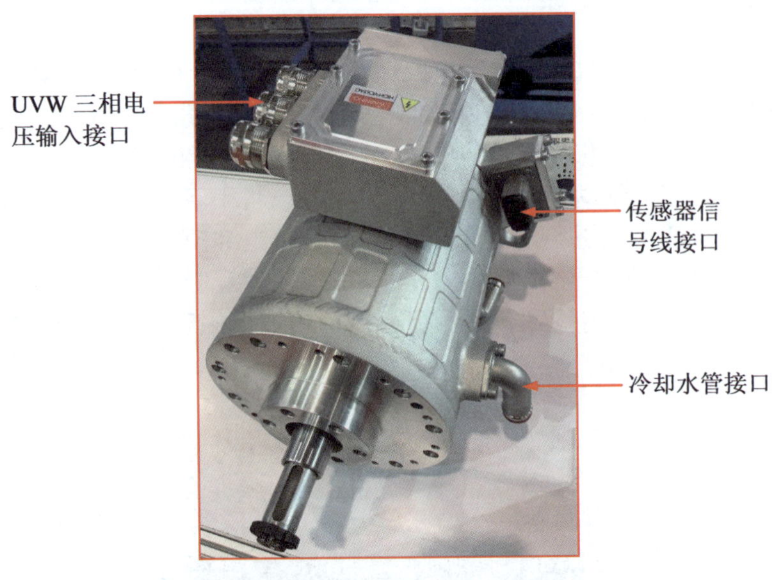

图 1-5　永磁同步电动机

（4）电动机控制器

电动机控制器又称智能功率模块，是电动汽车的核心控制单元之一，如图 1-6 所示。电动机控制器将动力电池输入的高压直流电逆变成三相交流电，驱动电动机运转。电动机控制器通过整车控制器发送的控制信号实现对电动机的转速、转动方向的控制。

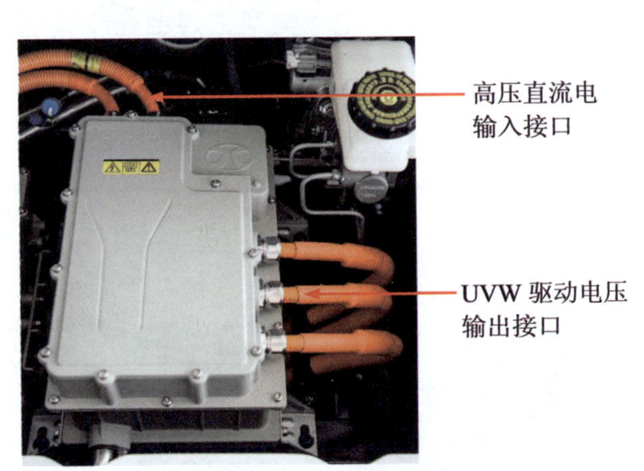

图 1-6　电动机控制器

（5）电池管理系统（BMS）

电池管理系统的主要作用是提高电池的利用率，防止电池出现过充电和过放电，延长电池的使用寿命，监控电池的状态，如图 1-7 所示。BMS 通过采集动力电池的电量、电压、温度等信号反馈给整车控制器，再由整车控制器发出控制信号来控制其他设备动作，继而实现对动力电池的管理。

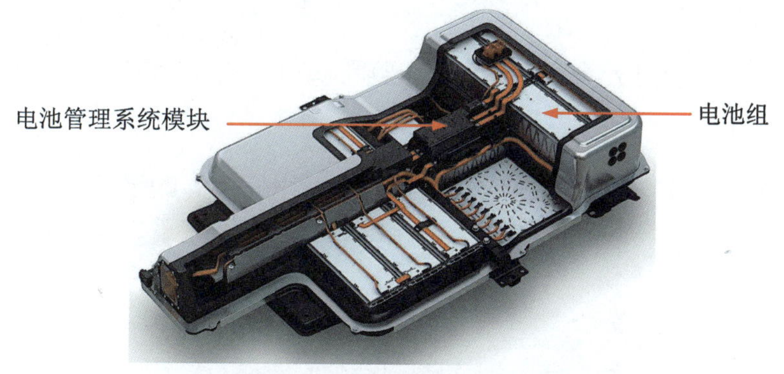

图 1-7 电池管理系统

（6）车载充电机

车载充电机的主要作用是将交流 220V 电压转换成直流电压为动力电池充电，如图 1-8 所示。当车载充电机接上交流电后，并不是立刻将直流电输出给动力电池，而是通过电池管理系统首先对动力电池的状态进行采集分析和判断，进而调整节充电电流或电压参数，执行相应的动作，完成充电过程。

图 1-8 车载充电机

（7）DC/DC 转换器

DC/DC 转换器的主要功能是将高压直流电转换成低压直流电（14 V 左右），给控制电路、仪表显示屏、LED 灯等供电，另外为蓄电池充电。

（8）高压分配盒

高压分配盒其实就是一个高压分配和管理系统，其内部主要是熔丝和继电器。用来将动力电池输出的高压直流电分配给电机控制器、空调压缩机、PTC 加热器等设备，同时起到保护作用。

（9）空调压缩机

空调压缩机主要用于冷却系统中，新能源汽车的压缩机使用高压直流电驱动。

（10）PTC 加热器

PTC 加热器主要用于供热系统中，它工作时可以发热，配合风扇，可以为乘客提供暖风，如图 1-9 所示。

图 1-9　PTC 加热器

1.2 新能源汽车安全用电常识

与传统汽车相比，新能源汽车内部有高压电系统，会对人体会产生伤害。所以无论是研发、生产，还是售后维修人员，都必须正确认识新能源汽车具有的高压风险，做好涉及的高压工作区域的防护，防止高压伤害。

1.2.1　安全用电常识

在正式讲解新能源汽车高压操作规范和安全防护之前，我们先来对安全电压的具体数值以及人体对不同强度电流的反应做一下简要描述；对这些常识的了解，可以帮助读者建立起对电的敬畏，进而做到规范和安全用电。

1. 安全电压

当人体电阻一定时，人体接触的电压越高，通过人体的电流就越大，对人体的损害也就越严重。

但并不是人体接触电源就会对身体造成伤害。在日常生活中我们用手触摸普通干电池的两极，人体并没有任何感觉，这是因为普通干电池的电压较低（直流 1.5 V）。

作用于人体的电压低于一定数值时，在短时间内，电压对人体不会造成严重的伤害事故，我们称这种电压为安全电压。

为确定安全条件，往往不采用安全电流，而是采用安全电压进行估算：一般情况下，在干燥而触电危险性较小的环境中，安全电压规定为 36 V；对于潮湿而触电危险性较大的环境（如金属容器、管道内施焊检修），安全电压规定为 12 V；这样，触电时通过人体的电流，可被限制在较小范围内，可在一定程度上保障人身安全。

2. 安全电压等级

1983 年发布的国家标准《安全电压》（GB 3805—1983），对安全电压的定义、等级作了明确的规定。

（1）防止触电事故，规定了特定的供电电源电压系列，在正常和故障情况下，任何两个导体间或导体与地之间的电压上限，不得超过交流电压 50 V。

（2）全电压的等级分为 42 V、36 V、24 V、12 V、6 V。当电源设备采用 24 V 以上的安全电压时，必须采取防止可能直接接触带电体的保护措施。因为尽管是在安全电压下工作，一旦触电虽然不会导致死亡，但是如果不及时摆脱，时间长了也会产生严重后果。另外，由于触电的刺激可能引起人员坠落、摔伤等二次伤害。

（3）在潮湿环境中，人体的安全电压 12 V。正常情况下人体的安全电压不超过 50 V。当电压超过 24 V 时应采取接地措施。

3. 人体对电流的反应

人体对不同强度的电流的反应如下：

- 100~200 μA：对人体无害；
- 8~10mA：手摆脱电极已感到困难，有剧痛感（手指关节）；
- 20~25 mA：手迅速麻痹，不能自动摆脱电极，呼吸困难；
- 50~80 mA：呼吸困难，心房开始震颤；
- 90~100 mA：呼吸麻痹，3 s 后心脏开始麻痹，停止跳动。

从上面可以看出，触电对人体的危害，主要与通过人体电流的大小有关。而由于人体皮肤的电阻为 6~10 kΩ（去掉角质层后为 800~1 200 Ω），因此流过人体的电压就为电流乘以人体电阻。假设流过人体的电流为 8 mA（0.08A），根据欧姆定律，则电压 U= 电流 I× 电阻 R=0.08A × 6 000Ω=48 V。所以人接触的电压达到 48 V 时，手摆脱电极已感到困难，有剧痛感。

综上所述，行业规定安全电压为不高于 36 V，持续接触安全电压为 24 V，安全电流为 10 mA，电击对人体的危害程度，主要取决于通过人体电流的大小和通电时间的长短。

电流强度越大，致命危险越大；持续时间越长，死亡的可能性越大。能引起人感觉到的最小电流值称为感知电流，交流为 1 mA，直流为 1 mA；人触电后能自己摆脱的最大电流称为摆脱电流，交流为 10 mA，直流为 10 mA；在较短的时间内危及生命的电流称为致命电流，致命电流为 50 mA。

1.2.2 新能源汽车维修作业的高压安全防护

新能源汽车动力系统使用几百伏的高电压，维修操作时，如果不注意安全防护，可能会被电击，造成人体伤害。因此，当对新能源汽车高压电气部件进行维修时，需要对高压电气系统进行断电，然后在有安全防护措施的情况下进行维修作业。

1. 维修绝缘防护用具

维修新能源汽车用到的绝缘用具主要有绝缘手套、绝缘帽、绝缘鞋、防护眼镜、绝缘垫、绝缘工具等，如图 1-10 所示。

绝缘手套。选择正确电压等级的绝缘手套（绝缘等级为 1 000 V/300 A 以上）。观察绝缘手套的表面是否平滑，应无针孔、裂纹、砂眼、杂质等各种明显的缺陷和明显的波纹。观察绝缘手套是否出现粘连的现象。检查绝缘手套有无漏气现象。

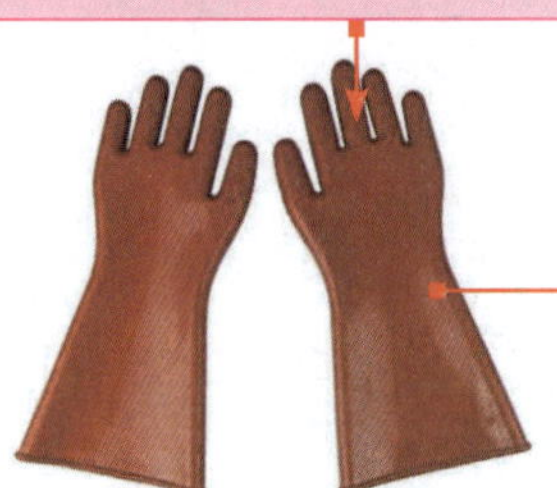

绝缘帽。选择正确电压等级的安全绝缘帽，观察绝缘表面有无破损，监督人员和操作人员戴好绝缘帽。

绝缘鞋。选择正确电压等级的绝缘鞋。检查绝缘鞋的表面及鞋底有无破损。监督人员和操作人员穿好绝缘鞋。

防护眼镜。选择正确电压等级的护目镜。观察护目镜面有无破损、刮花。目镜的宽窄和大小要适合使用者的脸形。监督人员和操作人员戴好护目镜。

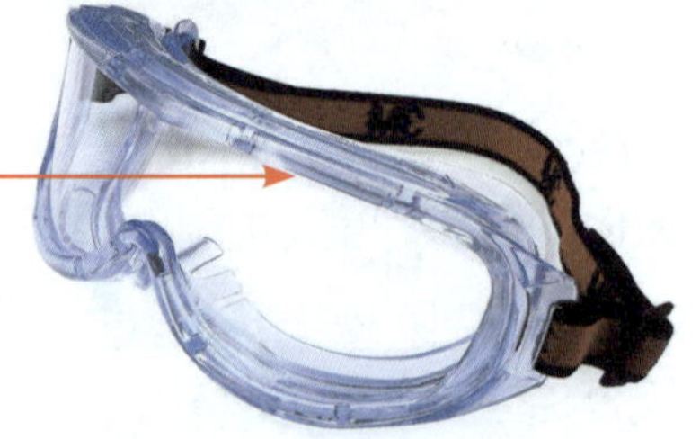

图 1-10 绝缘防护用具

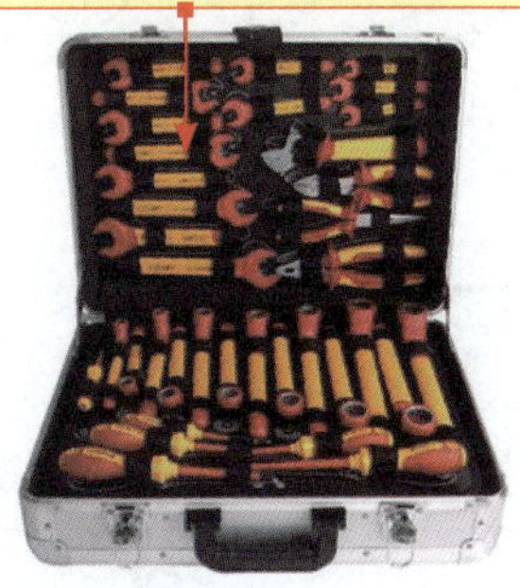

图 1-10 绝缘防护用具（续）

2. 新能源汽车高压设备的特点

在新能源汽车中，高压设备主要包括动力电池、车载充电机、高压分配盒、电机控制器、DC/DC 转换器、PTC 加热器、空调压缩机等。在这些设备中，橙色的线束代表高压线束，在操作时，一定要按照高压操作规范进行，如图 1-11 所示。

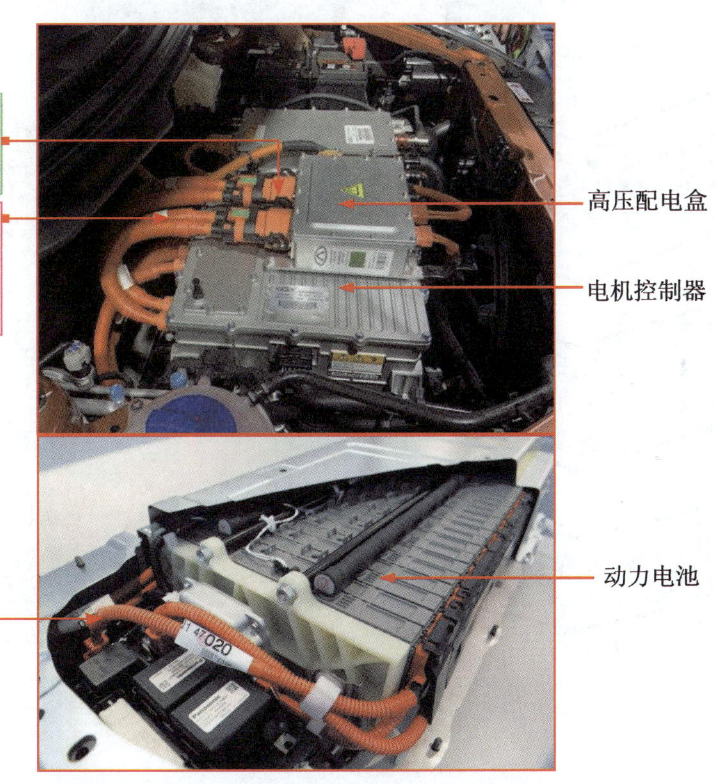

图 1-11 新能源汽车高压设备

3. 新能源汽车维修安全操作步骤

由于新能源汽车内部有几百伏的高压，会对人体造成电击伤害，因此在维修新能源汽车时，一定要严格按照安全操作规范来进行。下面介绍新能源汽车维修安全操作步骤，如图 1-12 所示。

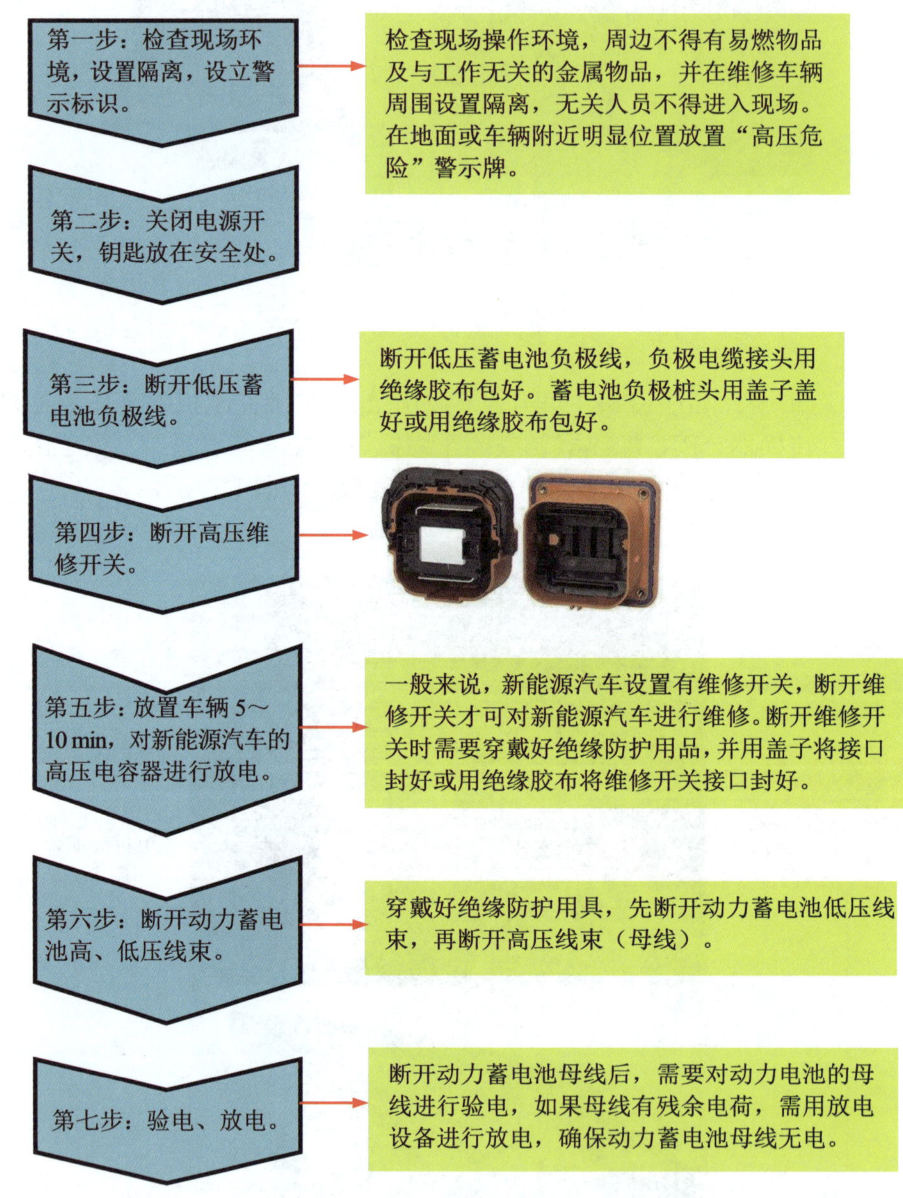

图 1-12　新能源汽车维修安全操作步骤

第2章 汽车维修工具的使用方法

工欲善其事，必先利其器；要掌握新能源汽车的检测与维修，首先要学会新能源汽车常用检测工具的使用方法。本章将重点讲解汽车万用表、汽车示波器、汽车故障诊断仪等一些常用工具的结构、工作原理和使用技巧，并通过实践案例展示具体的使用方法。

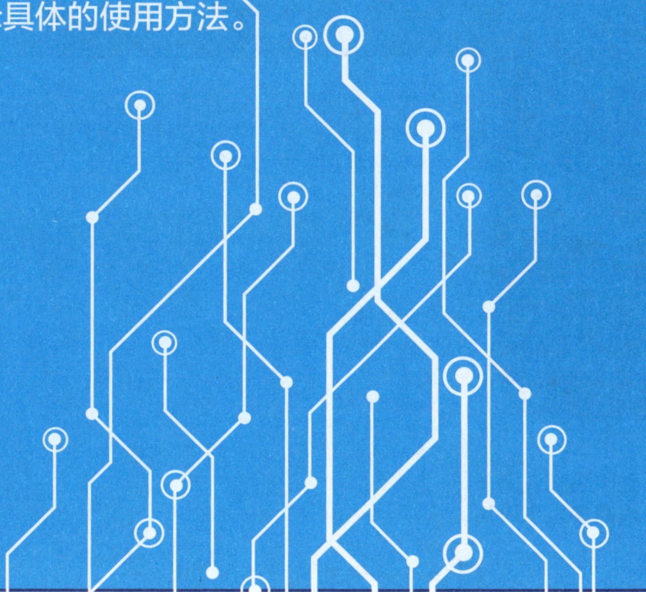

2.1 汽车万用表

万用表是一种多功能、多量程的测量仪表，其可测量直流电流、直流电压、交流电流、交流电压、电阻和音频电平等，是电工和电子维修中必备的测试工具。

汽车万用表也是数字万用表的一种，在汽车检测中用途广泛，它除了具有数字式万用表的功能外，还具有一些汽车专用测试功能。比如发电机转速、闭合角、频宽比、频率、压力等。

2.1.1 汽车万用表的结构

汽车万用表主要由液晶显示屏、挡位选择钮、各种插孔等组成，如图 2-1 所示。

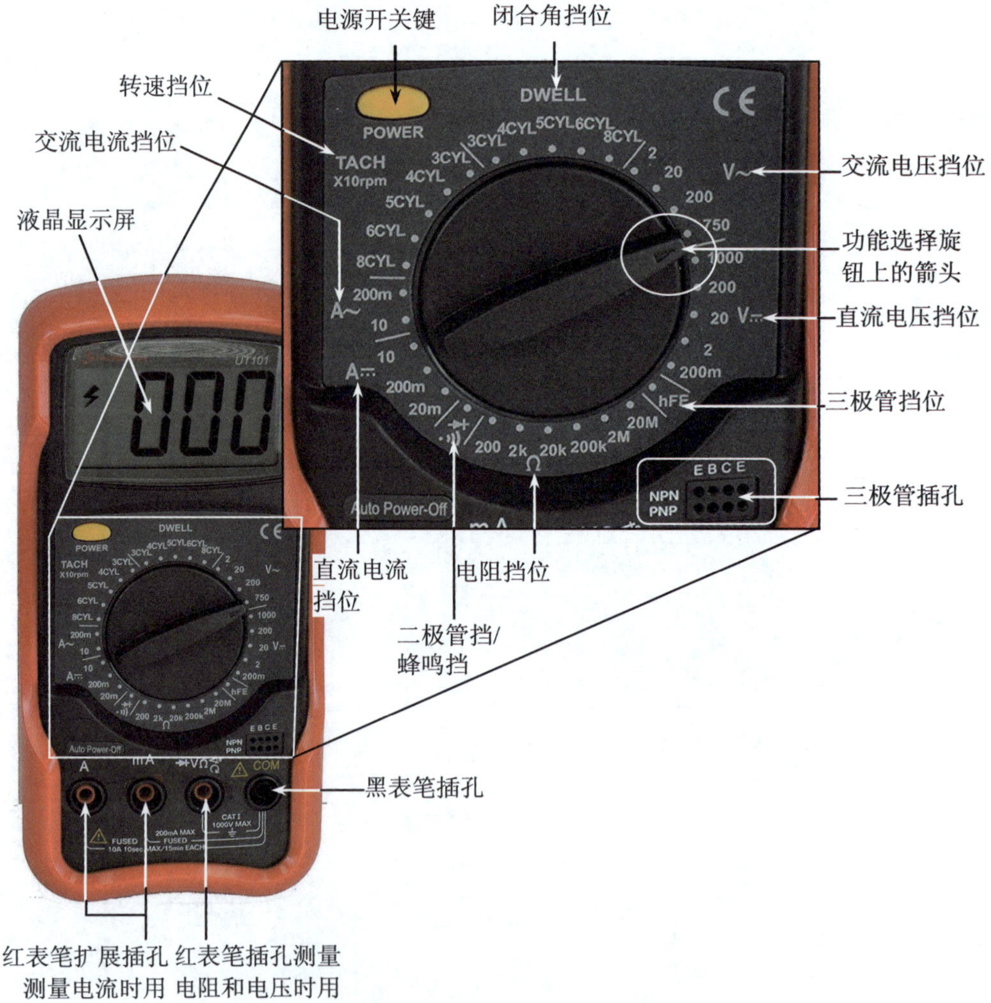
电源开关键
闭合角挡位
转速挡位
交流电流挡位
液晶显示屏
交流电压挡位
功能选择旋钮上的箭头
直流电压挡位
三极管挡位
三极管插孔
直流电流挡位
电阻挡位
二极管挡/蜂鸣挡
黑表笔插孔
红表笔扩展插孔测量电流时用
红表笔插孔测量电阻和电压时用
DWELL
POWER
TACH
X10rpm
Auto Power-Off
COM

图 2-1 汽车万用表的结构

2.1.2　汽车万用表操作实战

1. 用汽车万用表测量直流电流实战

我们以测量新能源汽车暗电流为例，讲解一下汽车万用表的使用方法，测量步骤如图 2-2 所示。

注：暗电流是指在无光照条件下，受光元器件中流动的电流。

第 2 步：将挡位旋钮调到直流电流挡“A–”，选择一个比估测值大的量程。

第 1 步：因为本次是对电流进行测量，所以将黑表笔插入万用表的“COM”孔，将红表笔插入万用表的“A”孔。

第 3 步：关闭车上所有用电设备，取下钥匙，然后拆下蓄电池的负极接头。将万用表的黑表笔接蓄电池的负极桩头，红表笔接拆下的负极线测量。

第 4 步：读数为 0.335，等待 30 s，读取万用表上的数值来判断汽车是否存在漏电故障。

图 2-2　汽车万用表测量直流电流

判断：现在汽车上的用电设备比较多，暗电流在 0.05 A 以下都是正常的，如果大于 0.05 A，这时就要对漏电设备进行检查。

2. 用汽车万用表测量直流电压实战

蓄电池的电压对于新能源汽车而言是一个非常重要的指标；接下来我们通过测量新能源汽车的蓄电池电压来讲解汽车万用表的使用方法，具体步骤如图 2-3 所示。

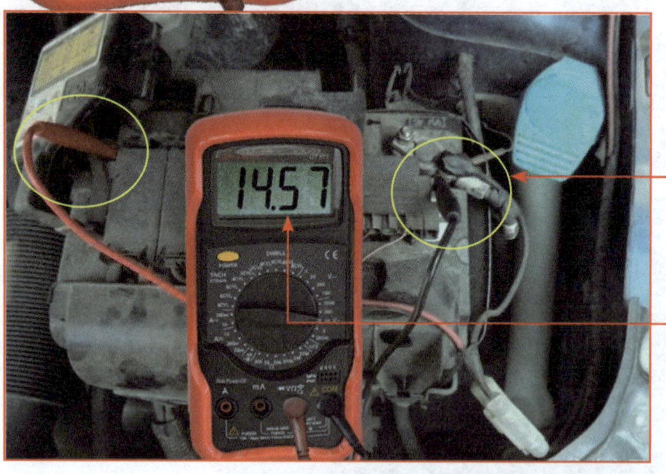

图 2-3　汽车万用表测量直流电压

判断：如果电压高于 12 V，则表明蓄电池状况良好。如果电压低于 12 V，则说明蓄电池的电量不足或其寿命已经接近极限，应该考虑进行检查或更换。

2.2 汽车示波器

汽车示波器，顾名思义就是用来检测汽车电子电路故障的示波器。汽车电路信号传输速率最大的就是 CAN 总线，汽车示波器的采样率一般为 20 MS/s。

汽车示波器在汽车电子控制故障诊断中，有两种应用方式：

方式一：整个系统运行状态的分析，确定整个系统运行的情况；

方式二：某个电器或电路的故障分析，确定在整个系统运行正常的情况下，某个电器或某段电路的故障。

2.2.1 汽车示波器的结构

汽车示波器的种类较多，不过基本结构都是类似的。汽车示波器主要由液晶显示屏、功能按键、各种插孔等组成，如图 2-4 所示（以 hds2062 示波器为例）。

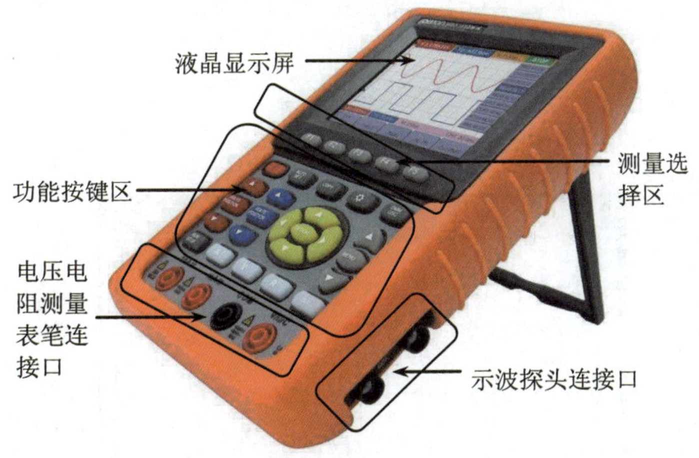

（a）汽车示波器面板组成结构

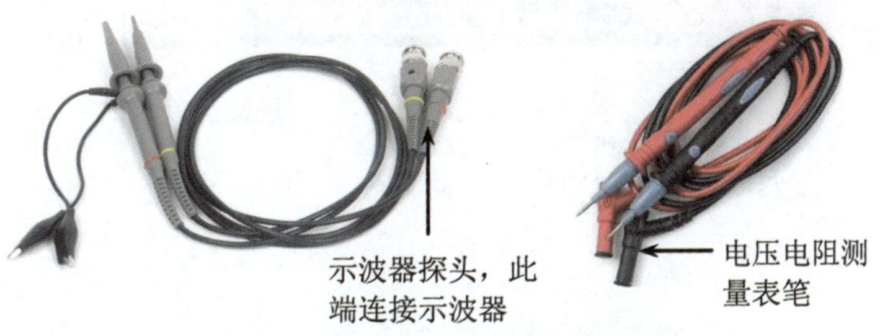

（b）汽车示波器连接线

图 2-4 汽车示波器的结构

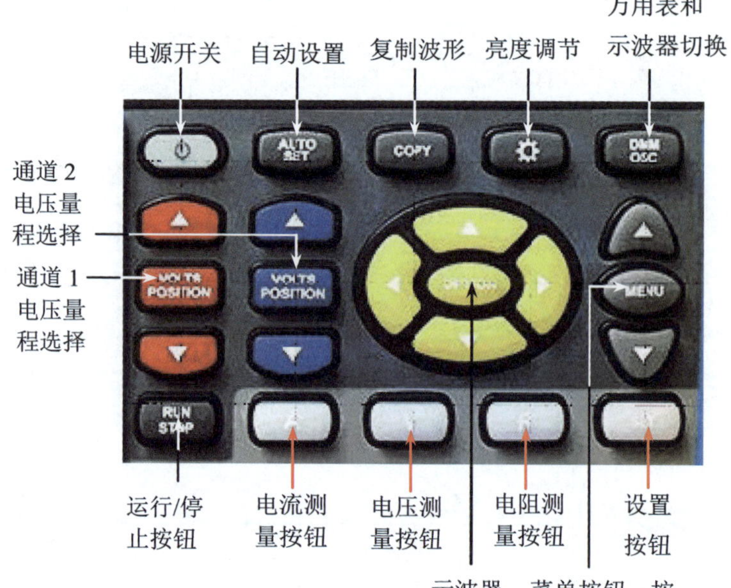

（c）示波器各个按键的功能

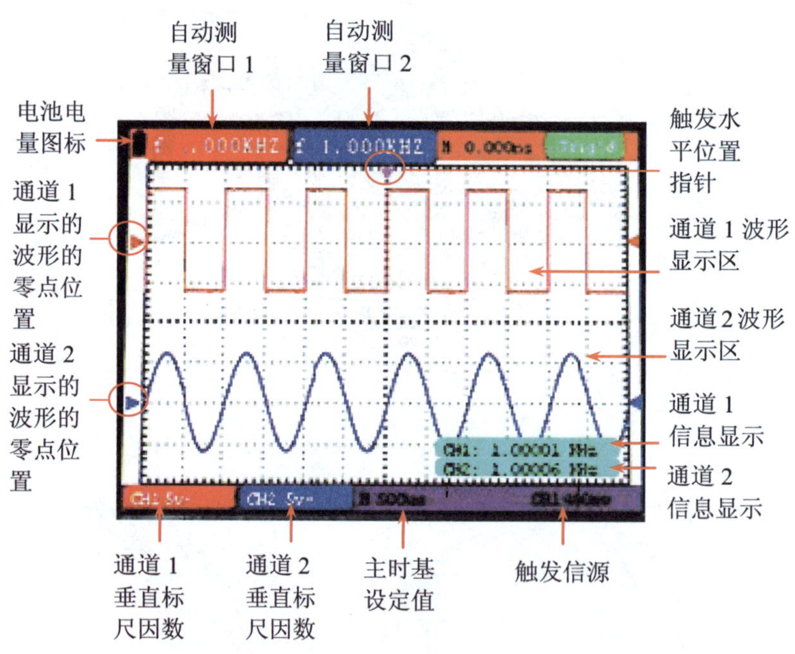

（d）汽车示波器显示信息含义

图 2-4　汽车示波器的结构（续）

2.2.2　汽车示波器的使用方法

汽车示波器的使用方法如图 2-5 所示（以 hds2062 示波器为例）。

提示：一般在使用示波器前最好看一下使用说明书再进行操作，使用说明书中会介绍汽车示波器的基本使用方法。

如果使用无使用说明书的手动设置示波器时，首先应预置面板各开关、旋钮（包括亮度、聚焦等设置在中间位置，垂直输入耦合置“AC”，垂直工作方式选择“CH1”，垂直灵敏度微调校正选择“CAL”等），然后按下电源开关，用探头进行测量。

然后调节亮度聚焦等旋钮，可出现纤细明亮的扫描基线，调节基线使其位置于屏幕中间与水平坐标刻度基本重合。调节轨迹旋转控制使基线与水平坐标平行，即可看到测量的波形。

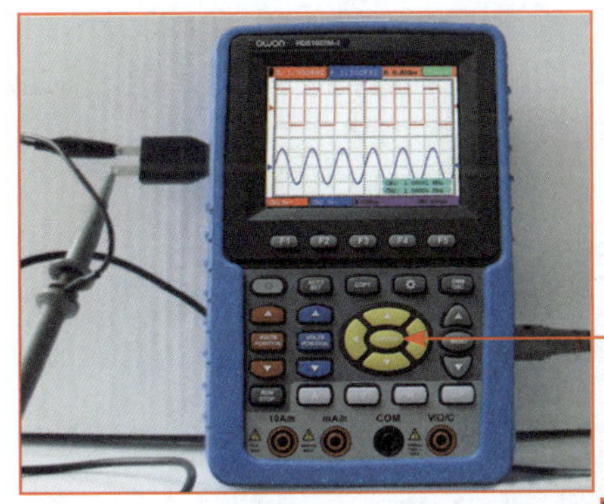

第 1 步：按 MENU（菜单）键，屏幕右边显示功能菜单。然后按 MENU 键边上的▲或▼键，选择“测量 1”菜单，底部显示五个选项。然后按 F1 键，在“频率”项选择“CH1”（通道 1）。测量窗口 1 变成红色。

第 2 步：将示波器的信号线接地线接地，探头接点火线圈信号输入端，然后发动汽车，这时在示波器上就会显示点火线圈的波形。

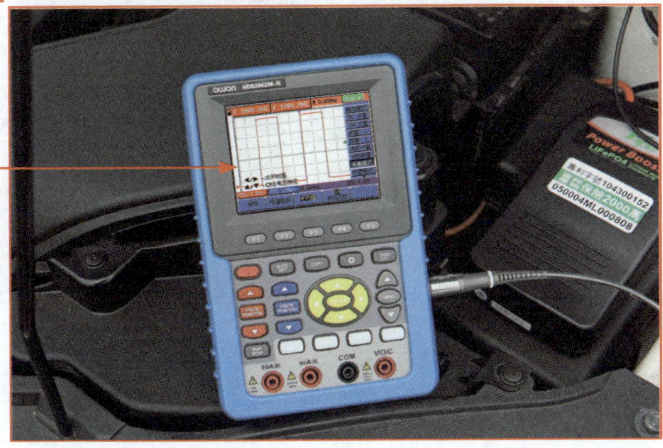

图 2-5　汽车示波器的使用方法

注意：测试点火高压线时，必须使用专用的电容探头，不能将示波器探头直接接入点火次级电路。

2.3 汽车故障诊断仪

汽车故障诊断仪又称汽车故障自检终端或者汽车解码器；它是用于检测汽车故障的便携式智能汽车故障自检仪。用户可以利用它迅速地读取汽车电控系统中的故障，并通过液晶显示屏显示故障信息，查明发生故障的部位及原因。

2.3.1 汽车故障诊断仪的结构

汽车故障诊断仪的种类较多，不过基本功能相同，主要是为可直接读取故障码与直接清除故障码，并能与汽车 ECU 中的计算机直接进行交流，显示数据流，使电控系统工作状况一目了然，为诊断故障提供依据；还可以在静态或动态下，向电控系统各执行器发出检修作业需要的动作指令，以便检查执行器的工作状况。除此之外，行车时汽车故障诊断仪可监测并记录数据流。汽车故障诊断仪主要由液晶显示屏、功能按键以及各种插孔组成，如图 2-6 所示（以 KT600 故障诊断仪为例）。

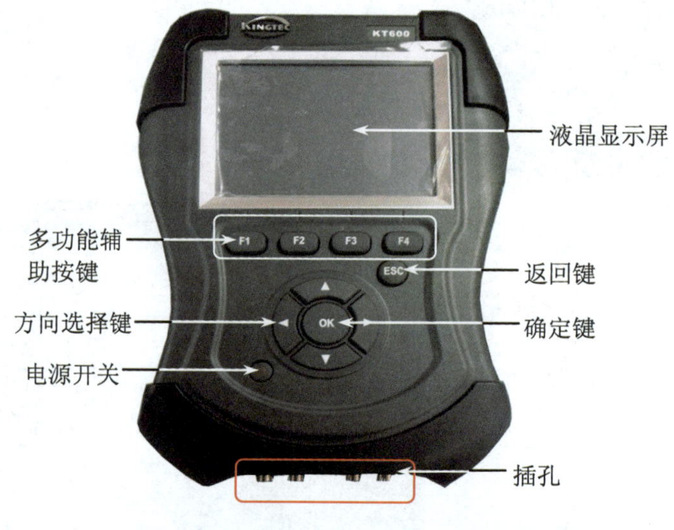

图 2-6 故障诊断仪的结构

2.3.2 汽车故障诊断仪的使用方法

汽车故障诊断仪的使用方法如图 2-7 所示（以 KT600 诊断仪为例）。

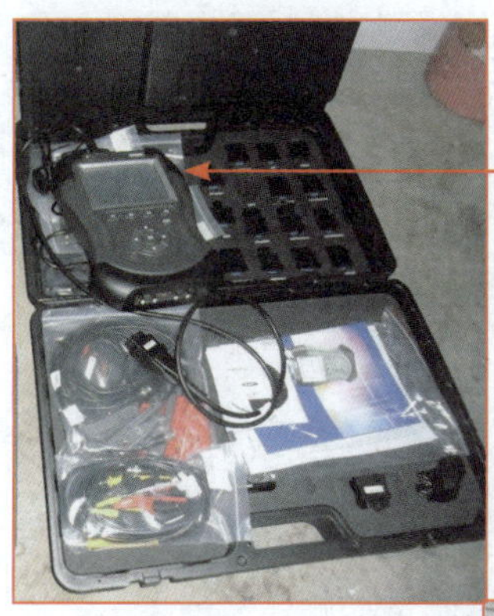

第 1 步：将诊断数据线插入故障诊断仪的诊断接口中。

第 2 步：然后把诊断仪接口连接到汽车上。汽车的诊断接口一般都设置在转向盘的下方，驾驶员的膝盖位置。

第 3 步：打开点火钥匙到 ON 挡，再打开故障诊断仪，按选择键选择汽车诊断，然后选择相对应的车型、发动机型号。

第 4 步：选择发动机系统，选择读取故障码，然后退回，选择清除故障码，起动发动机再读取故障码。

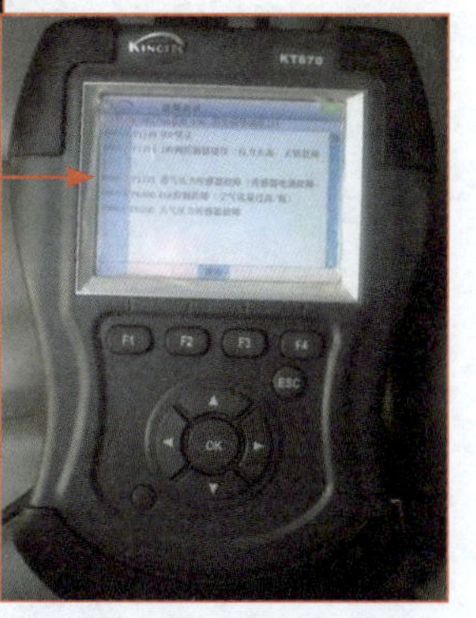

图 2-7　汽车故障诊断仪的使用方法

汽车电路必知必会基本知识

汽车电子化可以说是汽车技术发展的又一次革命。电子装置在整车成本中的占比，从 20 世纪 90 年代的 10%~20%，爆发性地突破了 50%；而且电子化程度也已成为衡量汽车制造水平的重要标准，电子技术几乎深入到汽车所有系统中。

3.1 汽车电路基础知识

汽车电路是汽车控制系统的核心，掌握汽车电路的运行原理是汽车维修的基础工作，因此就必须首先理解电路中的电流、电压、电阻等基本概念，了解直流电路和交流电路的工作原理。

3.1.1 汽车电路基本概念

电流、电压、电流强度、电动势、电阻、电容、电感、频率等都是我们耳熟能详的名词，但作为电的概念和技术参数，它们究竟代表了什么呢？如表 3-1 所示。

表 3-1 汽车电路基本概念

概念名称	解　　释
电流	电荷的定向移动，就形成了电流。我们日常使用的电器，都是因为电流才能产生光、热或机械运动的
电动势	电动势是电源将能量转化为电能的能力，正电荷从电源负极移动到电源正极时所做的功，就是电源的电动势。用符号E表示，单位是伏[特]（V）
电压	电压也称电势差或电位差，是衡量单位电荷在静电场中由于电动势不同所产生的能量差的物理量。其大小等于单位正电荷因受电场力作用从A点移动到B点所做的功，电压的方向规定为从高电位指向低电位的方向。电压的单位是伏[特]（V），常用的单位还有毫伏(mV)、微伏(μV)、千伏（kV）等
电流强度	电流强度简称电流（这里需要区分电流强度和电流的区别），是指单位时间内通过导线某一截面的电荷量，每秒通过1库仑的电量称为1安[培]（A）。电流强度的单位安[培]（A），常用的单位有毫安（mA）、微安(μA)
电阻	电阻是导体对电流阻碍作用的大小。导体的电阻越大，表示导体对电流的阻碍作用越大。不同的导体的电阻也不同，电阻是导体本身的一种特性。用符号R表示，单位是欧[姆]（Ω）
电容	电荷在电路中会从正极向负极移动，但当导体之间有了介质，则阻碍了电荷移动时，电荷就会累积在导体上，造成电荷的累积储存，储存的电荷量则称为电容。用符号C表示，单位是法[拉]（F）
电感	当电流流过线圈时，线圈中会形成磁场感应，感应磁场又会产生感应电流抵消通过线圈中的电流，这种相互作用就称为电感或感抗。单位是亨[利]（H）
频率	振动物体往复运动的频繁程度就是频率。单位是赫[兹]（Hz），通常以1 s为单位时间
直流电	指方向和时间，不作周期性变化的电流称为直流电。最常见的直流电源是电池
交流电	大小和方向随时间作周期性变化的电压或电流称为交流电。家中日常用的，来自供电所的电，就是最常见的交流电，我国交流电供电标准是220 V、50 Hz交流电

3.1.2 直流电路和交流电路

直流电路就是电流方向不随时间而改变的电路，电路中电流的大小可以改变，但电流的方向不会发生改变。直流电路如图 3-1 所示。

交流电路是由周期性交变电源供电、处于稳定状态下的电路。生活中使用民用电的大部分电器都是使用交流电，如灯泡、洗衣机、电风扇等。交流电路如图 3-2 所示。

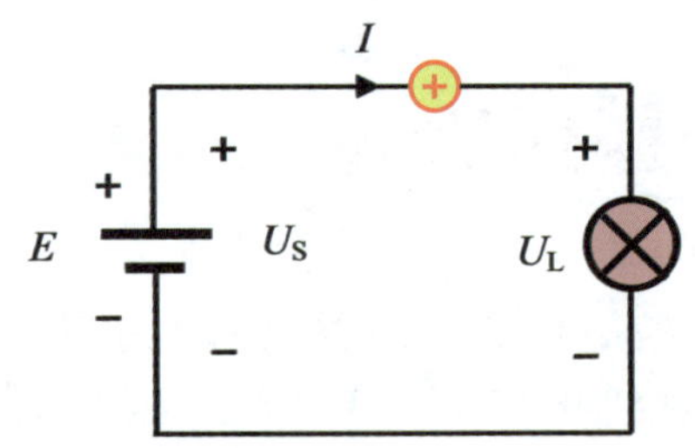

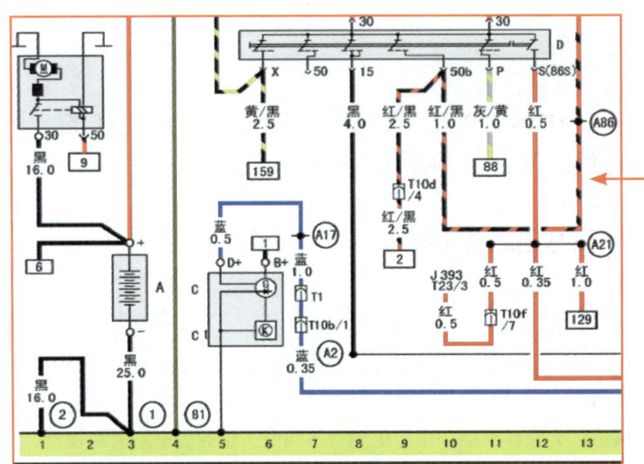

日常生活中有很多直流电路，比如手电筒就是由干电池、开关、灯泡组成的直流电路。汽车中几乎所有的电路都是直流电路，比如汽车喇叭就是由蓄电池、交流发电机（经过整流）、开关、喇叭组成的直流电路。低电压电器普遍都使用直流电，尤其使用电池或蓄电池作为电源的电路。

图 3-1　直流电路

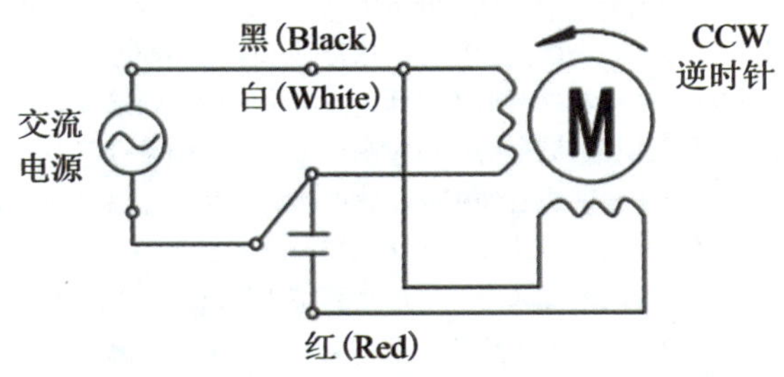

图 3-2　交流电路

3.2 汽车电路中的电子元器件

汽车电路中除了发电机、照明灯等设备外，还有很多像二极管这样的小型和微型电子设备，我们称为电子元器件。本节介绍汽车电路中常用的电子元器件。

3.2.1　电阻器

电阻器是电路中最常用的一种元件，通常简称电阻。在电路中主要起着缓冲、负载、分压、分流、保护的作用。汽车电路中常见的电阻器如图 3-3 所示。

图 3-3　汽车电路中的电阻器

3.2.2　电容器

电容器也是最基本的电子元件之一。在电路中主要起到调谐、滤波、耦合、旁路、能量转换和延时等作用。汽车电路中常见的电容器如图 3-4 所示。

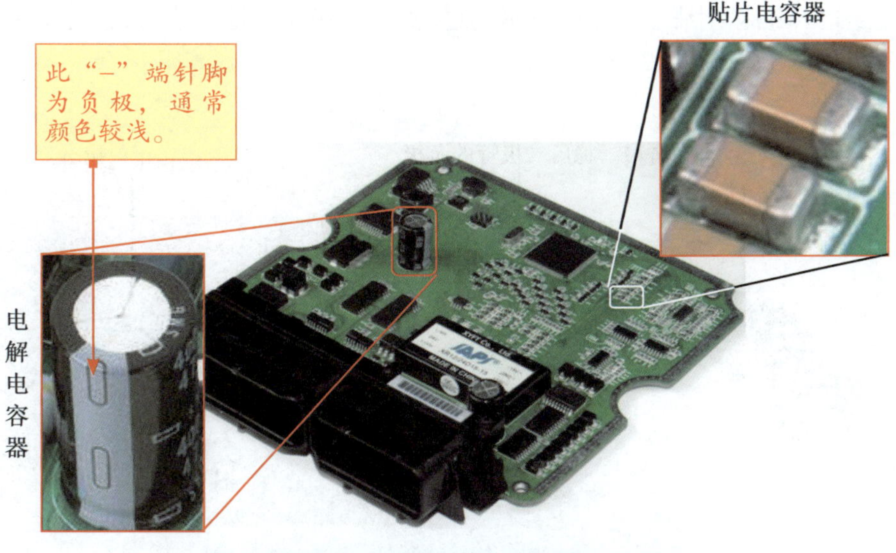

图 3-4　汽车电路中的电容器

3.2.3 电感器

电感器是能够把电能转化为磁能而存储起来的元器件。汽车电路中常见的电感器如图 3-5 所示。

电感器的结构类似于变压器，但只有一个绕组。电感器具有一定的电感，它只阻止电流的变化。如果电感器中没有电流通过，则它阻止电流流过它；如果有电流流过它，则电路断开时它将试图维持电流不变。

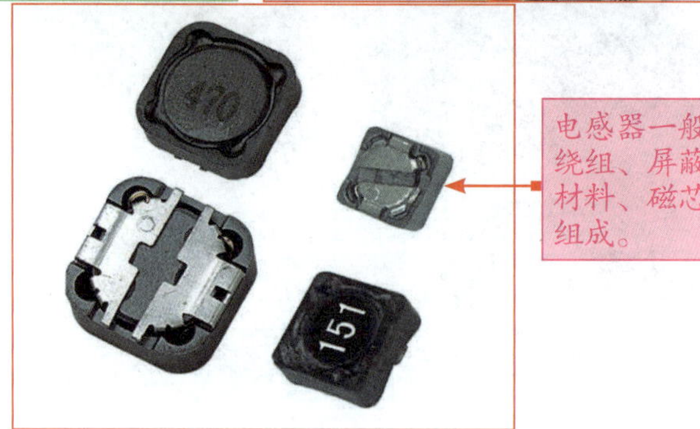

电感器一般由骨架、绕组、屏蔽罩、封装材料、磁芯或铁芯等组成。

图 3-5　汽车电路中的电感器

3.2.4 二极管

二极管由 PN 结和引线组成，在电路中主要起着整流、检波、稳压、阻尼等作用。汽车电路中常见的二极管如图 3-6 所示。

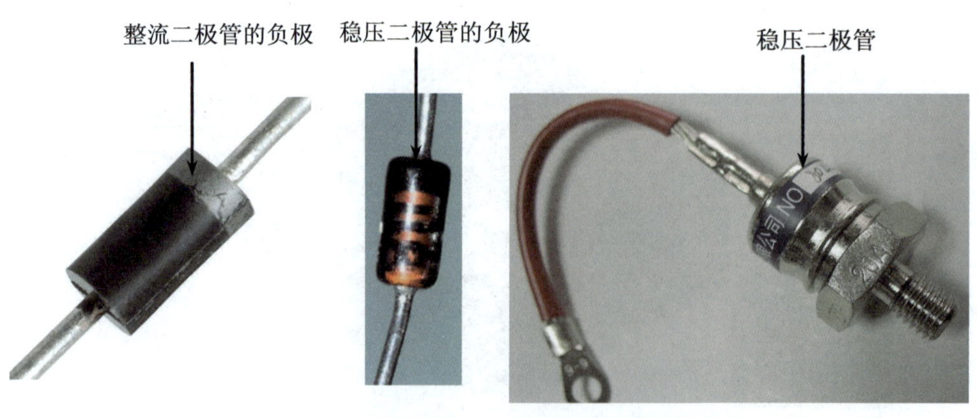

图 3-6　汽车电路中的二极管

图 3-6 汽车电路中的二极管（续）

3.2.5 发光二极管

发光二极管也是二极管的一种，其特点是接通后可以发光，所以在电路中通常是代替灯泡作为发光设备使用。汽车电路中常见的发光二极管如图 3-7 所示。

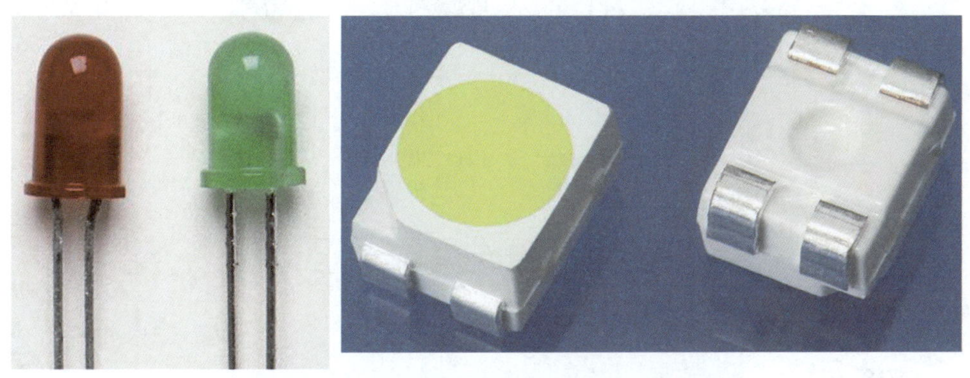

图 3-7 汽车电路中的发光二极管

3.2.6 三极管

三极管有两个 PN 结，三个电极（发射极、基极、集电极）。在电路中主要起到电流放大和电子开关的作用。汽车电路中常见的三极管如图 3-8 所示。

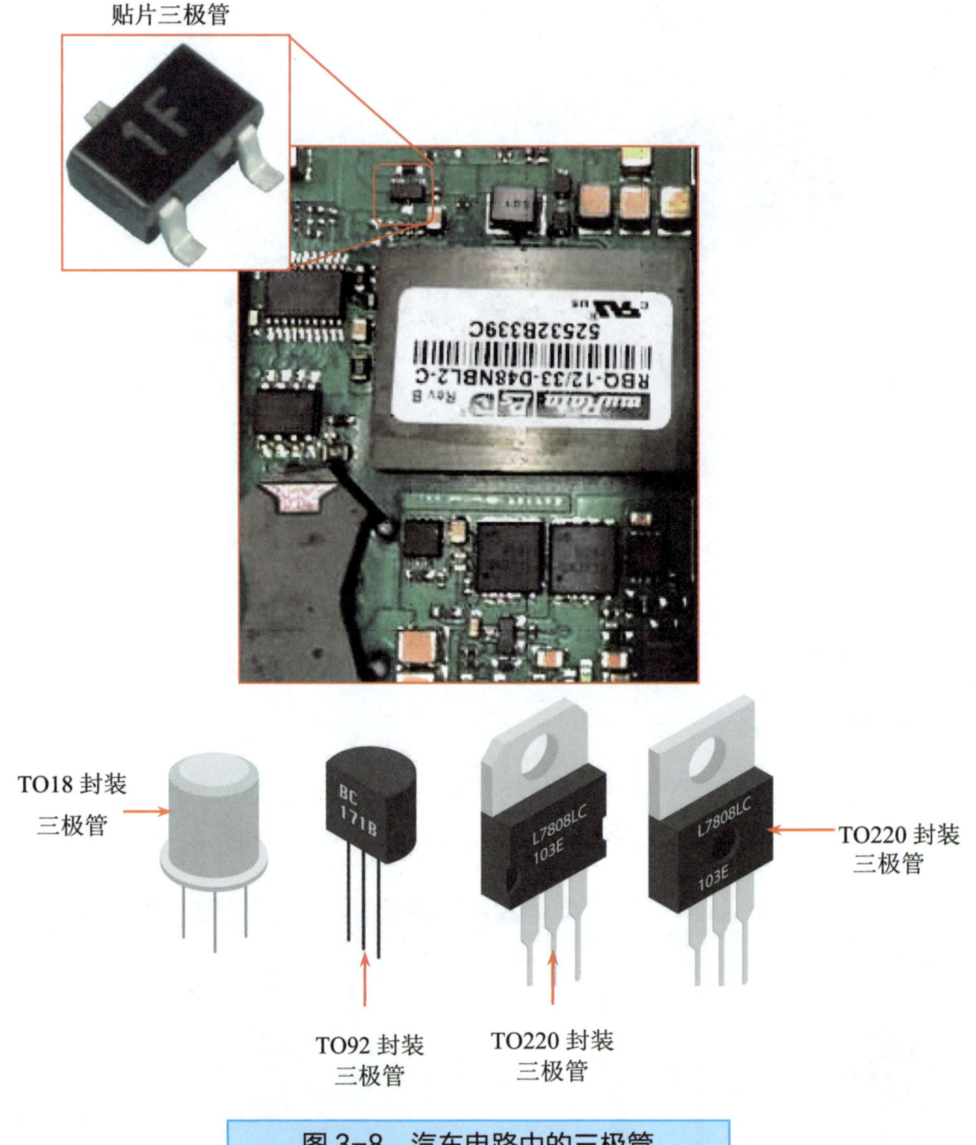

图 3-8　汽车电路中的三极管

3.2.7　继电器

继电器是一种电控制器件，是当输入量（激励量）的变化达到规定要求时，在电气输出电路中使被控量发生预定的阶跃变化的一种电器。它具有控制系统（又称输入回路）和被控制系统(又称输出回路)之间的互动关系。通常应用于自动化的控制电路中，它实际上是用小电流去控制大电流运作的一种“自动开关”。故在电路中起着自动调节、安全保护、转换电路等作用。汽车电路中常见的继电器如图 3-9 所示。

图 3-9　汽车电路中的继电器

3.2.8　熔丝

汽车熔丝是电流熔丝的一种，当电路电流超过熔丝额定电流的 2 倍时就会在几秒内熔断，起到电路保护的作用。常用于汽车电路过电流保护，也用于工业设备的过电流保护。汽车电路中常见的熔丝如图 3-10 所示。

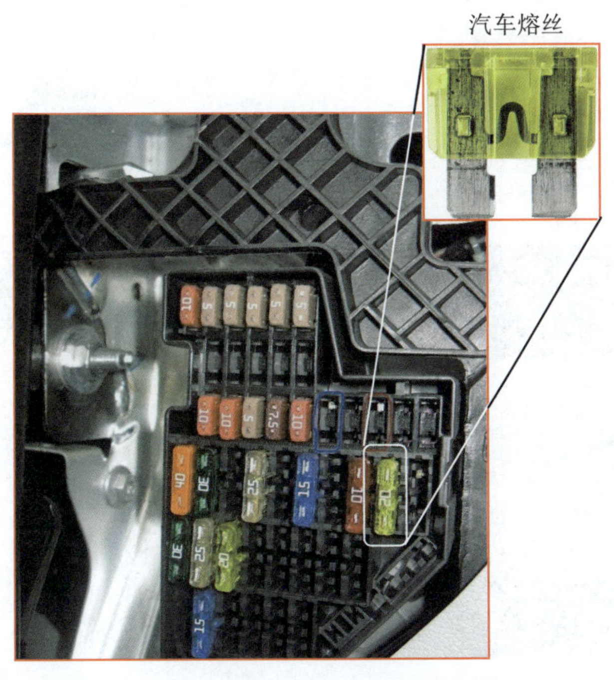

图 3-10　汽车熔丝

3.2.9 蜂鸣器

蜂鸣器是一种一体化结构的电子讯响器，采用直流电压供电。在电路中起到发声、报警等作用。新能源汽车中常见的蜂鸣器如图 3-11 所示。

（a）有源蜂鸣器

（b）有源蜂鸣器

（c）无源蜂鸣器

图 3-11 小型蜂鸣器

3.2.10 传感器

汽车传感器是汽车计算机系统的输入装置，它把汽车运行中各种工况信息，如车速、各种介质的温度、发动机运转工况等，转化成电信号输给计算机，以便发动机处于最佳工作状态。汽车传感器如图 3-12 所示。

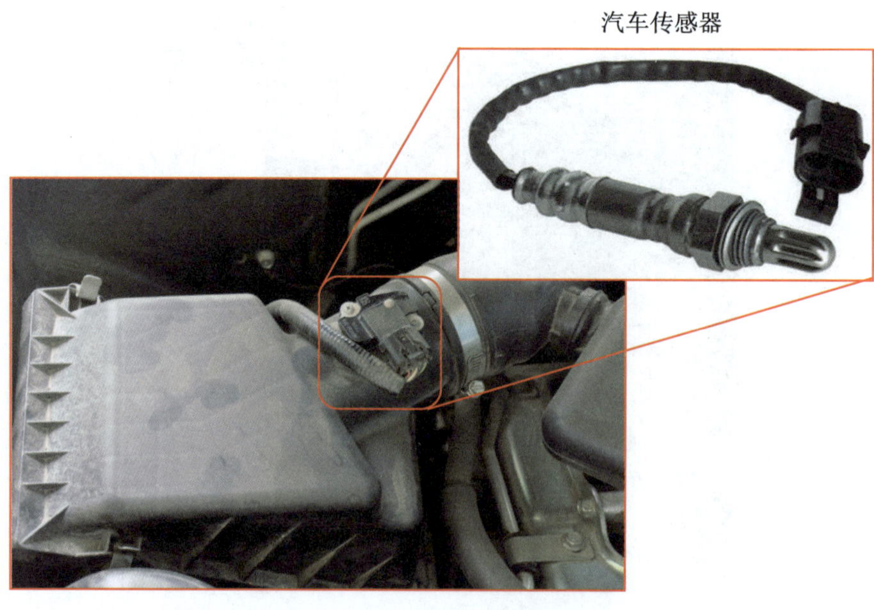

图 3-12 汽车传感器

汽车电路的特点

汽车电路与家用电器的电路有着很多的不同之处。相比家用电器，汽车电路相对简单；但是它也有着许多适合汽车自己的特点，例如低压直流、并联连接、负极搭铁以及线缆连接等，下面我们一一讲解。

3.3.1　采用低压直流

汽车电路采用低压直流电路，如图 3-13 所示。

汽车电压有 6 V、12 V、24 V 三种，都属于安全电压 36 V 之内，就算进行带电操作也不会对人体造成危害。汽车采用直流电，由蓄电池和交流发电机经过整流后输出的直流电提供供电。

图 3-13　采用低压直流的汽车电路

3.3.2　采用并联连接

汽车电路采用并联连接如图 3-14 所示。

汽车电路上的各系统，分别与电源并联连接，这样即使一个系统电路故障，也不会影响其他电路的正常使用。

图 3-14　采用并联连接的汽车电路

3.3.3 负极搭铁

汽车上的电器都采用负极搭铁的连接方式，如图 3-15 所示。

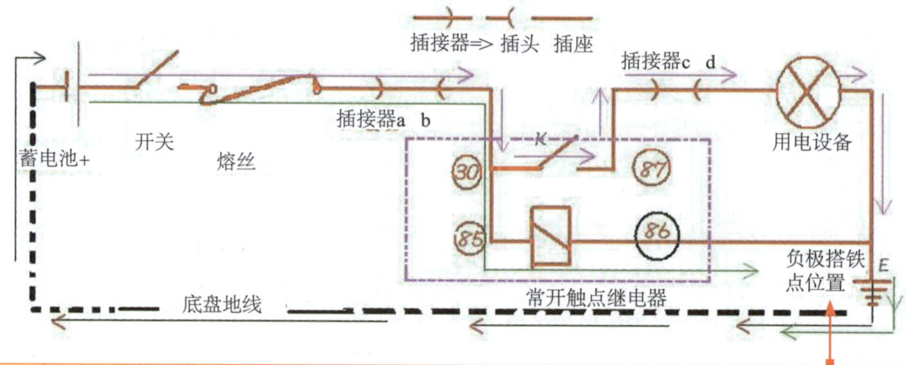

汽车上的电器都采用负极搭铁的连接方式，将蓄电池和发电机的负极直接与车体相连，这样可以将整个车体构架当作一根大的导线使用。其他电器的负极也同样采用负极搭铁，这样就形成了电源→导线→用电器→搭铁的单线连接回路。

图 3-15 汽车搭铁电路

3.3.4 汽车用导线和线束

汽车电路网络的主体是导线和线束，没有导线也就无法形成汽车电路。无论是高级豪华轿车还是普通经济型汽车，都是使用导线、联插件、包裹胶带组成的线束进行连接的，如图 3-16 所示。

汽车所用的导线，都是铜质多蕊软线，几条至几十条软铜线包裹在塑料绝缘管（聚氯乙烯）内，柔软而不容易折断。

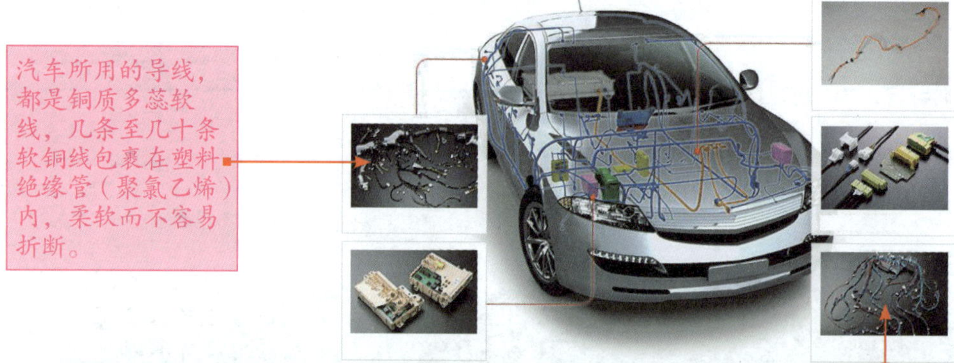

汽车用导线也有不同规格，根据用途不同，选用不同规格的导线。就整车线束来说，仪表灯、指示灯、门灯、顶灯等通常使用截面积 0.5 mm^2 规格，牌照灯，前后小灯、制动灯等使用 0.75 mm^2 规格，转向灯、雾灯等使用 1.0 mm^2 规格，前照灯、喇叭等使用 1.5 mm^2 规格，而主电源线（发电机电枢线、搭铁线等）则要求使用 2.5~4 mm^2 规格电线。具体使用什么规格电线还要看负载的最大电流，电流值越大，则要求使用的电缆线截面积越大。

图 3-16 汽车用导线和线束

除了规格，还可以通过线缆的颜色进行区分。我国规定汽车电气系统分别使用不同颜色的导线进行连接，虽然不同型号汽车略有差异。但主要还是使用单色线和主色加辅色的双色线。一般都用红色和黑色来表示电源线的正极和负极搭铁，如表 3-2 所示。

表 3-2　汽车线缆颜色对照表

序号	线缆颜色	线缆代号	常用电气系统
1	黑	B	电气、电源搭铁
2	白	W	点火、起动系统
3	红	R	电源系统
4	绿	G	灯光信号系统（包括转向灯）
5	黄	Y	车身内部照明系统
6	棕	Br	仪表、喇叭及报警指示系统
7	蓝	Bl	前照灯、雾灯及其他外部照明系统
8	灰	Gr	辅助电动机、电气操纵系统
9	紫	V	音响、点烟器、辅助装置系统
10	橙	O	

此外还有双色线缆，比如黑白色（BW）。前一种颜色是主色，后一种颜色是线缆上的色带或色环。

整车电路主要由主线束和分支线束组成，如图 3-17 所示。

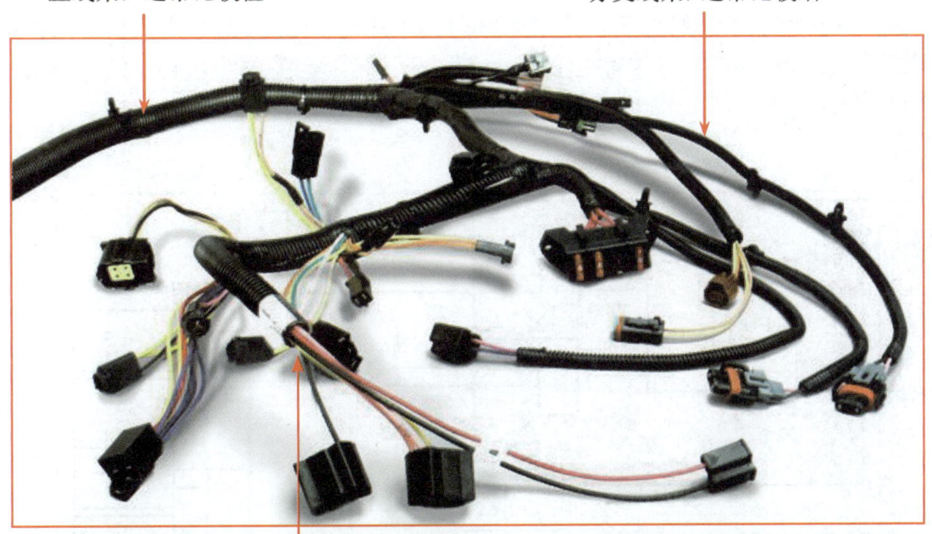

图 3-17　主线束和分支线束

线束与线束、线束与用电器接线端通过接插件或线耳进行插接。接插件分为插头和插座，通常成对使用。线束上各端头都会打上标志字母和数字，以标明导线的连接对象，装配和维修人员只要按照线束上的标志，就能正确地连接到对应的电线和电气设备上，这在维修和更换线束时都非常有用。线耳和铜环则是配合接线柱使用，如图 3-18 所示。

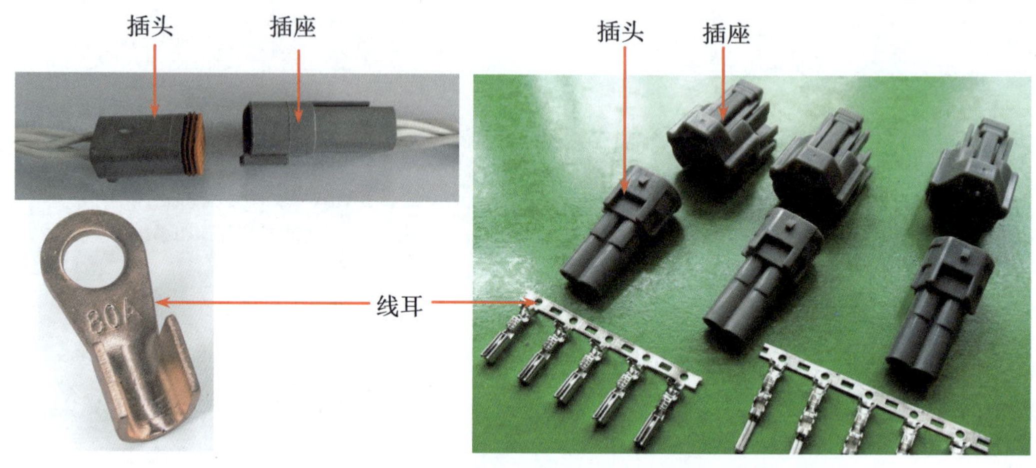

图 3-18 汽车线束接插件和线耳

随着汽车功能的增加，电子控制技术的普遍应用，电气件越来越多，电线也会越来越多，线束也就变得越粗越重。有些汽车开始引入了 CAN 总线配置，采用多路传输系统。与传统线束比较，多路传输装置大大减少了导线及联插件数目，使布线更为简易，如图 3-19 所示。

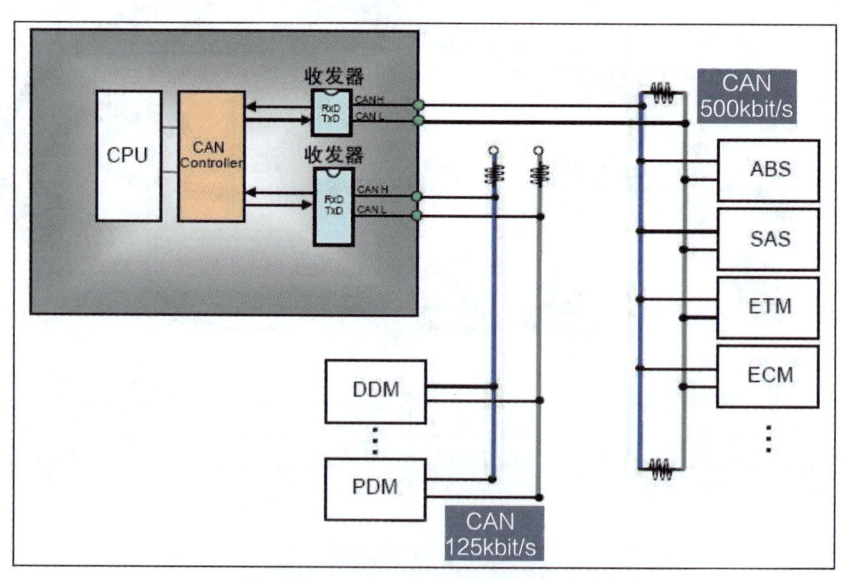

图 3-19 CAN BUS 总线系统

3.3.5 汽车中央接线器

现代汽车中，为了减少众多连线，越来越多地开始使用中央接线器，如图 3-20 所示。

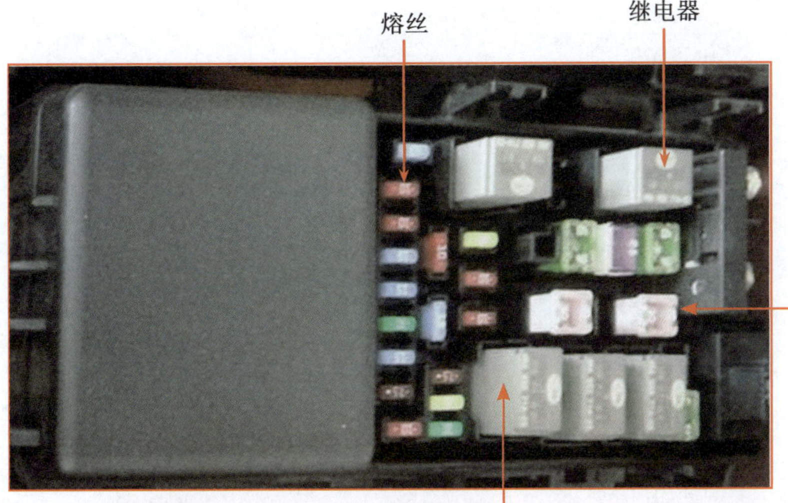

图 3-20 汽车中央接线器

下面认识一下新能源汽车中央接线器中各元器件的功能，如图 3-21 所示。

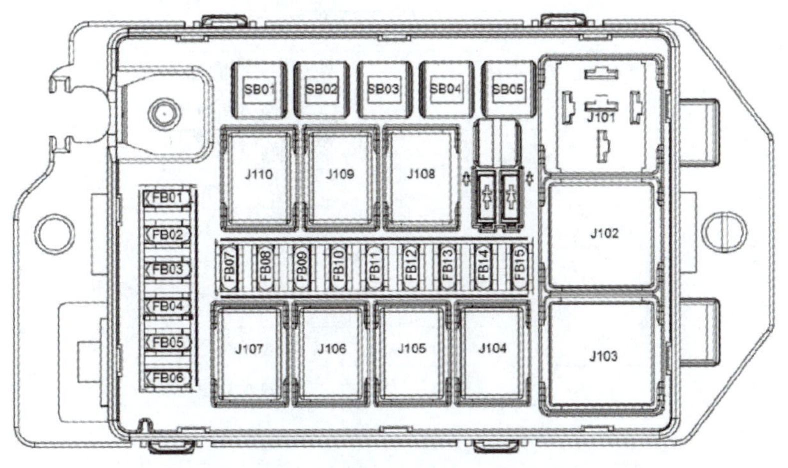

图 3-21 中央接线盒中各元器件的功能

图 3-21 中的熔丝与继电器代号及其说明如表 3-3 和表 3-4 所示。

表 3-3 熔丝代号功能说明

代　号	功能名称	额定电流（A）
FB01	预留	
FB02	MCU 常电保险	15
FB03	CHG常电保险	10
FB04	BMS常电保险	15
FB05	CHG-IG保险	10
FB06	ABS-IG保险	5
FB07	左近光灯保险	10
FB08	右近光灯保险	10
FB09	左远光灯保险	10
FB10	右远光灯保险	10
FB11	喇叭保险	10
FB12	预留	
FB13	压缩机保险	10
FB14	鼓风机保险	30
FB15	主继电器保险	20
SB01	智能电器盒保险	40
SB02	智能电器盒保险	40
SB03	ABS阀保险	30
SB04	真空泵保险	30
SB05	冷却风扇保险	30

表 3-4 继电器代号与功能说明

代　号	功能说明
J101	预留
J102	主继电器
J103	鼓风机继电器
J104	真空泵继电器
J105	预留
J106	喇叭继电器
J107	预留
J108	冷却风扇继电器
J109	远光灯继电器
J110	近光灯继电器

读识汽车电路图

汽车电路图是汽车电路维修中最常用也是必备的工具。它是利用图形符号和少量文字符号表示汽车电路的结构、电器设备的连接关系和工作原理的图形总会。

为了使电路图具有通用性，便于交流，组成电路图的图形和文字符号不是随意绘制的，而是要严格遵循相关的国际标准和国家标准。

要想看懂电路图就必须了解电路图的组成和图形文字符号代表的含义，以及电路图的标注原则和使用方法。

3.4.1　汽车电路图的组成

汽车电路图由图形符号、文字符号和代表电缆线的连接线组成，如图 3-22 所示。

其中，图形符号是电气技术领域中最基本的工程语言，是一种概念性的图形、标记或文字。它包括基本符号、一般符号和明细符号。

连接导线一般标注数字和字母符号，用来表示导线的截面积和颜色。如红 / 黑 1.0 或 R/B1.0 等，其中第一个“红”或“R”表示导线主颜色，第二个“黑”或“B”表示导线的辅助颜色，即轴向条纹或螺旋状的颜色。数字 1.0 表示导线横截面积，单位为平方毫米。

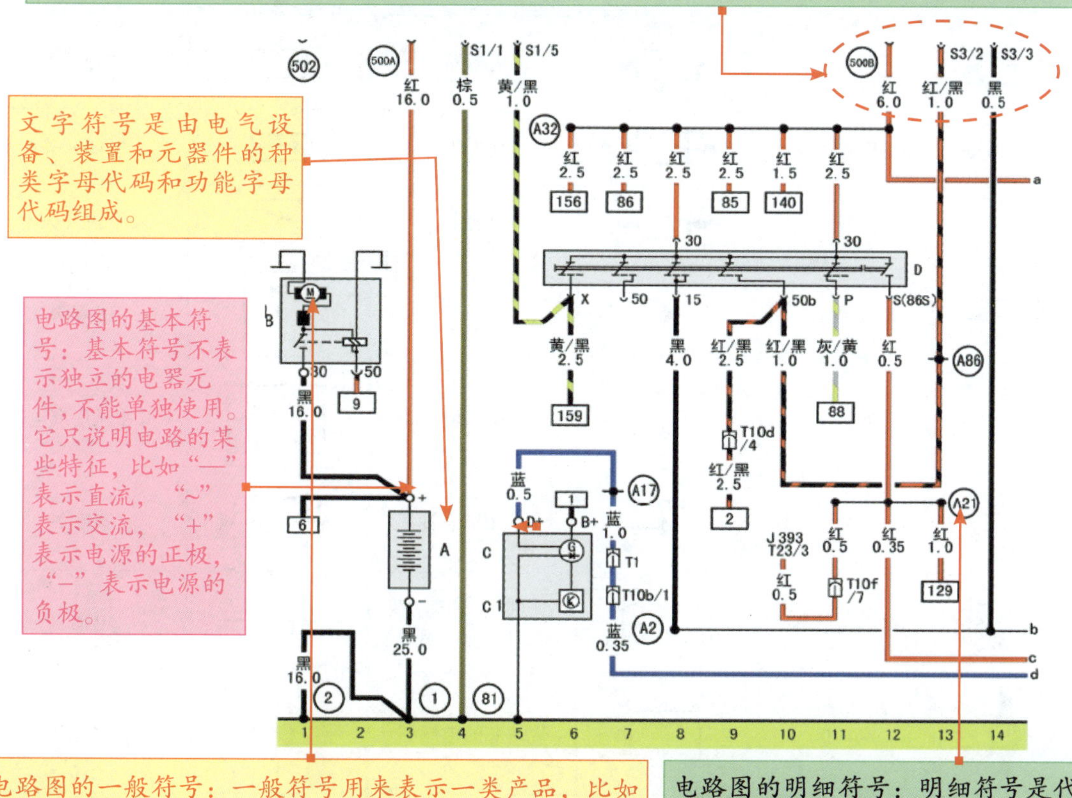

电路图的一般符号：一般符号用来表示一类产品，比如Ⓜ表示电动机，只要看到Ⓜ就知道这里是一个电动机，但具体是什么电动机则必须配合标注或说明才能知道。

电路图的明细符号：明细符号是代表具体电器元件的符号，比如一般符号中的⊛仪表符号，将“*”换成 A 就成为电流表符号Ⓐ，而将“*”换成 V 就变成电压表符号Ⓥ。

图 3-22　汽车电路图的组成

3.4.2 汽车电路图的符号

想要看懂电路图，就必须认识电路图中的各种符号，下面就来认识一下汽车电路中的一些常用符号，如表 3-5 所示。

表 3-5 汽车电路图常用符号

图形符号	名称	图形符号	名称	图形符号	名称
	接地		常闭继电器		压力控制
	温度传感器		常开继电器		温度控制
	短接片		双掷继电器		天线
	电磁阀		电阻器		常开开关
	小负载熔丝		可变电阻器		常闭开关
	中负载熔丝		电容器		双掷开关
	大负载熔丝		二极管		电磁阀
	加热丝		光电二极管		低速风扇继电器
	点火线圈		发光二极管		蓄电池
	爆燃传感器		电感器、线圈、绕组、扼流圈		电池组
	电动机		带铁芯的电感器		灯泡
	限位开关		喇叭		双绞线
	安全带预紧器		时钟弹簧		相连接交叉线路

续表

图形符号	名称	图形符号	名称	图形符号	名称
	线路走向		起动机		未连接交叉线路
	氧传感器		点火线圈		电位计

3.4.3　电路图读识技巧

汽车电路图的标注方法现在还没有统一的标准，各大汽车厂商都有自己的电路图标注方法。下面以吉利新能源汽车电路图为例，介绍电路图的标注方法和阅读方法，如图 3-23 所示。

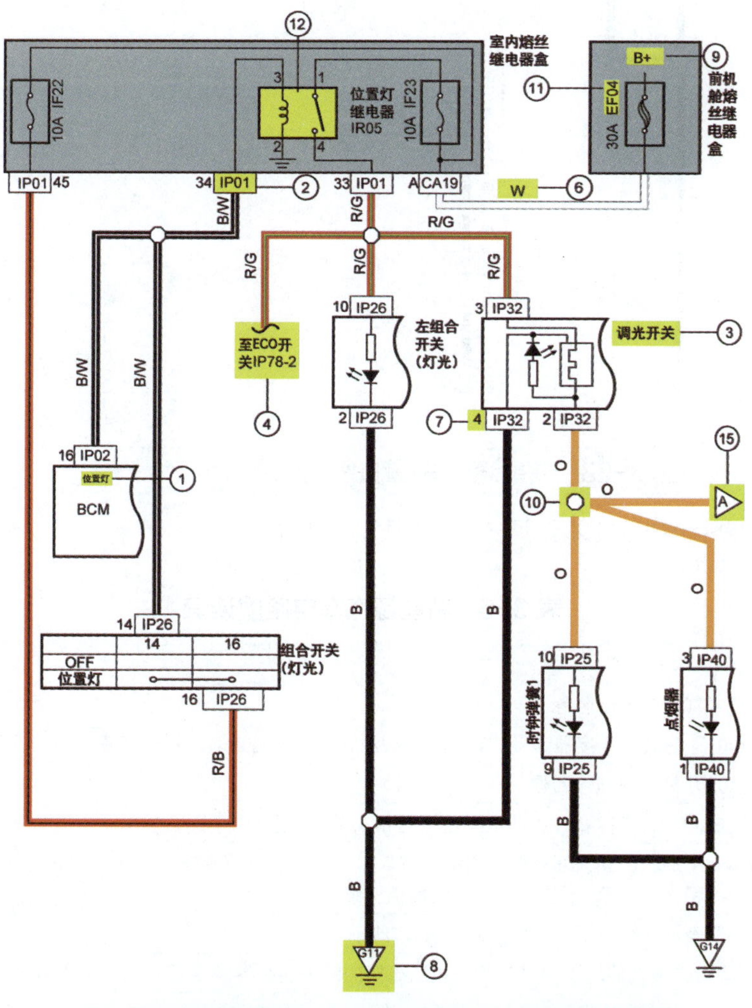

图 3-23　新能源汽车电路图（吉利新能源）

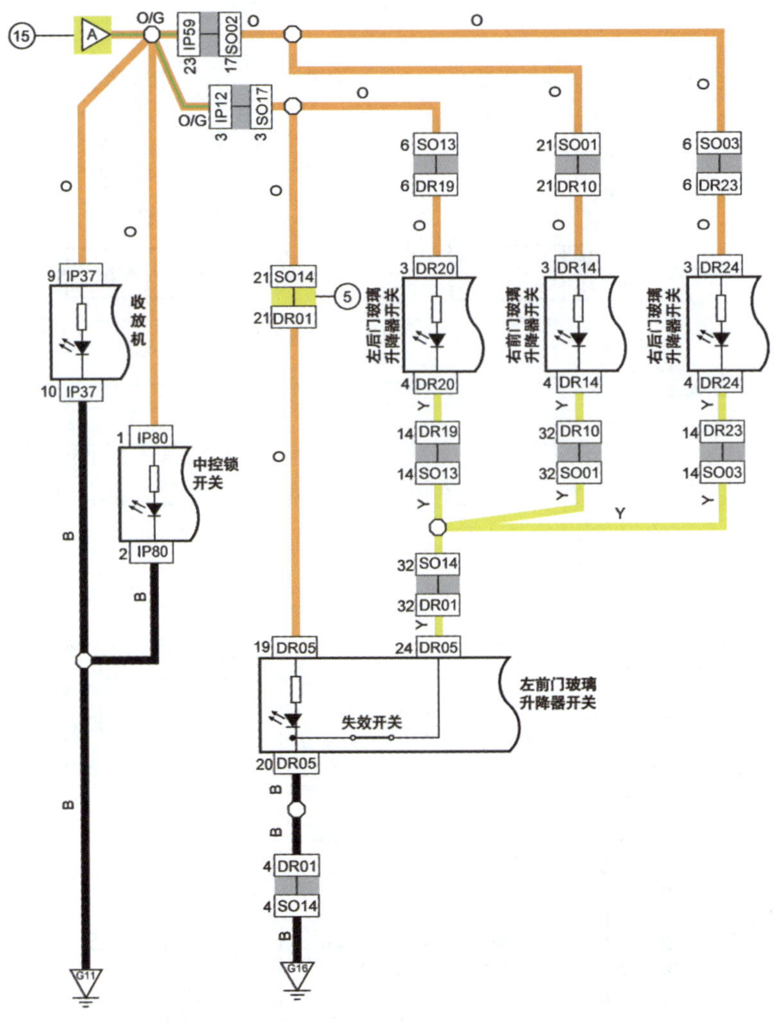

图 3-23　新能源汽车电路图（吉利新能源）（续）

图 3-23 电路图中的具体读识方法如表 3-6 所示。

表 3-6　新能源汽车电路图读识

图中编号	电路图读识
①	“位置灯”为端子名称
②	“IP01”为线束连接器编号。其中IP为线束代码，此处IP表示仪表线束，01为连接器序列号
③	“调光开关”为部件名称
④	“至ECO开关IP78-2” 为此电路连接的相关系统信息
⑤	表示一个插头。插头间连接采用细实线表示，并用灰色阴影覆盖，用于与物理线束进行区别。物理线束用粗实线表示，颜色与实际导线颜色一致
⑥	“W”表示导线颜色。颜色代码如表3-7所示
⑦	“4”为接插件的端子编号，注意相互插接的线束连接器端子编号顺序互为镜像，如图3-24所示
⑧	“G11”为接地点编号

续表

图中编号	电路图读识
⑨	“B+”表示低压蓄电池正极
⑩	表示相连接导线节点
⑪	“EF04 30A”为熔丝编号和参数。熔丝编号由保险丝代码和序列号组成，其中本例中位于前机舱的熔丝代码为EF，室内熔丝代码为IF，分线盒内的熔丝代码为HF。04为序列号，30 A为熔丝的参数
⑫	为继电器及其编号

表 3-7 导线颜色

颜色代码	导线颜色	示 例
B	黑色	
Gr	灰色	
Br	棕色	
L	蓝色	
G	绿色	
R	红色	
Y	黄色	
O	橙色	
W	白色	
V	紫色	
P	粉色	

如果一个系统内容较多，线路需要用多页表示时，线路起点用 表示，线路到达点则用 表示，如一张图中有一条以上的线路转入下页，则分别以 B、C 等字母表示，依此类推，如图 3-25 所示。

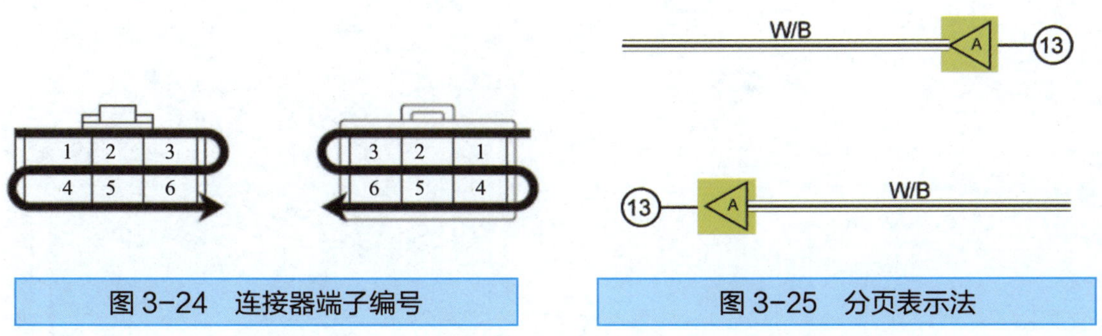

图 3-24 连接器端子编号

图 3-25 分页表示法

新能源汽车整车控制器故障诊断与维修

整车控制器（Vehicle Control Unit，VCU）是新能源汽车的核心控制部件，能够合理分配能量，最大限度地提高车载电池能量的利用率。本章主要讲解整车控制器的结构、控制策略及故障检测维修方法。

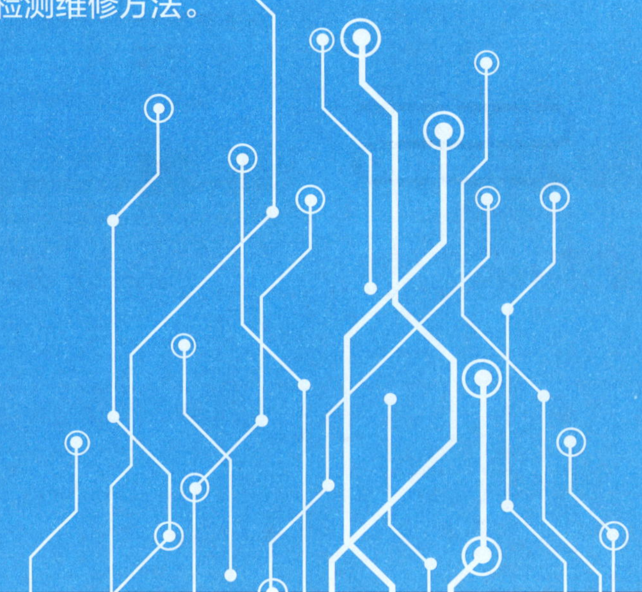

看图识整车控制器（VCU）结构

整车控制器的主要功能是解析驾驶员需求，监控汽车行驶状态，协调控制单元如电池管理系统（BMS）、电机控制器（MCU）、EMS 等的工作，实现整车的上下电、驱动控制、能量回收、附件控制和故障诊断等功能。

4.1.1　新能源汽车的整车控制器

新能源汽车中的整车控制器如图 4-1 所示。

整车控制器

整车控制器

整车控制器的接口

整车控制器电路板

图 4-1　新能源汽车的整车控制器

4.1.2 整车控制器的电路结构

整车控制器作为新能源电动汽车的调度控制中心，负责与车辆其他部件进行通信，协调整车的运行。整车控制器 VCU 电路主要由微处理器 MCU、电源供电电路、开关量输入 / 输出模块、模拟量输入模块及 CAN 通信模块等组成，如图 4-2 所示。

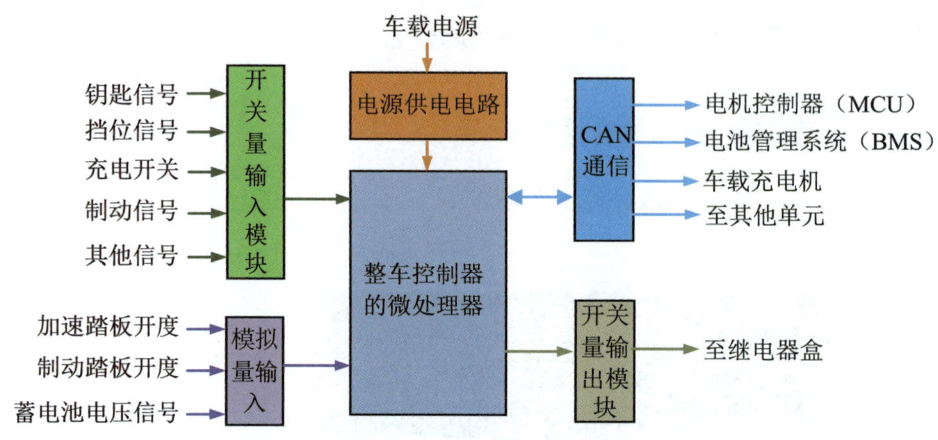

图 4-2 整车控制器组成结构

（1）电源模块将蓄电池 12 V 电压转换为 VCU 电路需要的工作电压；

（2）开关量输入模块主要用来接收钥匙信号、挡位信号、制动信号等；

（3）开关量输出模块主要是控制继电器，如主负继电器等；

（4）模拟量输入模块采集加速踏板和制动踏板开度信号及蓄电池电压信号等；

（5）CAN 通信模块负责与整车其他设备通信，主要设备有电机控制器（MCU）、电池管理系统（BMS）及车载充电机等。

4.2 纯电动汽车整车控制策略

纯电动汽车主要通过整车控制器（VCU）来控制整车系统，通过 VCU 可以实现整车通信、状态获取、工作模式、驱动系统、能量优化、故障诊断、仪表显示等功能的控制，具体控制功能和策略如下：

（1）整车通信网络管理；

（2）整车状态获取；

（3）整车工作模式控制；

（4）接收驾驶员指令，输出电机驱动扭矩，实现驱动系统控制；

（5）整车能量优化管理；

（6）监测和协调管理车上其他用电器；

（7）故障处理及诊断功能；

（8）系统状态仪表显示。

4.2.1 整车通信网络管理

整车系统通过 CAN 通信网络将各个子控制系统连接在一起。整车系统通信网络结构如图 4-3 所示。整车控制器起到协调管理整个通信网络的功能，是各个子设备的通信服务端。

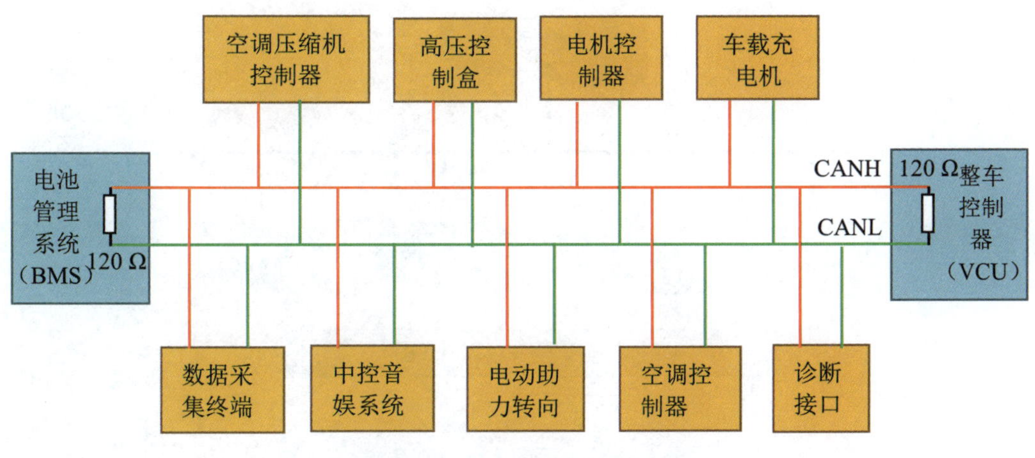

图 4-3 整车系统通信网络

4.2.2 整车状态获取方式

整车状态获取方式有两种：一种是整车控制器（VCU）通过车速传感器、挡位信号传感器等采用不同的采样周期检测整车的运行状态；另一种是通过 CAN 通信总线获得原车功能模块、动力电池系统、电机驱动系统等状态信息。

整车状态获取内容如表 4-1 所示。

表 4-1 整车状态内容

序　号	整车状态内容
1	点火钥匙状态—OFF、ACC、ON、START
2	充电监控状态—充电唤醒、连接状态、慢充门板（开–关）
3	挡位状态—P、R、N、D

续表

序　　号	整车状态内容
4	加速踏板位置：加速踏板开度（0~100%）
5	制动踏板状态：踩制动、未制动
6	BMS状态：继电器、电压、电流等
7	MCU状态：工作模式、转速、扭矩等
8	EAS、PTC信息
9	ABS状态、ICM状态

4.2.3　整车工作模式控制

整车控制器的工作模式包括充电模式、上电模式、行车模式、制动模式、停车模式、故障模式等，如图 4-4 所示。

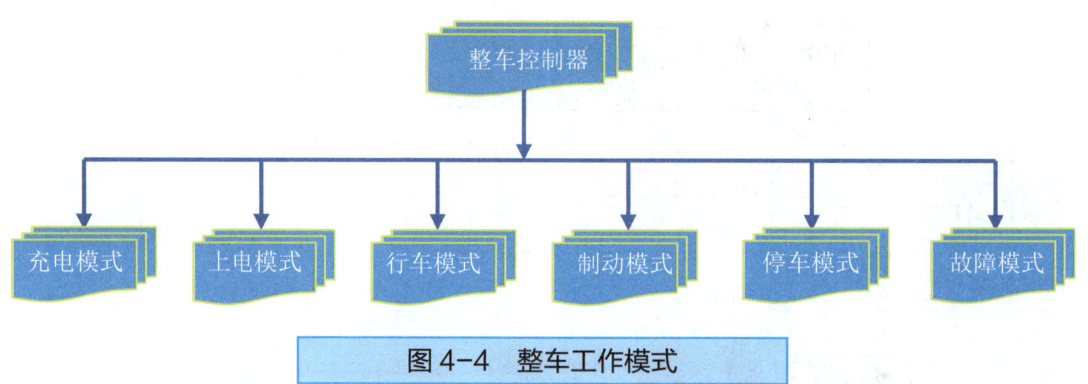

图 4-4　整车工作模式

1. 充电模式控制

充电模式控制如图 4-5 所示。

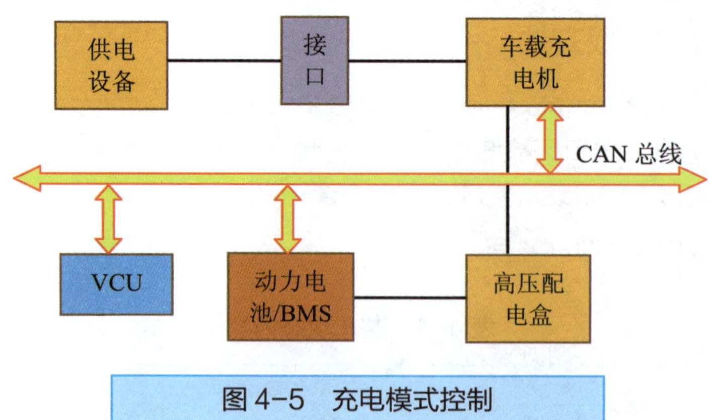

图 4-5　充电模式控制

充电时，插上充电枪，车载充电机开始工作，车载充电机把充电唤醒信号发送给VCU；VCU 收到唤醒信号后，被触发上电。然后在 VCU 检测到的 CC 连接确认信号后，VCU 监控整车当前状态允许充电时，起动唤醒电池管理系统（BMS），然后 BMS 与车载充电机通过 CAN 总线进行通信，起动充电。

充电过程中，VCU 持续监测 BMS 及车载充电机的状态信息。充电过程出现故障时，VCU 会及时切断电池继电器，以中断充电过程，防止发生危险事故。

2. 上电模式控制

驾驶员通过打开钥匙等操作，使 VCU 上电，然后唤醒 CAN 网络上其他节点开始工作。当整车所有设备都正常起动后，系统进入 READY 状态，指示可以进行正常驾驶操作。

3. 行车模式控制

VCU 采集来自驾驶人员的控制信号（挡位信号、加速踏板信号、车辆模式等），并根据系统的限制条件，经算法运算向电机控制器（MCU）输出驱动扭矩，控制汽车的运行。根据驾驶员的不同需要，可以实现前进、后退、巡航、一般模式行驶、运动模式行驶、经济模式行驶等运行方式。

4. 制动模式控制

新能源汽车的制动过程可以实现能量回收。当新能源汽车处于制动状态时，VCU 通过状态数据采集，推算所需的制动扭矩。此时驱动电动机从工作模式转换为发电机模式向动力电池组充电。

5. 故障模式控制

整车故障一般分为 2 级（1 级故障和 2 级故障）。故障来自整车控制器 VCU、BMS、空调等终端设备或者加速踏板器等输入传感设备。这里定义 1 级故障为严重故障，2 级故障为一般故障。整车系统出现 2 级故障时，汽车进入跛行故障模式，主要以限制系统输出功率的方式实现。整车系统出现 1 级故障时，整车系统进入紧急停止工作状态。

6. 停车模式控制

停车模式是整车运行过程中无故障出现，驾驶者正常关闭钥匙，此模式中 VCU 控制电机和电池系统下电，然后控制各个附件设备关闭，完成自下电过程。

4.2.4 整车驱动系统控制

新能源汽车整车驱动系统由电动机和电机控制器组成，并通过 CAN 总线方式与整车网络通信。整车驱动系统控制方法如图 4-6 所示。

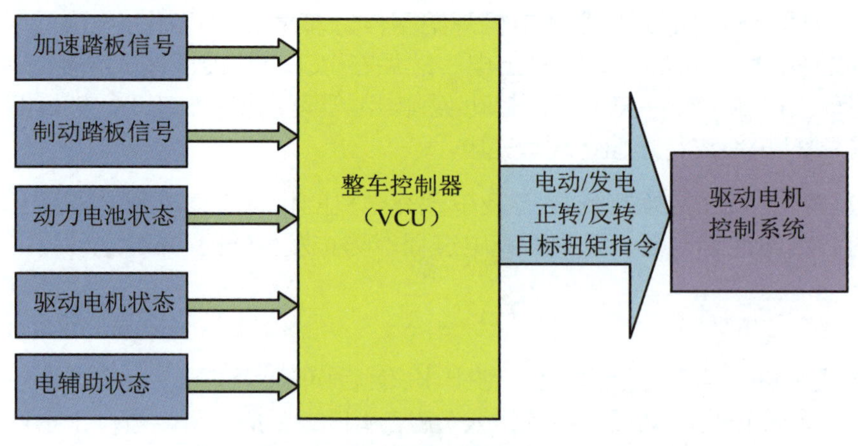

图 4-6　整车驱动系统控制方法

（1）整车控制器（VCU）通过采集到的踏板开度信号和挡位等信号，经过转矩计算，得出最后的扭矩信息。扭矩信息通过 CAN 总线由 VCU 发送到电机控制器（MCU），MCU 收到相应的控制信号后，执行对应的动作。

（2）根据汽车的运行状况，电动机运转模式分为电动模式和发电模式。电动模式下整车运行在驱动状态，汽车属于行驶状态；发电模式下整车运行在滑行或制动状态，实现制动能量的回馈。

（3）电机控制系统在运行状态下，MCU 实时向 VCU 上报状态信息和故障信息，并在系统出现故障时做出及时处理。VCU 接收到 MCU 的各项信息后，会根据信息的内容对整车系统做出合理的控制。

4.2.5　整车能量优化管理

新能源汽车整车能量的唯一来源为动力电池组，通过电池管理系统有序管理。整车控制器通过总线与电池管理系统通信。

（1）电池管理系统向整车控制器上报剩余电量信息、电池箱总电压和总电流、电池系统温度信息、电池输出继电器状态等。

（2）整车控制器根据汽车控制策略以及来自总线上的电池状态和电机状态信息以闭合或者断开电池管理系统中的主正 / 主负继电器，完成高压回路的闭合和断开功能。

（3）与传统燃油车相比，电动汽车能够实现制动能量回馈功能。当整车处于减速滑行或制动状态时，整车控制器控制汽车产生再生制动力矩，使电动机发电，并将电机发出的电能回充到动力电池中，以实现有效的制动能量回收。

4.2.6　监测和协调管理车上其他电器

在纯电动汽车上除了动力系统相关的主要零部件外，还有 PTC 加热器、电动空调压缩机（AC）、电动真空泵等用电器，整车控制器需要采集和监控这些用电器的信号状态，结合整车状态判断是否允许这些用电器正常以及处于什么状态。

4.2.7　故障检测处理及诊断功能

故障处理及诊断功能也是整车控制器控制策略的重要组成部分，VCU 根据传感器的输入及其他通过 CAN 总线通信得到的电动机、电池、充电机等的信息，对各种故障进行判断、等级分类、报警显示；存储故障码，供维修时查看。故障指示灯指示出故障类型和部分故障码。对于不太严重的故障，能做到“跛行回家”。

整车控制器采用分级式故障处理策略，整体处理策略根据不同等级的故障作出相应的处理。

（1）一级故障：需要切断高压的故障

整车控制器接收到电机控制器或电池管理系统上传的一级故障，或者 VCU 接收不到 CAN 网络上的全部信号，会报整车一级故障，快速降扭，同时发出切断高压的指令，一级故障必须重新上电才可恢复。

（2）二级故障 ：禁止车辆行驶的故障

整车控制器接收到电机控制器或电池管理系统上传的二级故障，或者 VCU 与 MCU、BMS 等控制器出现通信故障，会报整车二级故障。此时，电动机无转矩输出，车辆将不能行驶。二级故障可以实时恢复。

（3）三级故障 ：降功率的故障

整车控制器接收到电机控制器、电池管理系统上传的三级故障，或者 VCU 与 ICU、SRS、AC、MP5 等控制器出现通信故障，会报整车三级故障，同时将 MCU 的输出转矩限制到目标值的一半，从而达到限制系统功率输出的目的。三级故障可实时恢复。

4.2.8　车辆状态监测和显示

整车控制器应该对车辆的状态进行实时检测，并且将各个子系统的信息发送给车载信息显示系统，其过程是通过传感器和 CAN 总线，检测车辆状态及其动力系统及相关电器附件相关各子系统状态信息驱动显示仪表，将状态信息和故障诊断信息通过数字仪表显示出来。显示内容包括车速、里程、电动机的转速、温度、电池的电量、电压、电流、故障信息等。

4.3 整车控制器故障维修

4.3.1 整车控制器常见故障分析

本节中我们将对整车控制器的的常见故障进行分析，主要讲解对供电端、信号线和总线的检查方法。除此之外，我们将结合故障诊断仪了解一下仪表故障的维修方法以及相关参数的参考作用。整车控制器故障主要由整车控制器供电问题、控制器信号线接插件问题、CAN 总线问题等引起。

1. 整车控制器供电检查方法

具体检查步骤如下：

（1）先用万用表测量整车控制器供电端连接的熔丝是否烧毁，如果正常，再检查 ON 挡继电器是否吸合，可将继电器直接短接后看是否有电源，如图 4-7 所示。

图 4-7　测量整车控制器熔断器

（2）如果熔断器和继电器都正常，再用万用表测量整车控制器（VCU）的电源供电引脚与地线间的阻值，正常应为无穷大。如果阻值为 0 或很小，则说明供电线路有短路问题。

2. 整车控制器信号线检查方法

首先了解控制策略及失效模式，初步判断故障点，如图 4-8 所示。

具体的检查步骤如下：

（1）检查整车控制器的终端插件是否有错针、退针、倒针等现象；

（2）检查线束与插针是否连接牢固，插件内插针是否出现退针以及插针是否有弯曲等异常现象；

（3）用万用表对两端进行通 / 断检查，看是否与车身短接，是否与插件内其他回路短接。

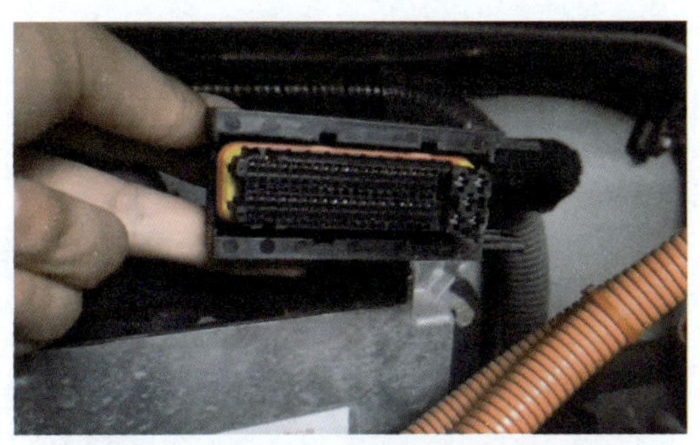

图 4-8 检查整车控制器的终端插件

3.CAN 总线检查方法

CAN 总线两个终端分别为电池管理系统和整车控制器，在两个终端均内嵌一个阻值为 120 Ω 的电阻器。在蓄电池负极不接的情况下，正常网络的电阻值应为 60 Ω。检查故障时，可以通过测量 CAN 网络中的阻值来判断通信网络是否正常。

具体的检查步骤如下：

（1）用万用表测量整车控制器接口中 CAN 总线两个针脚间的电阻值，如果阻值异常，则逐一测量含 CAN 信号线的接口。

（2）如果测量的阻值异常，则拔掉测量的接口。拔掉后，继续测量其他含有 CAN 信号线接口的 CAN 信号线的阻值。如果阻值变正常了，则是刚才拔掉的接口出现问题，如图 4-9 所示。

（3）如果上一步没有查出问题，则用万用表测量 CAN 信号线对地的阻值，如果阻值为 0 或很小，则可判断 CAN 线与屏蔽层短接。

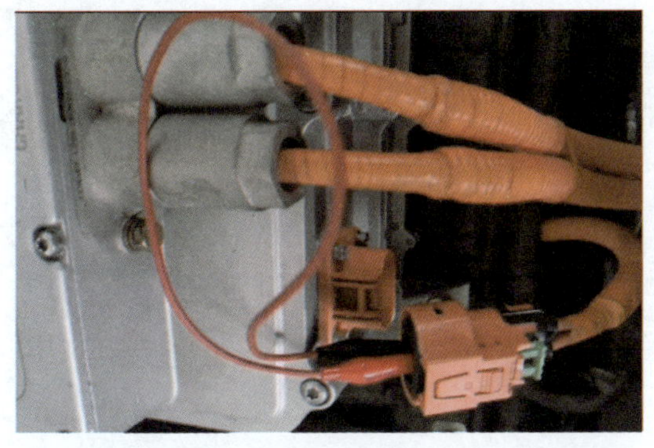

图 4-9 测量 CAN 线阻值

4.3.2 仪表显示整车故障维修方法

在检测仪表显示系统故障时，应先使用汽车故障诊断仪读取故障码，初步确定故障点，然后根据故障点提示来排查故障。

1. 故障诊断仪无法连接 VCU 的故障维修方法

当故障诊断仪无法连接的车辆，请按以下顺序排查：

（1）使用万用表，检查 VCU 的供电电压是否正常；同时，需要检查低压电气盒中 VCU 的各个供电熔断器是否正常；

（2）使用万用表，检查诊断仪的诊断口与 VCU 的 CAN 总线线束连接是否牢固、正常；

（3）如果以上都正常，则可能是 VCU 电路有问题，通常更换 VCU。

2. 故障诊断仪连接 VCU 正常时的维修方法

故障诊断仪检测故障通过读取故障码、冻结帧、数据流来查找故障，然后维修故障，最后清除故障码。

图 4-10 所示为故障诊断流程（以北汽新能源汽车为例）。

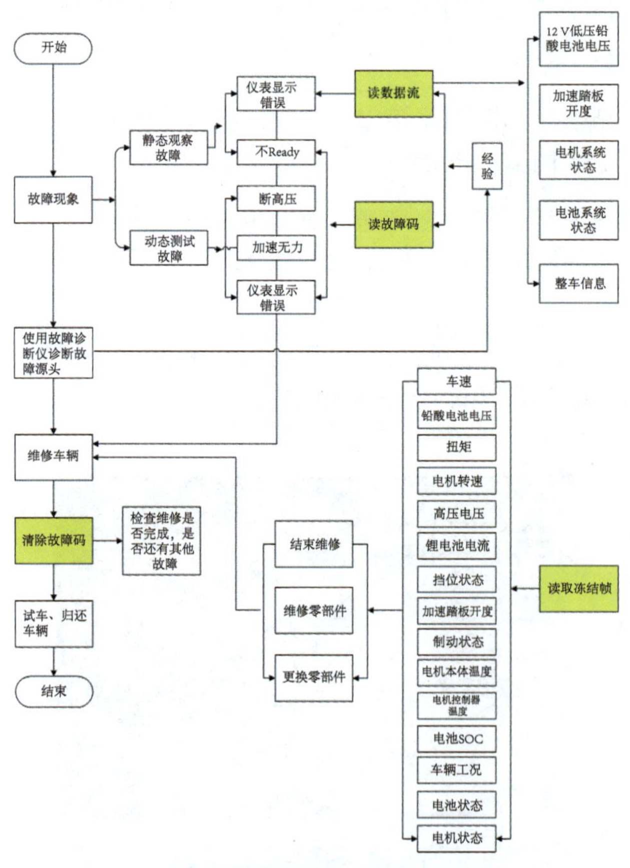

图 4-10 故障诊断流程

（1）读冻结帧的作用

故障冻结帧的作用是：当车辆确认有故障的瞬间，由整车控制器存储车辆在“这个瞬间”的整车状态信息，比如车辆发生故障时车辆的车速、高压数值、挡位状态、驾驶员踩的加速踏板开度以及制动状态等信息，有助于分析故障时的状态和故障原因，为车辆的检修提供重要依据。

一般汽车整车控制器会存储记录更多的变量，如车速、蓄电池电压、电机转速、扭矩、电机本体温度、电机控制器温度、电机状态、锂电池电流、高压电压、电池状态、SOC、挡位状态、加速踏板开度、制动状态、车辆工况等信息。

（2）读数据流分析故障

读取汽车数据流可以检测汽车各传感器的运行情况以及汽车的工作状态，进而通过读取的汽车运行数据来分析判断故障。下面来分析一下读取的数据可以分析判断哪些常见故障。

通过蓄电池电压数据，可以分析蓄电池是否漏电、是否正在充电等，来判断蓄电池和 DC/DC 转换器是否正常。

通过加速踏板开度数据，可以分析当前加速踏板的开度，来判断加速油门踏板是否正常。

通过电机系统状态数据，可以分析电机初始化、预充电状态、电机扭矩、电机本体温度、电机控制器温度、电机转速、电机生命信号等，来判断电机是否正常。

通过动力电池系统状态数据，可以分析电池总电压、电池当前放电电流、电池电量 SOC、单体电池最低电压、单体电池最高电压、单体电池最高温度、单体电池最低温度、电池系统生命信号、电池继电器闭合与断开状态等，来判断动力电池是否正常，如图 4-11 所示。

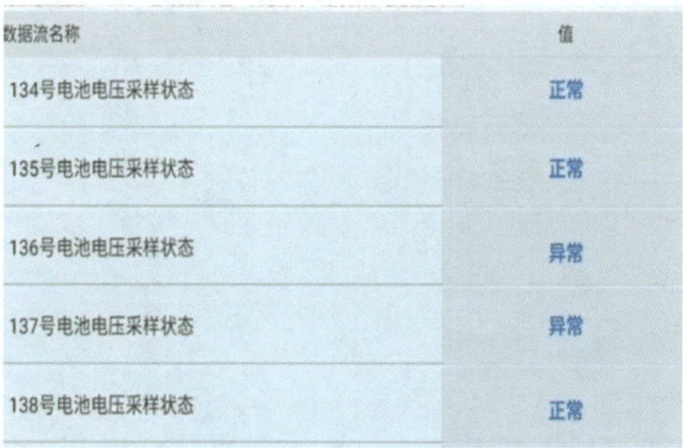

数据流名称	值
134号电池电压采样状态	正常
135号电池电压采样状态	正常
136号电池电压采样状态	异常
137号电池电压采样状态	异常
138号电池电压采样状态	正常

图 4-11　读数据流

通过整车信息数据，可以判断挡位状态、加速踏板电压值、低速和高速冷却风扇开启与闭合状态等，来判断挡位、加速油门踏板、高速风扇、低速风扇是否正常。

第5章 新能源汽车动力电池结构及控制系统故障诊断与维修

新能源汽车动力电池是其动力来源，其性能直接影响汽车的行驶里程及性能；而动力电池冷却系统是决定其使用安全性、寿命及使用成本的关键因素；另外，电池的管理系统决定着动力电池能否充分发挥电池的能量和使用寿命。本章将系统讲解动力电池本身、动力电池冷却系统以及电池管理系统的结构和工作原理，并在基础上介绍它们的故障诊断维修方法和维修实战。

5.1 动力电池及其结构

动力电池系统对于电动汽车而言，犹如汽油之于传统燃油车，是车辆的重要能量来源。动力电池有很多种，目前常用的是锂离子电池，下面我们来认识一下电动汽车中的动力电池，并了解一下它的基本结构。

5.1.1 看图识电动汽车的动力电池

目前，市场上常见的电动汽车主要分为纯电动汽车和混合动力汽车。不论哪种电动汽车，它们使用的电池主要有两种：磷酸铁锂电池和三元锂电池，这两种电池都属于锂离子电池，所不同的是它们的正极材料不同。图 5-1 所示为电动汽车的电池板。

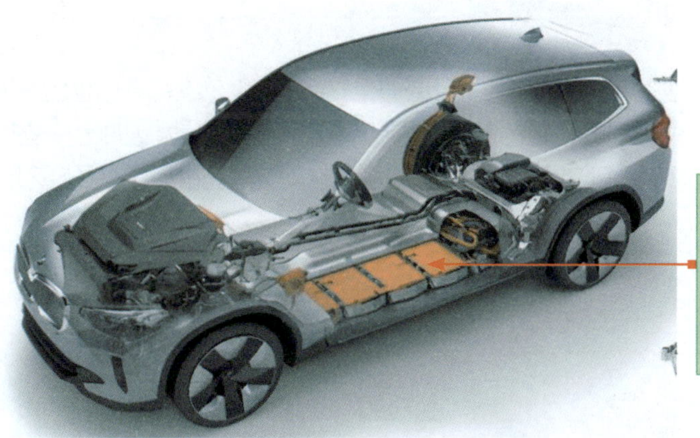

电动汽车的电池一般安装在车厢底盘下面或后排座椅后面。一般纯电动车底盘比较紧凑和空旷，且电池比较大，所以基本在底盘。

混合和动力汽车的电池比较小，一般放在后备箱或者后排座椅下面。

纯电动汽车的电池板，电池板通常根据汽车底盘的形状进行设计。

图 5-1 电动汽车的电池板

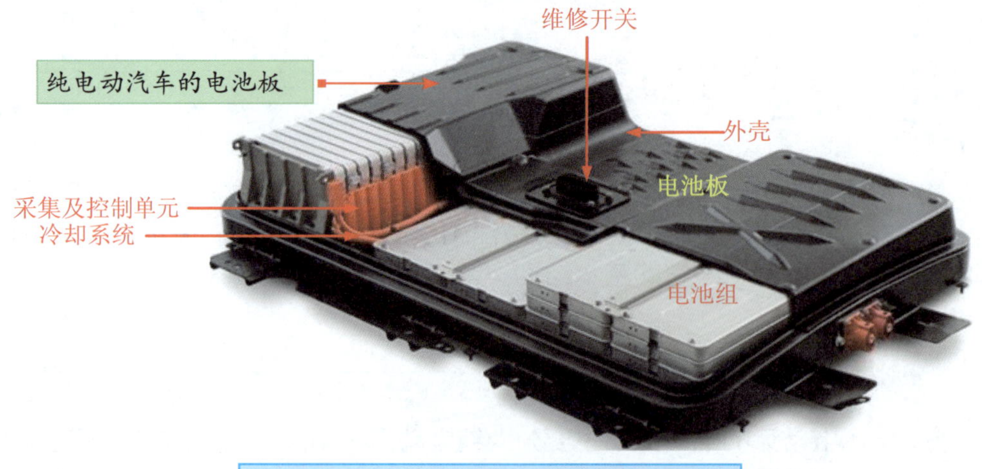

图 5-1　电动汽车的电池板（续）

5.1.2　动力电池的基本结构

动力电池实质上是由多个电池芯并联或串联组成一个电池包，然后将电池包串联组成一个电池组，最后再将多个电池组串联成一个电池板。另外，在电池板加上一些如控制管理单元、采集系统、冷却系统、外壳等就构成了一个完整的动力电池板，如图 5-2 所示。

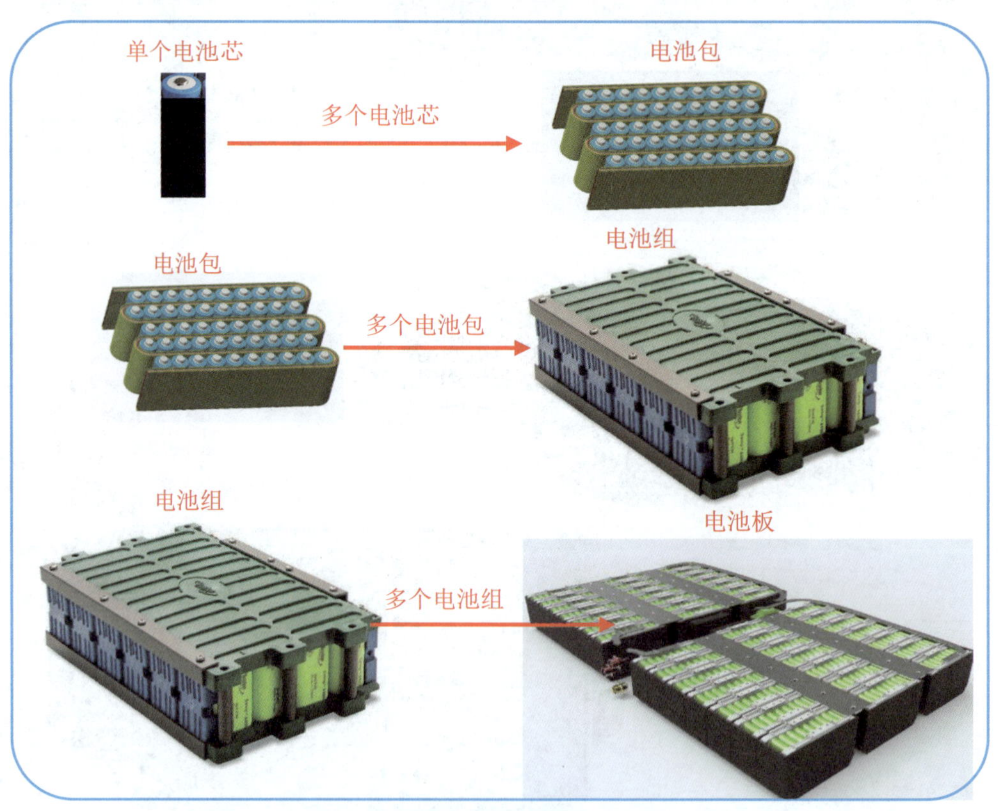

（a）由单个电池芯组成的电池板

图 5-2　动力电池的组成结构

动力电池中除了电池模块外，还包括冷却系统、控制单元、采集系统等组件。

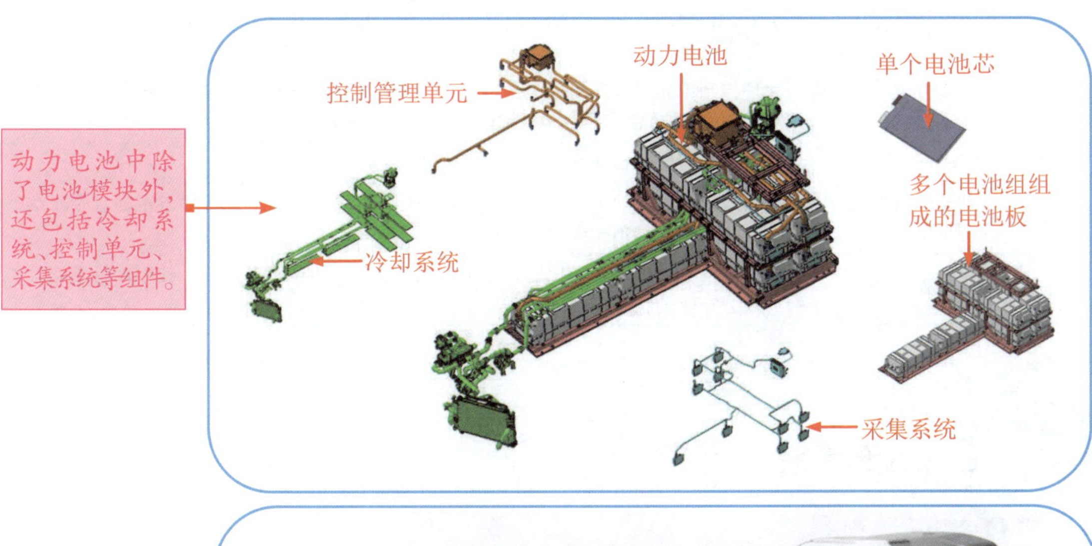

动力电池的型号的参数中经常出现 P、S 等字母，如 3P4S，表示 3 个电池芯并联组成单体电池，然后再将 4 个单体电池串联。

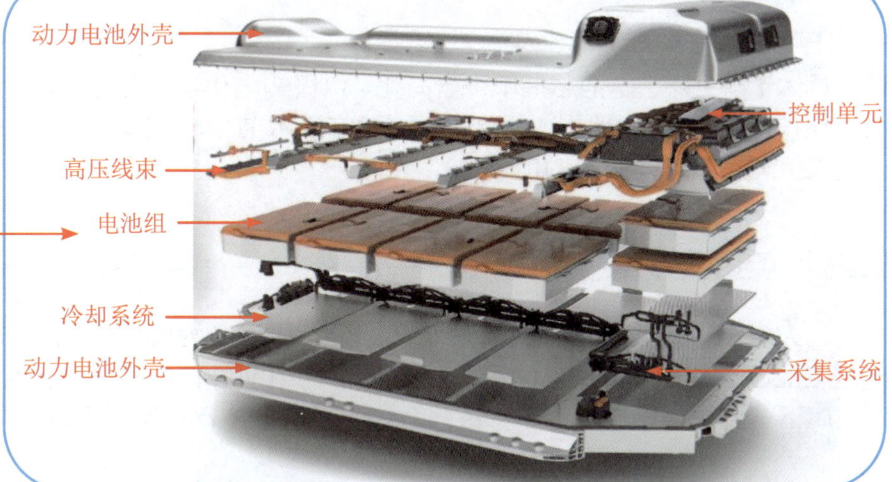

图 5-2　动力电池的组成结构（续）

图 5-2 中动力电池各个部分的组成和功能如表 5-1 所示。

表 5-1　动力电池各个部分的组成和功能

序　号	名　称	组成和功能
1	单个电池芯	它是组成动力电池的最小单元。单个电池芯的电压一般为3.7~4.2 V（磷酸铁锂电池为3.7V，三元锂电池为4.2 V）
2	电池包	电池包由数个单个电池芯并联或串联焊接在一起构成。如果一个电池包先由3个三元锂电池芯并联焊接组成一个单体电池，然后再由15个单体电池串联而成。那么这个电池包总共由45个电池芯组成，电池包的总电压为4.2 V × 15=63 V
3	电池组	电池组由数个电池包串联在一起构成。如果电池组由6个电池包串联而成，则电池组的总电压为6 × 63 V=378 V

续表

序　号	名　称	组成和功能
4	采集系统	每一个电池包内部都有一个CSC信息采集系统，用来监测每个电池单体或电池组的电压、温度等信息
5	电池管理单元（BMS）	电池管理控制单元安装在动力电池内部，用来将电池的电压、电流、温度等信息上报给整车控制器（VCU）并根据VCU的指令完成对动力电池的控制
6	冷却系统	对动力电池进行散热，使其处于最佳工作状态
7	电池高压控制单元	安装在动力电池总成的正负极输出端，由高压正极继电器、高压负极继电器、预充继电器、电流传感器和预充电阻等组成
8	维修开关	位于动力电池总成中间表面位置，它可以快速分离高压电路的连接，使维修等工作处于一种较为安全的状态

5.2 动力电池的电池芯

上一节在了解动力电池基本结构时，多次出现了“电池芯”这个名词，本节我们就来具体了解一下。电池芯指单个含有正、负极的电化学电芯，是动力电池的基本单元，加上保护电路或者控制电路，就成为电池了。本节中我们除了讲解电池芯的分类外，还重点梳理了常见锂电池的优缺点。

5.2.1 电池芯分类

动力电池中的电池芯按照外形结构划分，可以分为圆柱电池芯、方壳电池芯以及软包电池芯，如图 5-3 所示。目前这三种结构电池芯在电动汽车上都有应用，比如特斯拉旗下车型采用圆柱电池芯，日产 Leaf（聆风）电动车则采用软包电池芯。

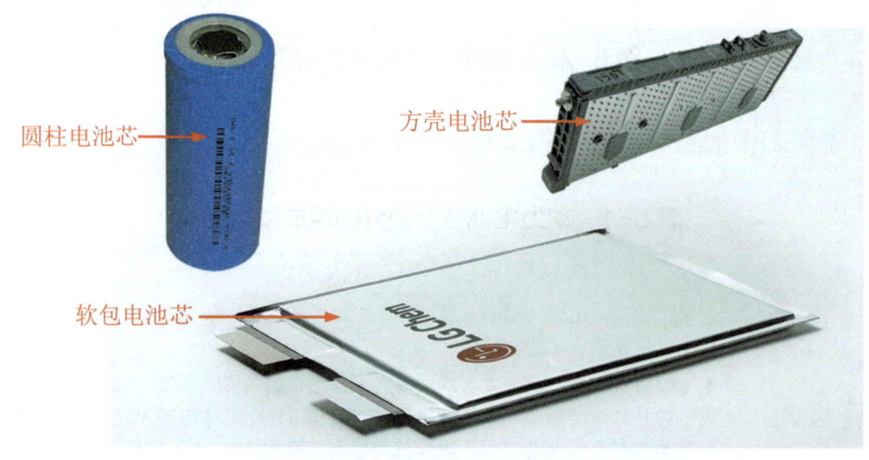

图 5-3　动力电池中的电池芯

1. 圆柱电池芯

圆柱电池芯和日常生活中我们最常接触的电池形式相同。同常见的 5 号、7 号电池类似，车用圆柱电池也具有特定的规格型号，比如 18650、21700 型号等。图 5-4 所示为 18650 电池芯。

图中 18650 为型号，其中前两位数字表示圆柱电池的直径，18 表示电池直径为 18 mm；第 3、4 位表示电池的高度，65 表示圆柱电池的高度为 65 mm；最后一位则表示电池的形态，0 表示圆柱形。

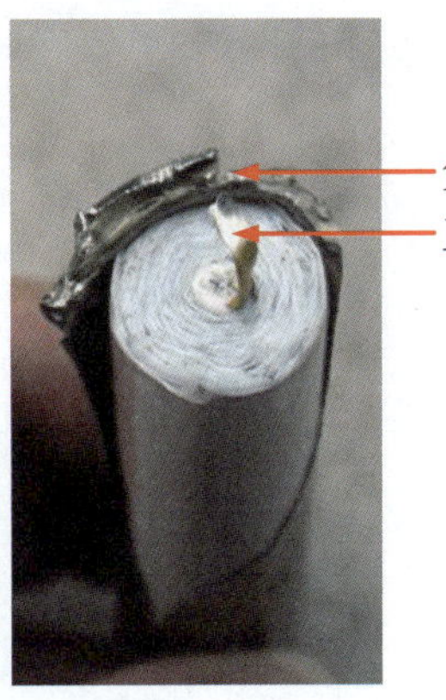

图 5-4 18650 电池芯

2. 方壳电池芯

方壳电池通常指具有铝制或钢制外壳方形电池，这种电池没有统一的规格限制，可以根据客户要求进行定制，相对来说，这种电池能量密度较高，重量较轻，但是长时间使用后其边角处电解液化学性能退化会比较明显，影响电池性能，如图 5-5 所示。

图 5-5 方壳电池芯

3. 软包电池芯

软包电池，顾名思义，其电池外壳是由一层铝塑膜包装而成的，因此设计较为灵活，可以随意改变形状、薄厚，打包成模组较为灵活方便。另外，这种电池重量轻、能量密度高、循环性好。安全方面也要比方壳电池和圆柱电池要高，是目前发展潜力较大的一种电池结构，如图 5-6 所示。

图 5-6　软包电池芯

5.2.2　三元锂电池和磷酸铁锂电池

化学电池是目前电动汽车领域应用最为广泛的电池种类，如镍氢电池、锂离子电池、锂聚合物电池、燃料电池等。其中，最广泛应用于电动汽车的就是锂离子电池，常见电动汽车的锂离子电池主要有两种：分别是三元锂电池和磷酸铁锂电池，主要差别是它们的正极材料不同。

1. 三元锂电池

三元锂电池是指正极材料使用锂镍钴锰或者镍钴铝酸锂的三元正极材料的锂离子电池。三元锂电池具有能量密度高的突出特点，因此在同样的电量下，三元锂电池系统的重量更轻、体积更小，使得整车的续驶里程可以大幅提升。此外，三元锂电池还具有低温性能好、放电倍率高、一致性好和 SOC 估算简便等优点，如图 5-7 所示。

三元锂电池价格高，耐低温性好，但稳定性差，高温下易燃烧爆炸。三元锂电池单体电压可达到 4.2 V。

图 5-7　三元锂电池

与磷酸铁锂电池相比，三元锂电池的能量密度要高出许多，三元锂动力电池系统能量密度能达到 105~120 Wh/kg，这意味着同样重量的三元锂电池比磷酸铁锂电池的续航里程更长；在具备相同电量的前提下，三元锂电池的重量更轻、体积更小。

三元锂电池的耐低温性能好，如有的汽车厂商通过采用定制开发的低温改善型电芯，动力电池系统可实现 -20 ℃直接充电，大幅缩短了冬季充电时间。

不过，三元锂电池的缺点也显而易见，三元锂电池的热稳定性不如磷酸铁锂电池，当其自身温度达到 250~350 ℃时，内部化学成分就开始分解。因此对电池管理系统提出了极高的要求，需要为每节电池分别加装保险装置，这就会加大其经济成本。而且，三元电池在内部短路、电池外壳损坏的情况下，很容易引发燃烧、爆炸等安全事故。另外，由于三元锂电池材料本身的性质，导致三元锂电池在使用寿命上相对较短。

三元锂电池单个电池芯电压最高可以充到 4.2 V，也就是说如果有 90 个电池芯串联，总电压最高可达到 4.2 V × 90=378 V。

2. 磷酸铁锂电池

磷酸铁锂电池是指用磷酸铁锂作为正极材料的锂离子电池。磷酸铁锂电池的价格低，安全性好，可以在 390 ℃以内的高温下保持稳定，不会因过充、温度过高、短路、撞击而产生爆炸或燃烧。此外，磷酸铁锂电池的使用寿命也较长，理论寿命可达到7~8年。磷酸铁锂电池的热稳定性是目前车用锂电池中最好的，当电池温度处于 500~600 ℃高温时，其内部化学成分才开始分解。

但受限于材料本身和技术方面的原因，磷酸铁锂的能量密度较低，磷酸铁锂动力电池系统的能量密度最高达到 90 Wh/kg 以上，但和三元锂电池相比还是差了不少，这对于整车的续驶里程有一定影响。除此之外，磷酸铁锂电池的容量较小，同样的电池容量，磷酸铁锂电池的重量更重，体积更大，也影响其续航里程。图 5-8 所示为磷酸铁锂电池。

磷酸铁锂电池价格低，密度小，一般只允许在 -5 ℃以上直接充电，不能满足北方车主在冬天低温下充电的需要。

图 5-8 磷酸铁锂电池

磷酸铁锂电池单个电池芯电压最高可以充到 3.7 V，也就是说如果有 90 个单体电池串联，总电压最高可达到 3.7 V × 90=333 V。

5.3 动力电池冷却系统的结构与原理

新能源汽车动力电池作为汽车的动力源，其充电、放电都会发热，而动力电池的性能、安全和电池温度又密切相关，因此在电动汽车运行期间，就需要给动力电池降温，这就是为什么电动汽车动力电池都会配备电池冷却装置的原因。

5.3.1 看图识电动汽车动力电池冷却系统

目前，电动汽车动力电池多为锂离子电池，锂离子动力电池的性能对温度变化较敏感，电池温度会影响电池效率、寿命和使用安全。一般动力电池单元温度处于 -40 ～ +55 ℃内时可稳定运行，为了给动力电池降温。目前动力电池冷却系统主要有风冷式、液冷式等两种冷却方式，如图 5-9 所示。

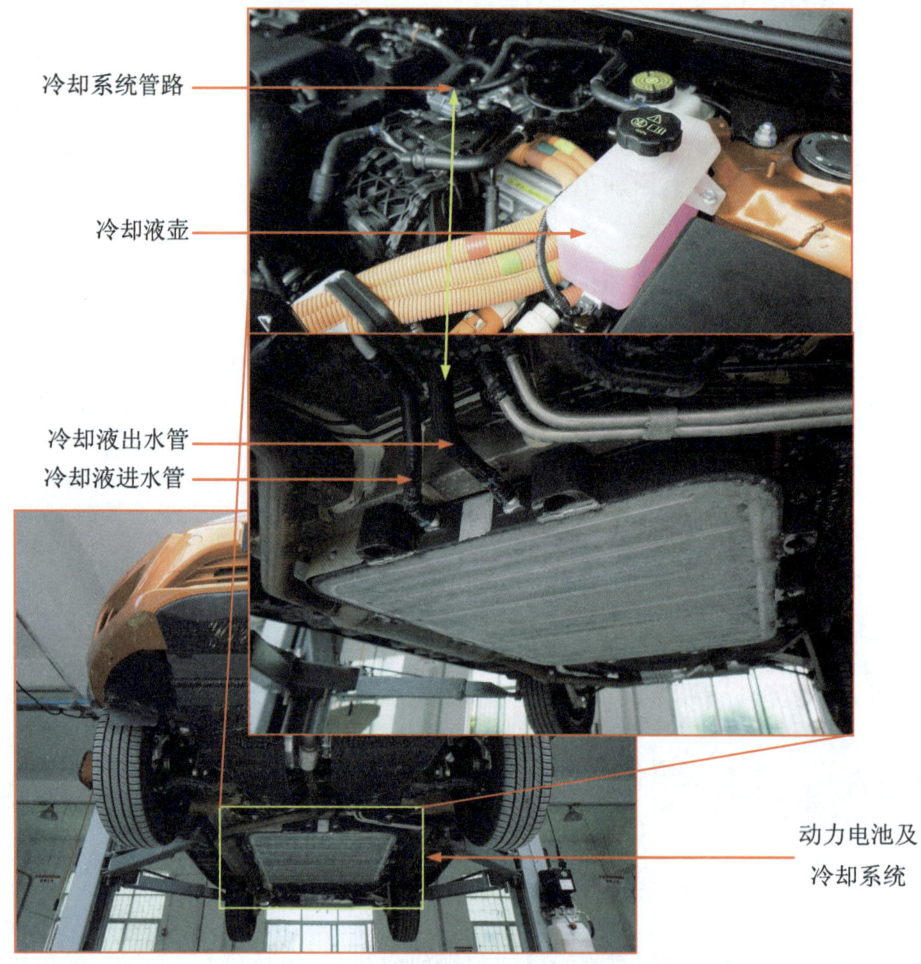

图 5-9　电动汽车电池冷却系统

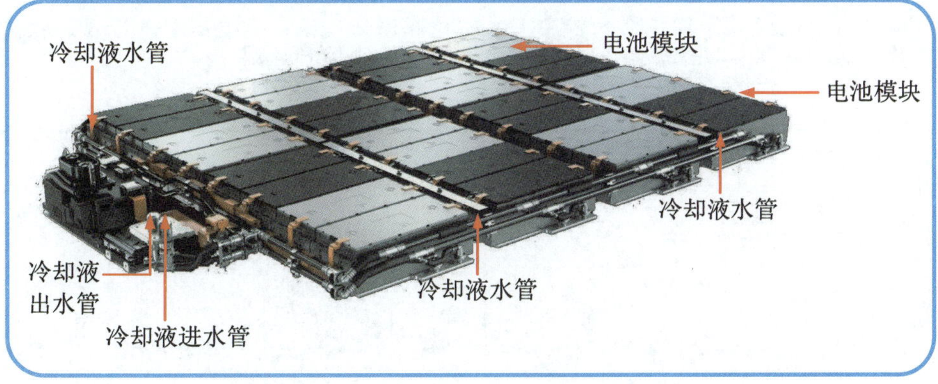

（a）液冷式冷却系统

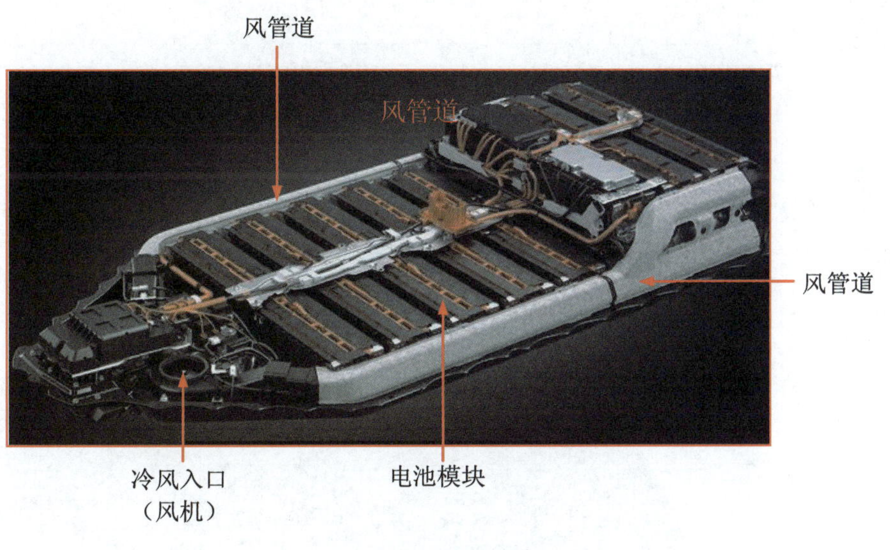

（b）风冷式冷却系统

图 5-9　电动汽车电池冷却系统（续）

5.3.2　风冷式冷却系统的结构及原理

风冷式动力电池冷却系统利用散热风扇将来自车厢内部的空气吸入动力电池箱，用来冷却动力电池以及动力电池的控制单元等部件。

1. 动力电池风冷式冷却系统的结构

图 5-10 所示为动力电池风冷式冷却系统结构框图。

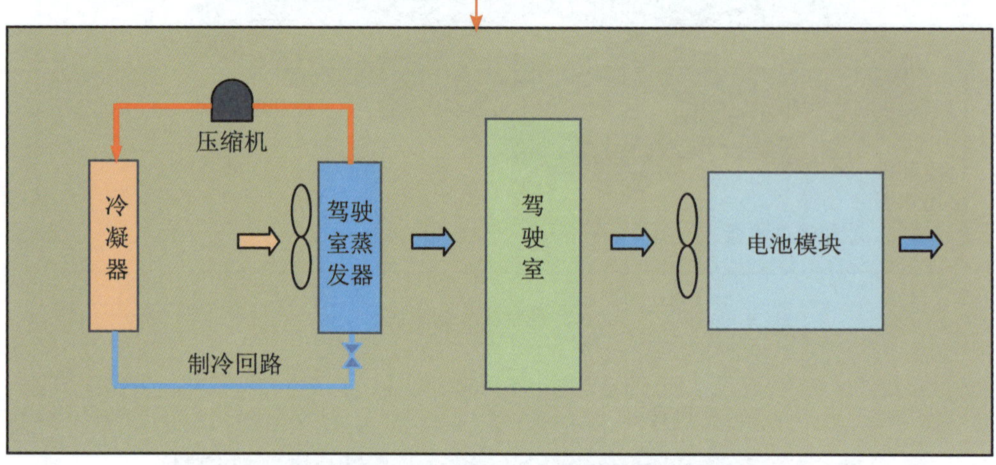

图 5-10　动力电池风冷式冷却系统框图

动力电池风冷式冷却系统主要由进气管、冷却风扇、出气管等组成，如图 5-11 所示。

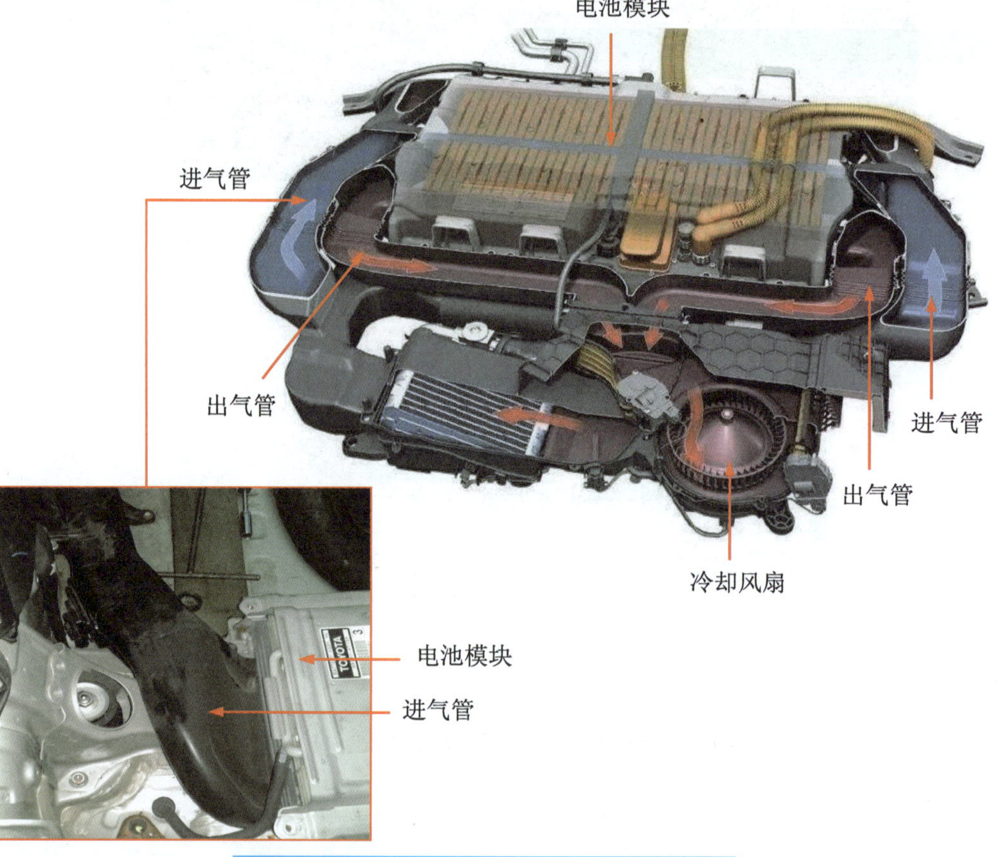

图 5-11　动力电池风冷式冷却系统组成

2. 动力电池风冷式冷却系统的工作原理

风冷式冷却系统利用自然风或风机，配合汽车自带的蒸发器为电池降温，系统结构简单，便于维护，在早期的电动乘用车及电动巴士等车中应用广泛，如日产聆风（Nissan Leaf）、起亚（Soul EV）等电池冷却系统就采用风冷式。动力电池风冷式冷却系统的工作原理如图 5-12 所示。

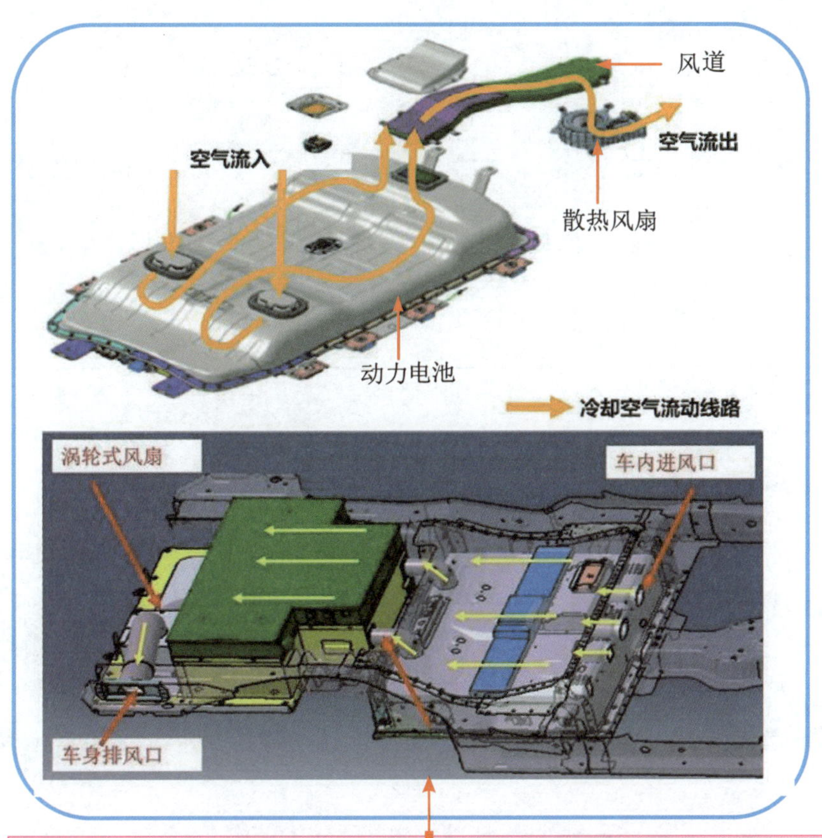

车厢内部的空气通过动力电池的进风口进入电池内部，流经动力电池，以降低动力电池温度，然后经过 BMS、总正负继电器等电子元器件，降低自身温度后，通过散热风扇及车身排风口将空气排出车内。

图 5-12　动力电池风冷式冷却系统的工作原理

5.3.3　液冷式冷却系统的结构及原理

液冷式冷却系统使用特殊的冷却液在动力电池内部的冷却液管路中流动，将动力电池产生的热量传递给冷却液，从而降低动力电池的温度。

1. 液冷式冷却系统的结构

与风冷式冷却系统相比，液冷式冷却系统效率更高，对电池组的温度控制更为精确，能够很好地保证电池组的一致性。但缺点是结构更为复杂，成本也会大幅提升。因此，液冷式冷却系统是目前许多电动乘用车的优选方案。液冷式冷却系统包括水泵、电池换热器、电池散热板、加热器、膨胀水箱、散热管路等，如图 5-13 所示。

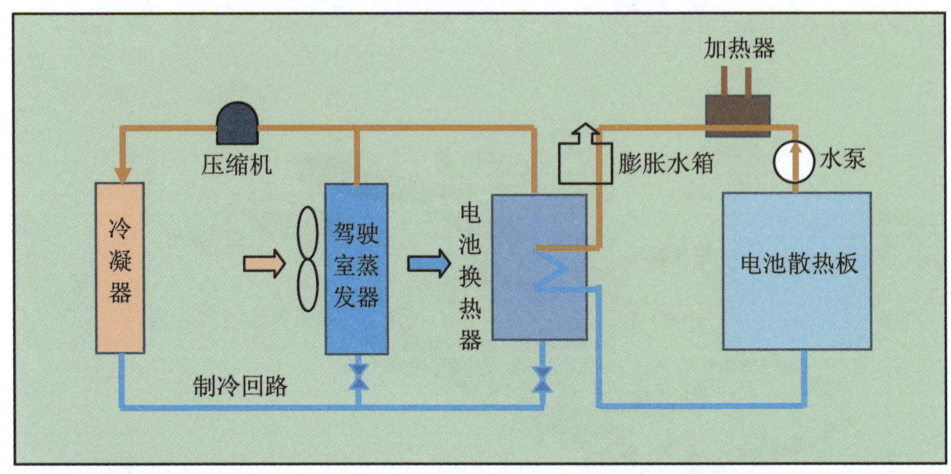

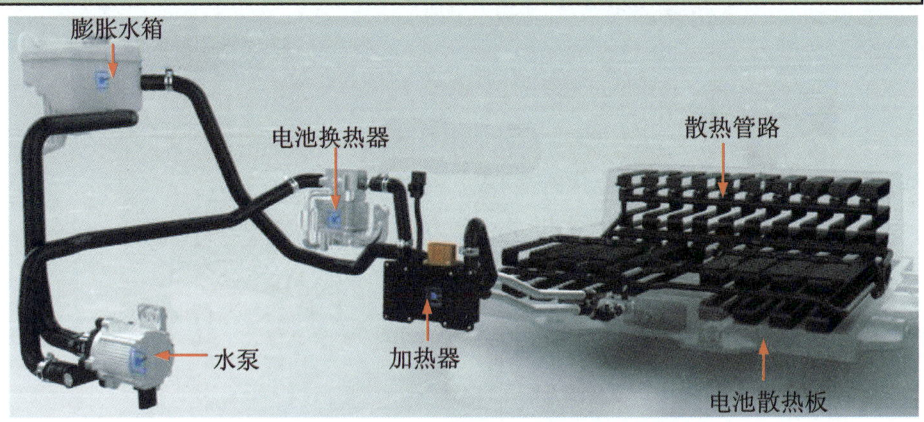

图 5-13　液冷式冷却系统的结构

我们结合图 5-13 来了解一下各组成部分的作用。

（1）膨胀水箱：储存因压力影响“溢出”的冷却液同时具备排气功能。

（2）水泵：电驱动可变泵推压力，调节散热管路冷却液流动速度，配合 BMS 控制系统，达到精确控制电池内部温度。

（3）电池换热器：引入空调系统中的冷媒，在膨胀阀节流并蒸发，吸收动力电池散热管路冷却液的热量，以达到散热降温目的。

（4）加热器：基于 PTC 技术的水加热器占用动力电池电量较低，且不易出现功率输出极高或极低工况，对整车能量输出影响小，同时具备多挡调节功能。

（5）电池散热管路：动力电池内部围绕电芯的散热管路，散热管路会贴合电池，以达到散热效率最大化。

2. 液冷式冷却系统的工作原理

液冷式冷却系统的工作原理如图 5-14 所示。

当动力电池使用温度高于设计温度时，电池冷却器与空调系统“互动”。空调系统产生的制冷能量，交互给热交换器，然后热交换器再将温度低的冷却液输给电池散热管路。首先动力电池通过电池散热板与冷却液进行换热，加热后的冷却液被水泵送入换热器内，在换热器内部一侧通入制冷剂，另一侧通入冷却液，两者在换热器内充分换热，热量被制冷剂带走，冷水流出换热器再流入电池，形成一个循环。

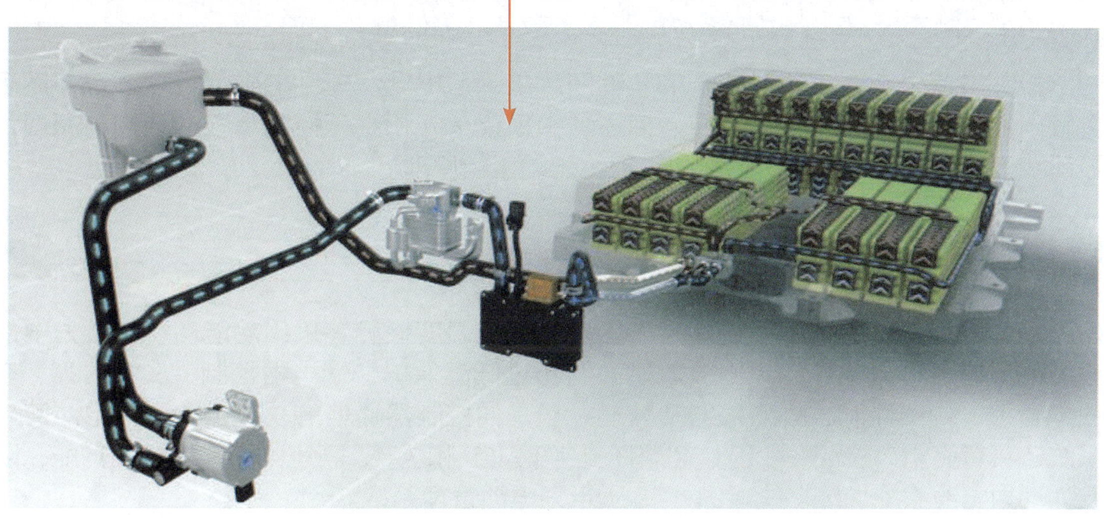

（a）动力电池散热原理

当外部温度低于动力电池最低使用温度时，此时关闭制冷回路，开启加热器。水泵开始全速运行，将冷却液泵入水加热器。水加热器产生的热量加热冷却液，然后加温后的冷却液进入动力电池内部，通过液冷偏管，将电芯热量带走进入外部大循环管路。加热时，可通过控制制冷回路通 / 断以及控制加热器功率，来控制冷却热的温度，从而控制电池内部温度。

（b）动力电池加热原理

图 5-14　液冷式冷却系统的工作原理

5.4 电池管理系统（BMS）的结构与原理

动力电池的电池管理系统（Battery Management System，BMS），也称为电池管家，它是电池保护和管理的核心部件，在动力电池系统中，其作用就相当于人的大脑。它不仅要保证电池安全可靠的使用，而且要充分发挥电池的能力和延长使用寿命，作为电池和整车控制器以及驾驶者沟通的桥梁，通过控制继电器控制动力电池组的充、放电，并向整车控制器上报动力电池系统的基本参数及故障信息。

接下来首先带大家通过翔实的实物图片来认识电动汽车中的电池管理系统，然后讲解电池管理系统的结构，并重点描述其中采集单元和高压控制单元的结构与原理，最后我们从整体上来梳理一下电池管理系统的工作原理。

5.4.1 看图识电池管理系统

动力电池的电池管理系统通过电压、电流及温度检测等采集功能实现对动力电池系统的过电压、欠电压、过电流、过高温和过低温保护，继电器控制、SOC 估算、充放电管理、均衡控制、故障报警及处理、与其他控制器通信等功能；此外，电池管理系统还具有充电口检测（CC 和 CC2）和充电唤醒（CP 和 A+）、高压回路绝缘检测功能，以及为动力电池系统加热功能。图 5-15 所示为电池管理系统。

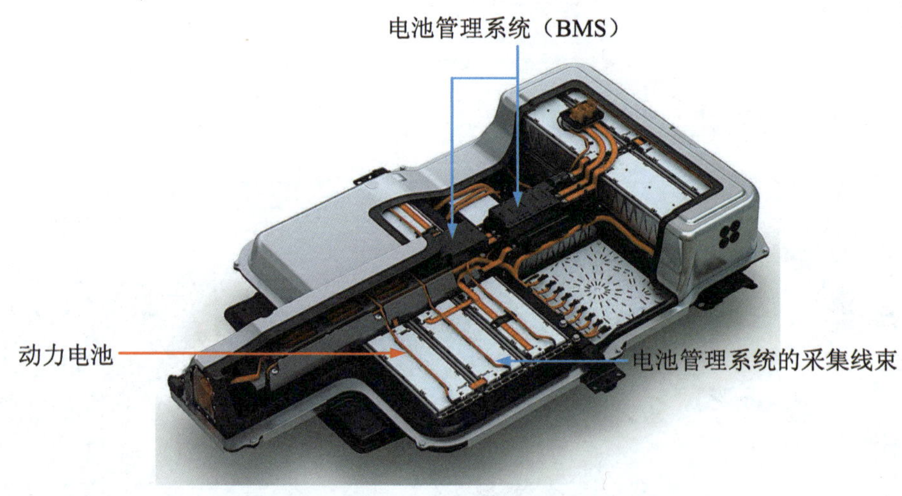

图 5-15　电池管理系统

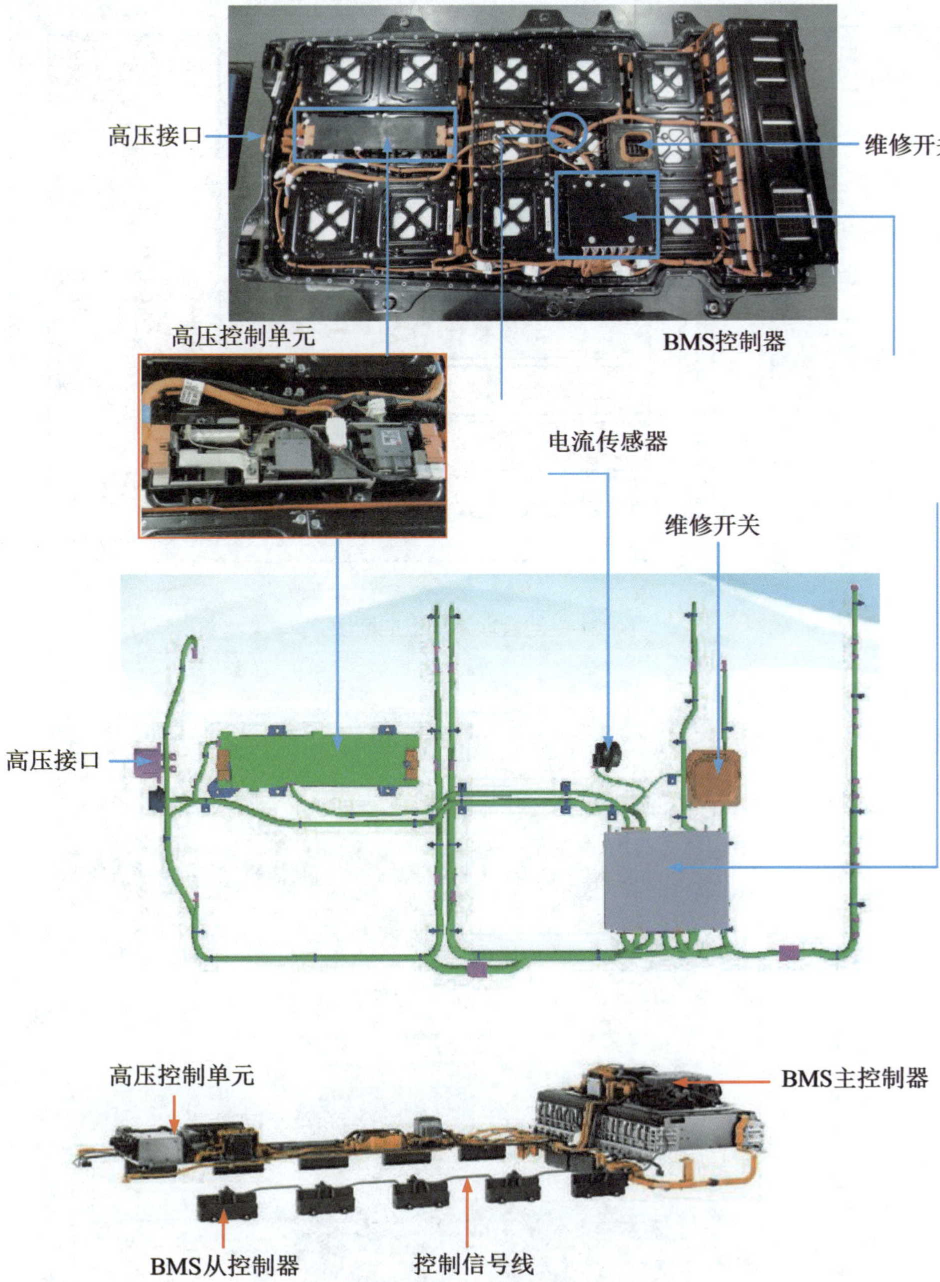
高压接口
维修开关
高压控制单元
BMS控制器
电流传感器
维修开关
高压接口
高压控制单元
BMS主控制器
BMS从控制器
控制信号线

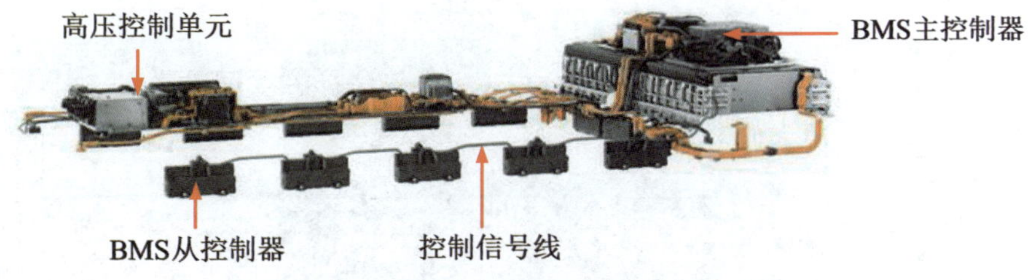

图 5-15 电池管理系统（续）

5.4.2 电池管理系统的结构

电池管理系统由主控制器、从控制器、高压控制单元、各类传感器（采集电压、电流、温度等信号）以及控制信号线等组成，如图 5-16 所示。

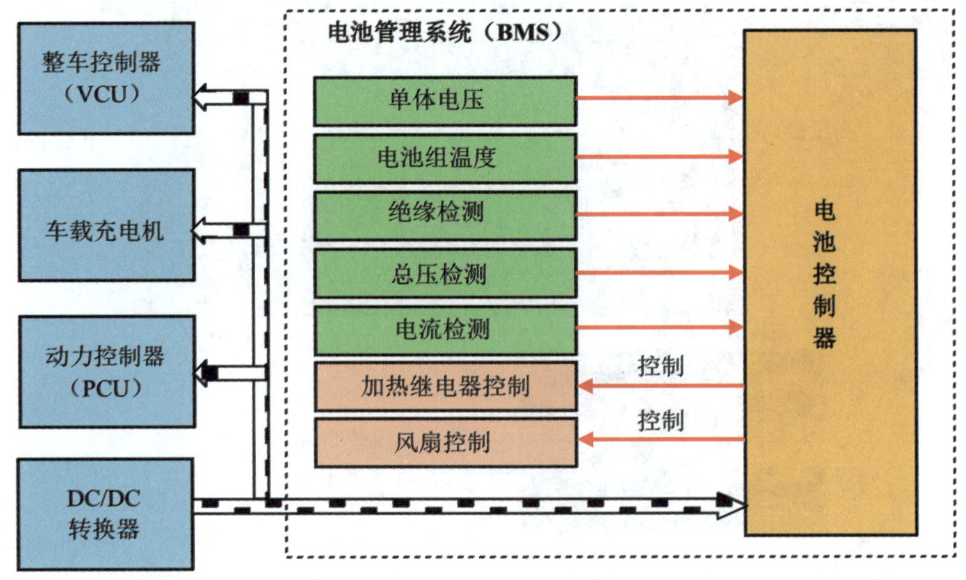

（a）电池管理系统组成框图

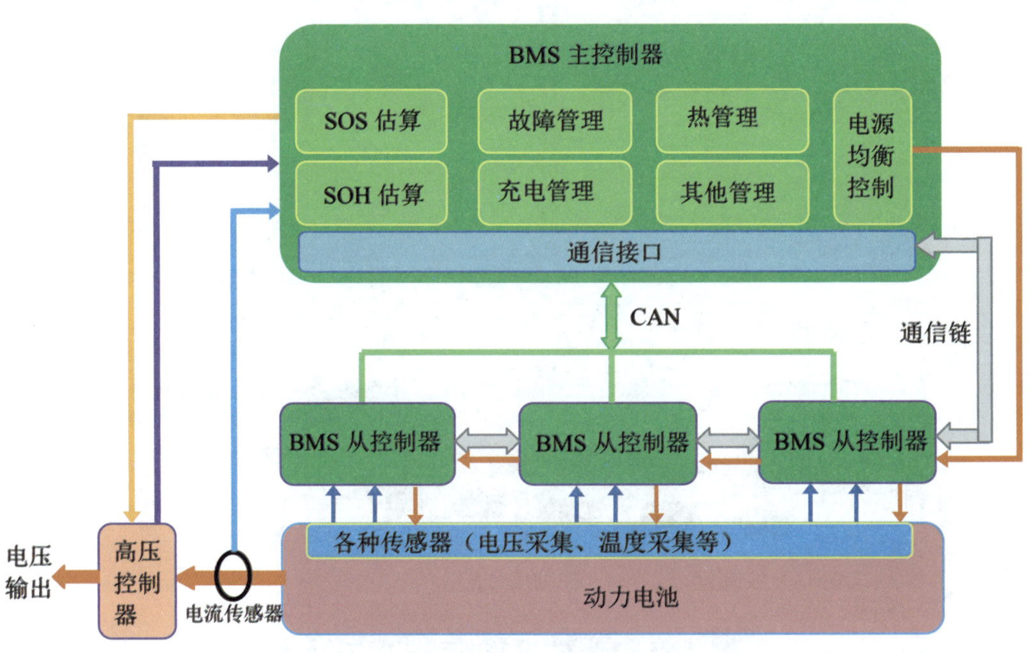

（b）电池管理系统的结构

图 5-16　电池管理系统的组成结构

（1）主控制器

处理从控制器、高压控制器上报的信息，同时根据上报信息判断和控制动力电池运行状态，实现 BMS 相关控制策略，并做出相应故障诊断及处理。图 5-17 为主控制器。

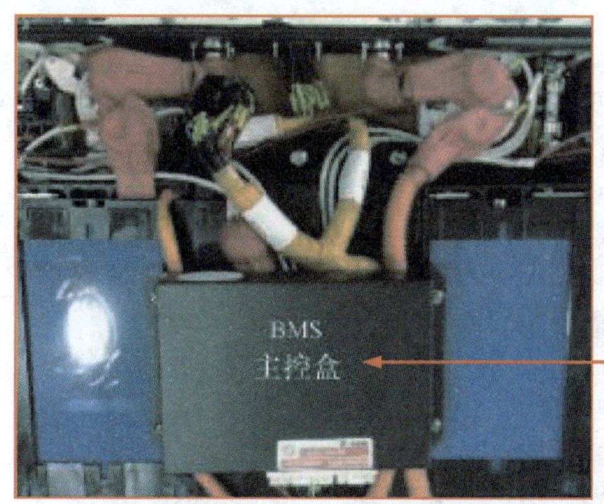

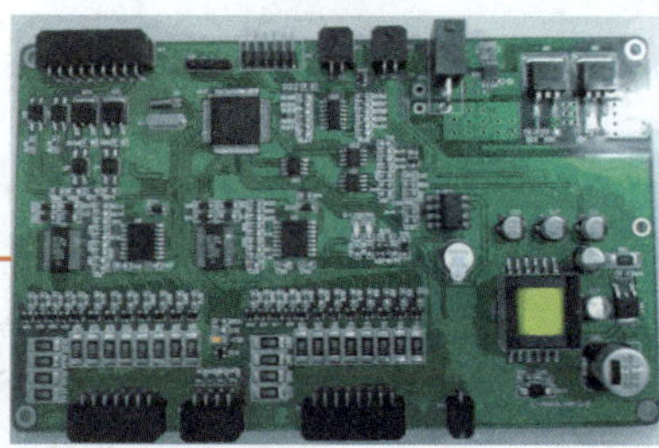

图 5-17　主控制器

（2）从控制器

实时采集并上报动力电池单体电压、温度信息，反馈每一串电芯的 SOH 和 SOC，同时具备被动均衡功能，有效保证了动力使用过程中电芯的一致性。图 5-18 所示为从控制器。

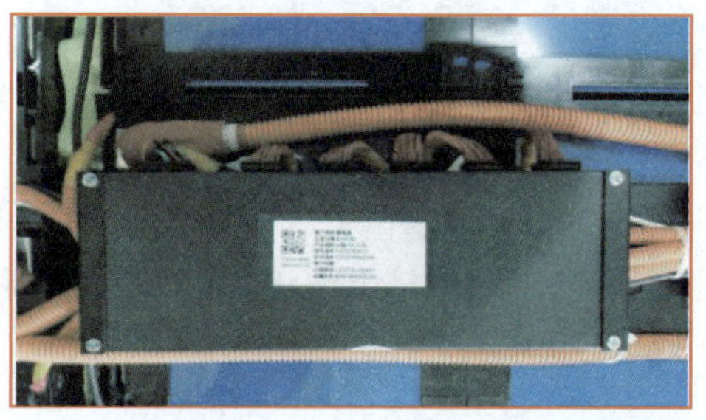

图 5-18　从控制器

（3）高压控制单元

实时采集并上报动力电池总电压、电流信息，通过其硬件电路实现按时积分，为主板计算荷电状态（State of Charge，SOC）、健康状态（State of Health，SOH）提供准确数据，同时可实现预充电检测和绝缘检测功能。图 5-19 所示为高压控制器。

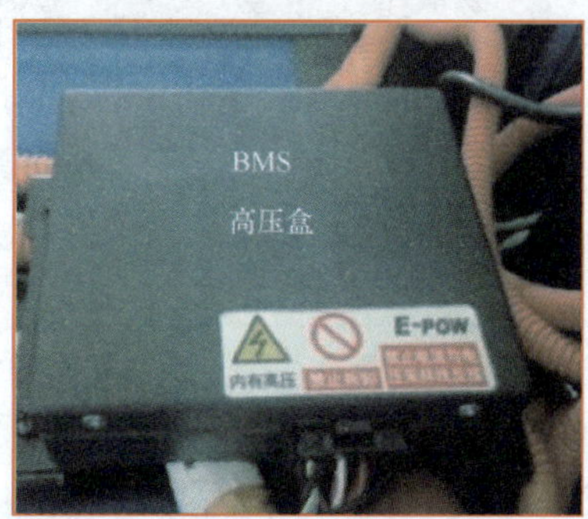

图 5-19　高压控制器

（4）传感器

动力电池的电池管理系统实时采集各电池芯的电压值、各温度传感器的温度值、电池系统的总电压值和总电流值及电池系统的绝缘电阻值等数据，并根据 BMS 中设定的阈值判定电池系统工作是否正常，对故障实时监控，如图 5-20 所示。

图 5-20　传感器

（5）控制信号线

为动力电池各种信息采集和控制器间信息交互提供硬件支持。一般会在每一根电压采样线上增加冗余保险功能，有效避免因线束或管理系统导致的电池外短路，如图 5-21 所示。

图 5-21　检测线束

5.4.3　动力电池的采集单元

动力电池电池管理系统中的采集单元的作用是实时采集各电池芯的电压值，各电池组的温度，电池供电系统的总电流值，电池系统的电压值及电池系统的绝缘电阻值等数据。然后将采集的数据发送给电池管理系统处理。

动力电池的采集单元主要由温度传感器、电压检测电路、电流传感器等组成，如图 5-22 所示。

图 5-22　动力电池上的采集单元

1. 温度传感器

由于温度对锂电池有很大的影响，因此在每个电池模组上面都会采用温度传感器来采集电池模组的问题，并将此温度参数传输给 BMS 进行处理。目前温度传感器主要采用热敏电阻器，一般将温度传感器紧贴在电池模组的表面，如图 5-23 所示。

2. 电流传感器

有许多类型的传感器，例如互感器或分流器，可被用来测量动力电池组的输入和输出总电流。电流传感器一般安装在靠近电池组的位置，通常是在电池组的密封箱内。

如图 5-24 所示的动力电池电流传感器安装在动力电池组总成的正极电缆侧，用于检测流入动力电池组的安培数。混合动力汽车和纯电动汽车通常将动力电池组的电流表示成正值或负值，以显示电池组处于充电状态还是处于放电状态。

图 5-23　电池模组上的温度传感器

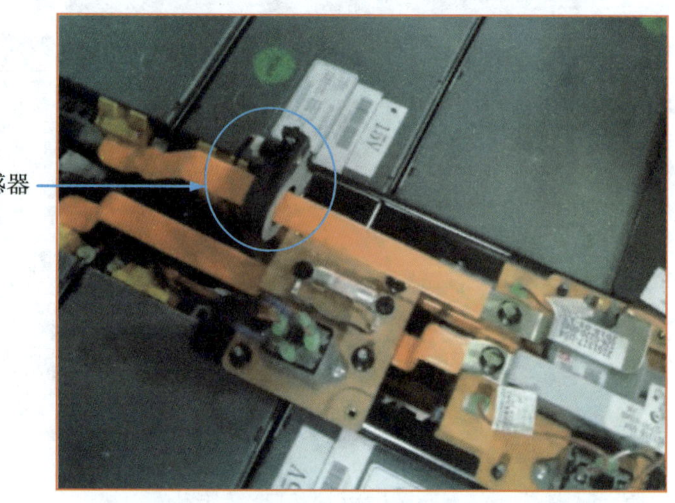

图 5-24　电流传感器

3. 电压传感器

动力电池组的电压传感器能在电池组的多个测量点进行电压测量，并且比较电池模组不同部分的性能，以确认电池模组有无失去平衡。电压传感器测量单体电池的电压，也测量电池模组或动力电池组的电压。这使 BMS 能够对电池进行分段监测，每一段的电压和电量应该大致相同。BMS 与每个检测点（通常是被测的单体电池或电池模组的正负极端子）之间通过电压传感采样线相连接，如图 5-25 所示。

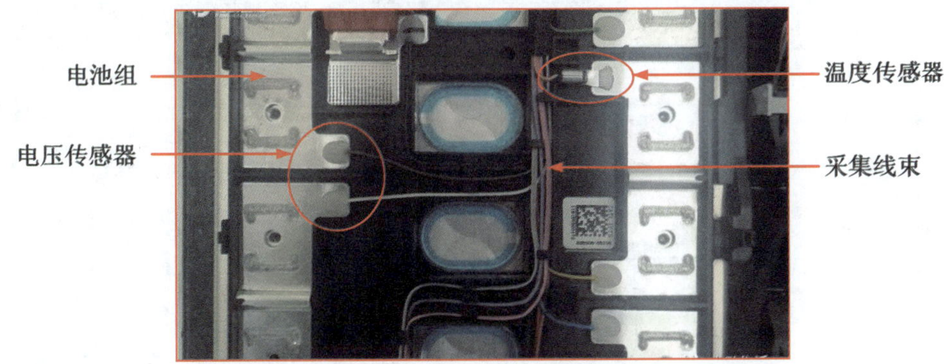

图 5-25 电压传感器

4. 动力电池采集单元工作过程

在新能源汽车动力电池中的每一个电池包内部都设计有一个信息采集系统（CSC），用来监测每个电池单体或电池组的电压、温度等信息。

在动力电池工作时，BMS 中的采集单元实时采集各电芯的电压值、各温度传感器的温度值、电池系统的总电压值和总电流值，电池系统的绝缘电阻值等数据，传输给 BMS。然后 BMS 根据内部设定的阈值判定电池系统工作是否正常，并对故障实时监控。

5.4.4 高压控制单元的结构与原理

动力电池高压分配单元（BBOX）的主要作用是控制动力电池直流电的输出。BBOX 安装在动力电池总成的正负极输出端，由高压正极继电器、高压负极继电器、预充继电器和预充电阻器等组成，如图 5-26 所示。

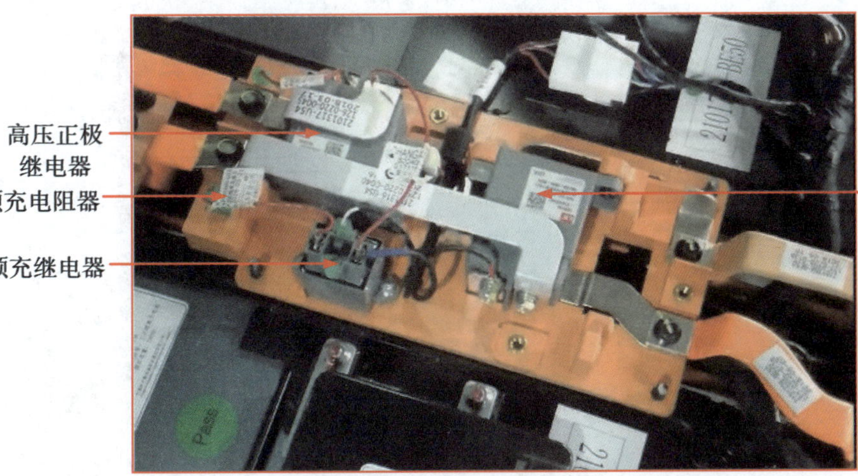

图 5-26 高压控制单元

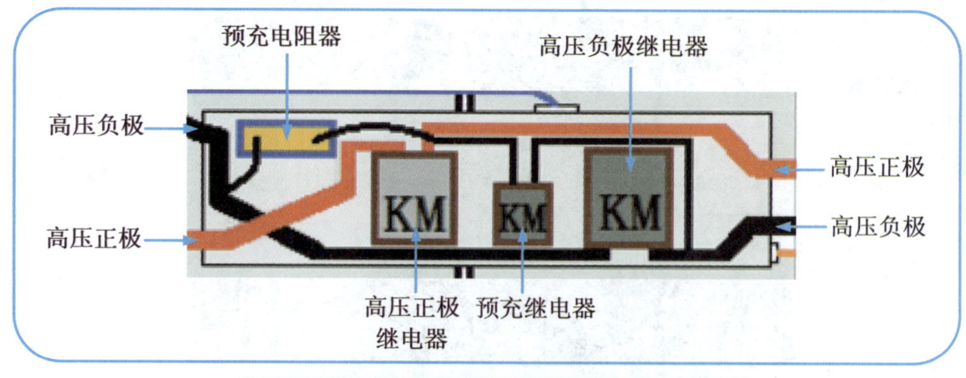

图 5-26　高压控制单元（续）

1. 为什么设计高压预充电路

在新能源汽车电路中为什么要设计高压预充电路呢？图 5-27 所示为新能源汽车动力电池供电及电动机驱动电路示意图。

（1）新能源汽车电机控制器电路中一般会设计一个容量较大的母线电容，此电容用来过滤输入直流电中有害的脉冲电压。
（2）新能源汽车在冷态起动时，母线电容上无电荷或只有很低的残留电压。当无预充电路时，动力电池的主正/主负继电器直接与母线电容接通，此时动力电池电压有 380 V 左右的高压，而母线电容上电压接近 0，相当于瞬间短路。

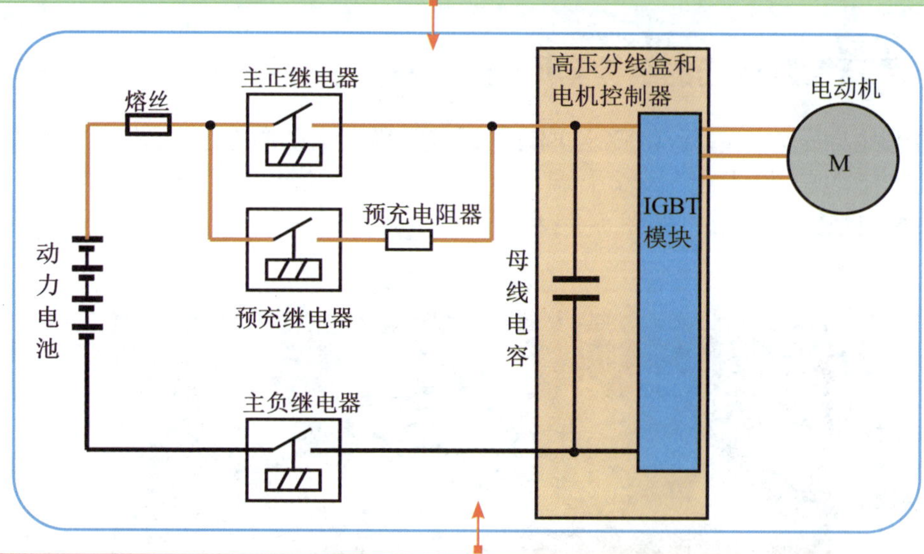

（3）此时电路的负载电阻仅仅是导线和继电器触点的电阻，一般远小于 20 mΩ。根据欧姆定律，电路中的瞬间电流 I=380/0.02=19 000 A。这么大的电流肯定会烧坏主正/主负继电器及电路中的其他元器件。
（4）当电路中加入预充继电器（如容量为 10A）和预充电阻器（如容量为 300 Ω）后，则流过预充电回路进入母线电容 的最大电流 I_p=380/300=1.27 A，小于预充回路中预充继电器的容量，所以预充回路安全。
（5）当预充电电路工作时，母线电容的电压接近直流电压时，切断预充继电器，通主正继电器，不再有大电流冲击。因此在高压电路中设计高压预充电路，可以起到保护电路的作用。

图 5-27　新能源汽车动力电池供电及电动机驱动电路示意图

2. 高压控制单元控制原理

高压控制单元控制原理如图 5-28 所示。

（1）当按下起动按钮时，起动电路发出 Key-ON 信号，动力电池的主负继电器（B- Relay 继电器）闭合，全车高压系统控制器开始初始化进行自检，完成后通过 CAN 线进行通报。

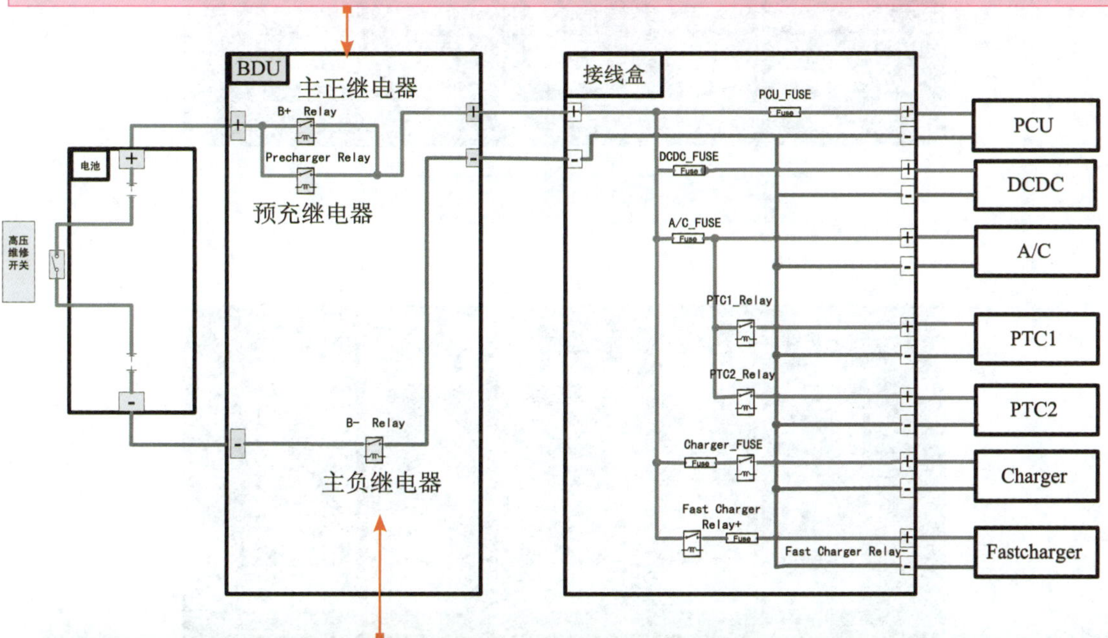

（2）BMS 对动力电池内部电芯的电压、温度、母线的绝缘检测合格后，电池管理器才接通预充继电器（Precharge Relay 继电器），这时动力电池为外部负载所有电容器（特别是母线电容）进行充电，当充电电压与动力电池电压差值为电池电压 10% 左右时，预充结束，系统控制主正继电器（B+ Relay 继电器）闭合，开始对外负载上电，主正继电器闭合 10 ms 后预充继电器断开，仪表显示 OK 或 READY，上电正常结束。高压上电后，如果发生重要故障，BMS 会断开主正继电器和主负继电器。

（3）当汽车停止，按下停止按钮时，起动电路发出 KEY-OFF 信号，电池管理系统控制主正继电器和主负继电器断开，全车高压去电。

图 5-28　高压控制单元控制原理

5.4.5　电池均衡原理

新能源汽车的动力电池，由很多单个电池芯并联 / 串联组合而成，在工作一定时间后，由于其电池芯本身的不一致性、工作温度的不一致性等原因的影响，最后会导致放电容量出现差异。当各个电池芯存电量不一致，就会出现如图 5-29 所示的情况。

假如电池组中的其中一个电池芯只充了 80% 的电量，其他电池芯均已充满。如果此时电池组不做均衡处理，直接将整个电池组释放了 80% 的电量，而这时，原本没充满的电池芯已经没电了，为了保护电池芯防止过放，电池管理系统会让整个电池组停止放电，如图 5-30 所示。

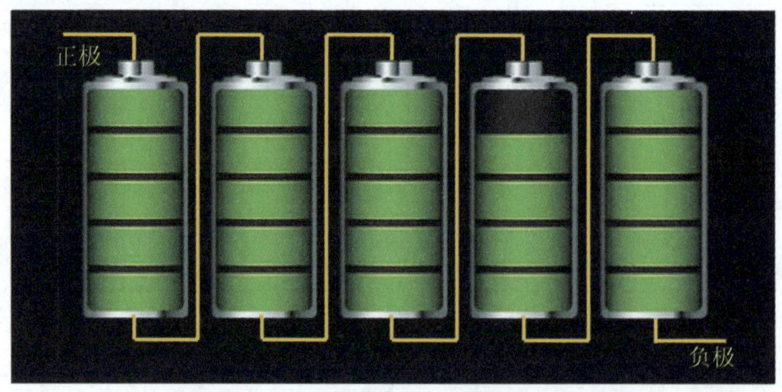

图 5-29　充电后电池芯不均衡的情况

图 5-30　放电后的电池芯情况

假设整个电池组的存电量是 100 度，那么在停止充电后，整个不均衡的电池组放电 80%（也就是 80 度）已经无法放电了，直接影响整个电池组的性能。

因此在动力电池充、放电过程中，需要对电池芯个体之间的差异去做一些主动或被动的充电或放电的管理，确保所有电池的一致性，延长电池的寿命。

目前主要有被动均衡和主动均衡两种方式，其中被动均衡主要是把电量多的电池芯的电量通过电阻消耗掉，从而达到所有电池电量均衡；主动均衡主要是把电量多的电池芯的电量通过电容器、电感器或变压器转移到电量少的电池芯达到均衡。

由于主动均衡系统相对复杂，成本相对较高，因此目前多数新能源汽车采用被动均衡。图 5-31 所示为被动均衡的处理方式。

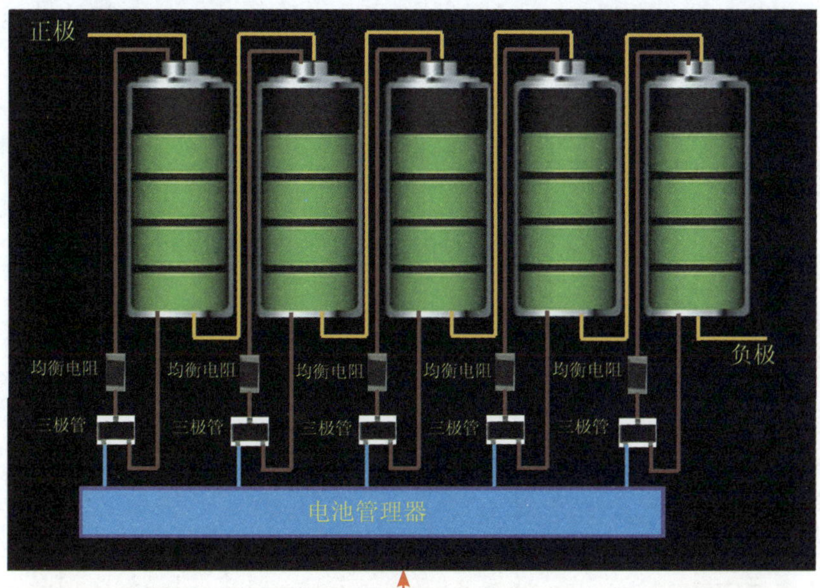

在每个电池芯上连接一个均衡电阻器和一个开关，开关由电池管理控制器来控制。当电池监测电路检测到有电池芯不均衡时，就发出控制信号，控制充满电的电池芯中连接的开关闭合，通过连接的均衡电阻开始放电，直到电量与未充满的电池芯的电量一致为止。

图 5-31　被动均衡的处理原理

5.4.6　电池管理系统工作原理

图 5-32 所示为电动汽车电池管理系统电路图。前面我们分三个小节讲述了电池管理系统中的关键部件和技术；接下来，我们从整体上透彻了解一个电池管理系统的工作原理。

（1）在电动汽车工作时，电池管理系统通过各种传感器实时采集各电芯的电压值、各温度传感器的温度值、电池系统的总电压值和总电流值，电池系统的绝缘电阻值等数据，并根据 BMS 中设定的阈值判定电池系统工作是否正常，并对故障实时监控。动力电池系统通过 BMS 使用 CAN 通信线与 VCU 或充电机之间进行通信，对动力电池系统进行充、放电等综合管理。

（2）当电池管理系统接收到 KEY ON 信号后，BMS 进入 STANDBY（准备）状态，待整车控制器 VCU 发出吸合主继电器请求后，主负继电器先吸合，然后预充电继电器吸合，高压电进入整车回路，开始预充电过程，待预充电过程结束后，预充电继电器断开，主正继电器吸合，BMS 进入 ACTIVE（活跃）状态，完成动力电池上电过程。

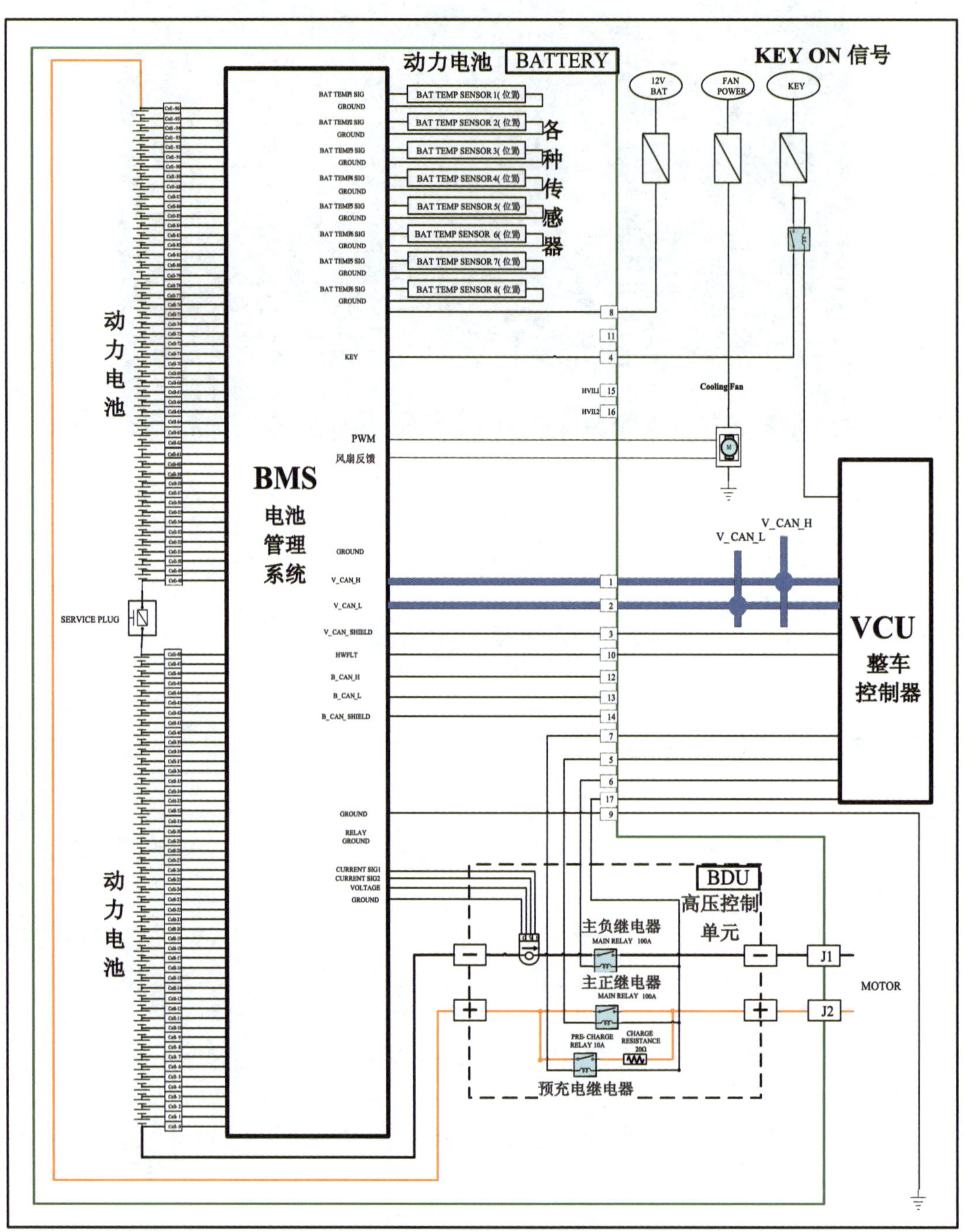

图 5-32　电动汽车电池管理系统电路图

5.5 整车上电流程

对新能源汽车整车高压上、下电及电池管理系统故障的控制影响整车动力系统的基本工作性能。在纯电动汽车高压上、下电过程中，整车控制器给电池管理系统发上电 / 下电指令，电池管理系统是主要的执行控制器。下面对新能源汽车上、下电流程及控制策略进行详细分析。

5.5.1 整车低压上电策略

整车模式判断策略是：电池管理系统根据外部输入信号判断整车所处的工作模式。整车的工作模式可分为三种：

- 行车模式；
- 快充模式；
- 慢充模式。

当汽车钥匙置 ON 挡后，整车控制器被唤醒开始自检，待整车控制器自检完成之后，向 CAN 通信线发送第 1 帧报文请求闭合高压互锁回路使能，同时唤醒电机控制器以及电池管理系统。

电池管理系统自检正常后监控互锁回路信号、检测高压回路绝缘状况，检查动力电池 SOC 状态，内部单体电芯电压以及电池温度，判断整车当前的工作模式是充电模式还是行车模式。

在符合高压上电条件后，执行上电程序。实时监控驾驶员的钥匙请求，当 keyon=0 后，进入低压电 / 高压电的下电流程。

另外，整车在高压上电前须确保高压回路的完整性，使高压处于封闭的环境下运行，通常电池管理系统发出并监测 12 V 低压电气信号，检测高压部件、高压接插件、护盖等的连接完整性。

5.5.2 整车高压上电流程

新能源汽车高压上电，即动力电池输出高压电，供给车辆高压用电设备，这些设备包括高压分配盒、电机控制器、驱动电动机等。图 5-33 所示为动力电池的上电过程原理图，我们详细了解一下新能源汽车高压上电流程。

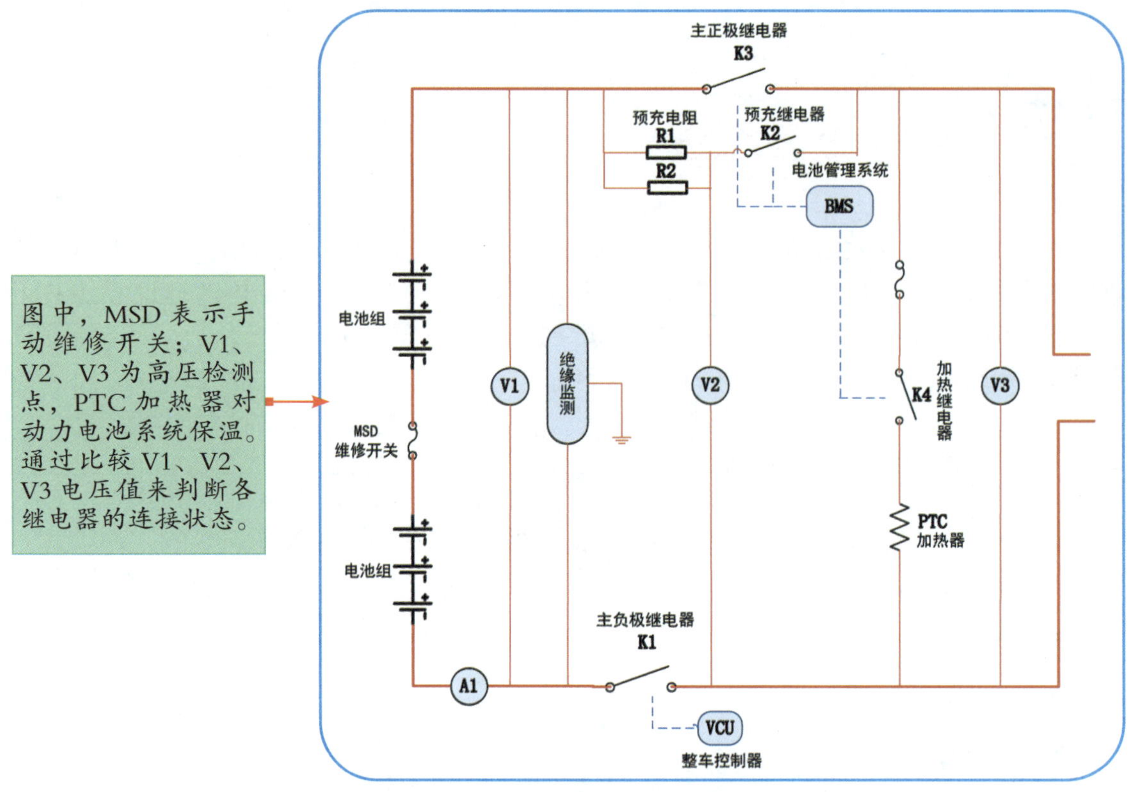

图 5-33 动力电池的上电过程原理

下面我们结合图 5-33，详细描述一下动力电池的上电过程。

（1）高压检测点 V1 位于高压主正继电器 K3、主负继电器 K1 内侧，测量动力电池包总电压。用于判定 MSD 是否断路，动力电池串联回路连接完好。

（2）高压检测点 V2 位于主负继电器 K1 右侧和预充电电阻 R1/R2 右侧，预充继电器 K2 左侧，测量预充电阻器后的电压。用于判定预充继电器 K2 是否粘连、主负继电器 K1 是否断路、预充电阻器 R1/R2 是否断路、预充继电器 K2 是否断路。

（3）高压监测点 V3 位于动力电池直流母线输出两端，用于测量负载的预充电压，判定主正继电器是否粘连。

（4）在行车模式下的高压上电过程：整车控制器控制主负继电器闭合，再由电池管理系统控制预充电继电器，在检测到预充电压达到目标电压值后，判断预充电成功，闭合主正继电器，断开预充继电器，完成行车模式的高压上电过程，通过对比分析 V1、V2、V3 电压值来判断各继电器的连接状况。

通过采集行车模式下正常上电过程 V1、V2、V3 电压值，绘制得到图 5-34 所示的曲线图。

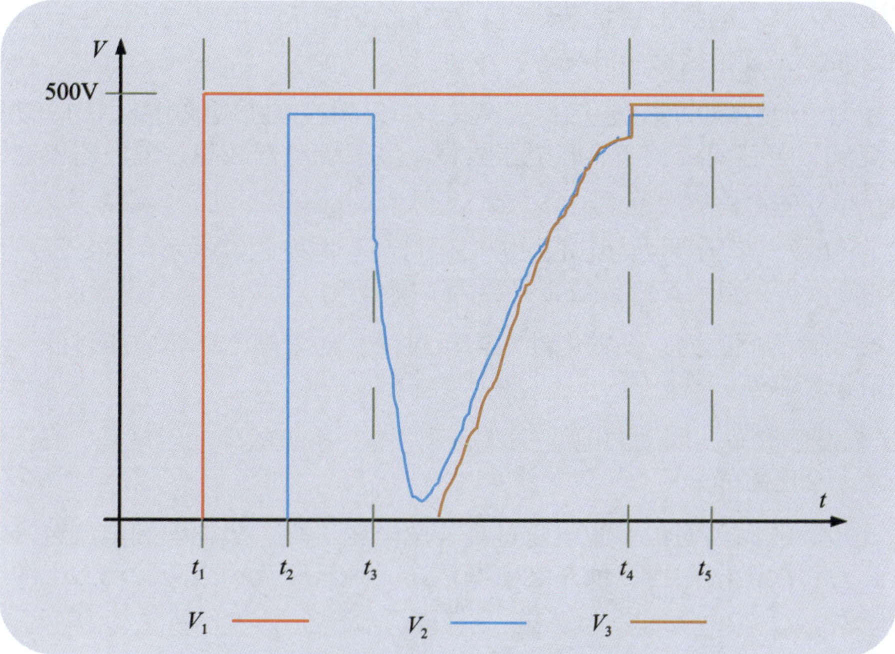

图 5-34　上电过程 V_1、V_2、V_3 电压曲线

由图 5-34 可知，上电过程的不同时刻的情况如下：

- t_1 时刻，动力电池系统维修开关（MSD）正常连接，电池模组之间串联良好，V_1 电压值为动力电池的额定电压 500 V；
- t_2 时刻，主负继电器闭合，此时 V_2 与预充电阻串联，V_2 电压低于 V_1；
- t_3 时刻，预充继电器闭合，动力电池系统开始对外部高压电器预充电，V_2 与 V_3 并联，V_2 的电压被拉低，V_2 与 V_3 电压同时升高；
- t_4 时刻，预充电完成 $V_2=V_3 \geqslant 90\%V_1$，闭合主正继电器；
- t_5 时刻预充继电器断开，上电完成。

5.6 动力电池故障诊断与排除

动力电池是新能源汽车的唯一驱动能量，其发生故障或者相关冷却和控制系统出现问题都会导致汽车无法正常行驶；接下来我们将重点总结动力电池及相关系统的故障现象、发生原因，并在此基础上进行故障分析，给出合理的维修方法；最后我们通过具体的实践操作帮助大家积累维修经验。

5.6.1　动力电池故障分析

动力电池常见故障现象主要包括：动力电池故障指示灯亮、系统故障指示灯亮、

SOC 低指示灯闪亮、绝缘报警指示灯亮、高压断开指示灯点亮、无法上高压、可上高压但功率受限、CAN 报警指示灯亮等。

造成动力电池故障的原因包括：采集误差、采集线束断裂或虚接、均衡功能失效、电芯容量变低、电芯漏液、加热继电器故障、风扇继电器故障、继电器供电问题、温度传感器异常、BMS 故障等。

（1）新能源汽车出现动力电池故障指示灯亮、系统故障指示灯亮、SOC 低指示灯闪亮、高压断开指示灯点亮，无法上高压等故障分析。

造成此故障的原因为：动力电池组电量过低、动力电池单体电压过低、动力电池单体数据采集故障等。

（2）新能源汽车出现动力电池故障指示灯亮、系统故障指示灯亮、高压断开指示灯亮，无法上高压故障分析。

造成此故障的原因为：单体电压过高、总电压过高、放电瞬间电流过高、总正继电器粘连、总负继电器粘连、预充继电器粘连、高低压互锁故障、动力电池电流传感器故障等。

（3）新能源汽车出现动力电池故障指示灯亮、系统故障指示灯亮、可上高压但功率受限故障分析。

造成此故障的原因为：动力电池单体电压过低、总电压过低、动力电池温度传感器故障、放电瞬间电流过高、动力电池组加热回路故障等。

（4）新能源汽车出现动力电池故障指示灯亮、系统故障指示灯亮、可上高压可正常行驶故障分析。

造成此故障的原因为：动力电池单体电压过高、动力电池单体压差过大、动力电池组温度过低、动力电池组温差过大、动力电池从板通信失败等。

（5）新能源汽车出现动力电池故障指示灯亮、系统故障指示灯亮、绝缘报警指示灯亮、高压断开指示灯亮、无法上高压故障分析。

造成此故障的原因为：高压系统绝缘电阻值低，发生绝缘故障等。

（6）新能源汽车出现动力电池故障指示灯亮、系统故障指示灯亮、CAN 报警指示灯亮、有时伴有 SOC 低指示灯亮故障分析。

造成此故障的原因为：主从板通信故障、电池单体数据采集故障等。

5.6.2 冷却系统故障分析

动力电池冷却系统常见故障包括电子水泵不启动、冷却风扇不工作等，下面对这两种故障的原因进行分析。

（1）电子水泵不起动故障分析

造成电子水泵不起动的故障原因主要有：电子水泵保险断路、水泵继电器接插件

接触不良或针脚退针、水泵继电器损坏、水泵电机接地线断路、水泵损坏、整车控制器损坏等

（2）冷却风扇不工作故障分析

造成冷却风扇不工作的故障原因主要有：冷凝风机调速继电器接插件接触不良或针脚退针、冷凝风机调速继电器损坏、风机熔断器断路、冷凝风机接地线断路、冷凝风机调速继电器损坏、冷凝风机损坏、整车控制器故障等。

5.6.3 认识电池故障诊断仪

电池故障诊断仪是用于检测电池故障的便携式智能故障自检仪，可以利用它迅速地读取电池管理系统中的故障，并通过液晶显示器显示故障信息，迅速查明发生故障的部位及原因。图 5-35 所示为某电池故障诊断仪的检测界面。

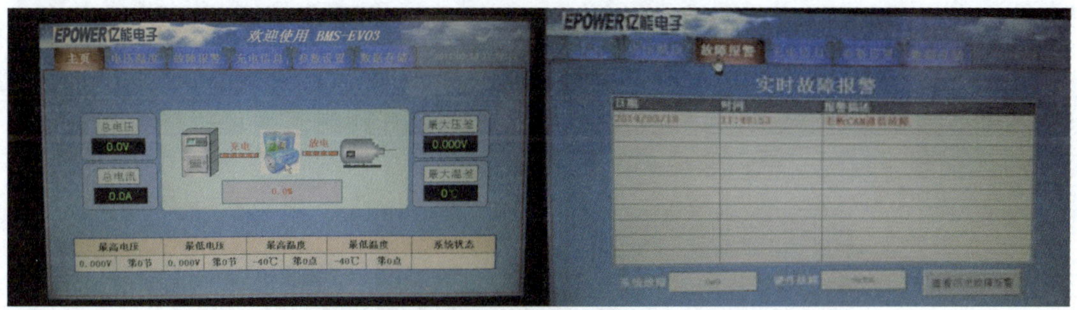

图 5-35 某电池故障诊断仪的检测界面

5.6.4 动力电池母线绝缘检测方法

当仪表的高压绝缘故障灯亮后，要对高压系统做绝缘检测。测量高压线束绝缘电阻前，应将彻底断开高压线束两端与高压部件的连接，否则影响检测结果。

具体检测方法如下：

（1）首先将开关钥匙置 OFF 挡，并拧下蓄电池的负极（断开负极），然后拔下动力电池直流高压电的母线。

（2）用兆欧表测量正极对车体的绝缘阻值及负极对车体的绝缘阻值。正常绝缘阻值均大于 20 MΩ。

5.6.5 用万用表检测动力电池的绝缘性

用万用表检测绝缘的方法如下。

（1）首先将开关钥匙置 OFF 挡，并拧下蓄电池的负极（断开负极），然后拔下动力电池直流高压电的母线，如图 5-36 所示。

（2）用万用表直流电压挡 750 V 挡测量，先将万用表正极指针接动力电池高压线正极，万用表负极指针接车体，测量一个电压值 V_1，如图 5-37 所示。

图 5-36　拆卸直流母线

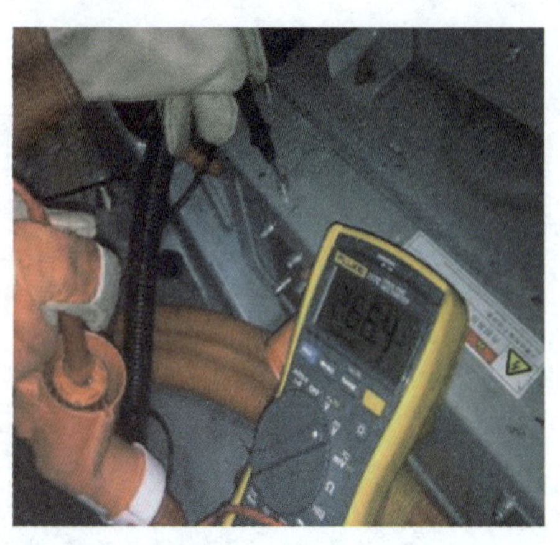

图 5-37　测量正极电压

（3）将万用表的两表笔间接一个 100 kΩ 以上的电阻器 R，同时将万用表红表笔接动力电池正极，负表笔接动力电池负极（将 100 kΩ 以上电阻器 R 与动力电池并联）。测量的电压值为 V_2，如图 5-38 所示。

图 5-38　并联电阻后测量阻值

（4）将 V_1、V_2 和 R 的值代入公式 $(V_1-V_2)/V_2 \times R/330>50$ 计算。

（5）如果计算得到值＞ 500 Ω/V，则说明动力电池绝缘性良好；如果得到的值 ≤ 500 Ω/V，则说明动力电池的绝缘性差。

（6）根据第（2）、（3）步测量结果计算结果为：(266.4 − 133.5)/133.5 × 150 000/330=452.5 Ω/V，由于计算结果 <500 Ω/V，因此判断动力电池的绝缘性差，有漏电情况。

5.6.6 动力电池 CAN 通信故障维修方法

当仪表盘的 CAN 报警指示灯会被点亮时，说明新能源汽车出现 CAN 通信故障。此故障通常由 CAN 通信线或电源线脱落或端子退针造成。

维修方法如下：

（1）首先用万用表直流电压挡测量（在保证 BMS 供电正常的状态下测量），将万用表红表笔接 BMS 的 CANH 通信线针脚，黑表笔接 CANL 通信线针脚，然后测量 CAN 通信线路的输出电压，正常电压值为 1.5 V 左右；

（2）如果测量的电压值异常，则可能 BMS 电路有故障，需更换 BMS 电路。

5.6.7 BMS 工作不正常故障维修方法

造成 BMS 不工作的原因主要是：BMS 供电电压不正常、CAN 通信线连接不可靠、接插件退针或损坏、BMS 电路板损坏等。

维修方法如下：

（1）首先用万用表直流电压挡测量整车给 BMS 的供电电压是否正常，正常供电电压应为 12 V。如果供电电压不正常，就检查供电线路及蓄电池；

（2）对 BMS 主板到从板或高压板的 CAN 通信线、电源线进行检查，看它们连接是否可靠。如果发现脱落断开的线束，进行更换或重新连接；

（3）检查 BMS 系统中的接插件是否退针或损坏，接插件问题会导致 BMS 从板无电源或从板数据无法传输到 BMS 主板。如果发现退针或损坏的进行更换即可；

（4）如果以上都没有问题，则可能是 BMS 主板损坏，更换主板即可。

5.6.8 电压采集异常故障维修方法

当动力电压采集系统异常时，仪表会出现动力电池故障指示灯亮、SOC 低指示灯闪亮等故障现象。造成此故障的原因通常是：电池芯本身欠电压、采集线端子接触不良、采集线熔丝损坏、传感器损坏、BMS 从板故障等。

维修方法如下：

（1）首先将监控电压值与万用表实际测量的电压值对比，如果发现电池芯本身欠电压，对电池芯进行均衡处理或更换电池芯；

（2）采集线端子紧固螺栓松动或采集线与端子接触不良：螺栓松动或端子接触不良会导致单体电压采集不准，此时轻摇采集端子，确认接触不良后，紧固或更换采集线；

（3）用万用表测量采集线连接的熔丝，如果熔丝损坏，直接更换即可；

（4）用万用表检查采集系统中的传感器（如电压传感器或温度传感器）阻值，然后与正常值对照，如果传感器损坏，更换传感器即可；

（5）如果以上检查均正常，则可能是从 BMS 板有问题，可通过替换法进行检测，如果确定从 BMS 板有问题，更换即可。

5.6.9 预充电故障维修方法

导致出现预充电故障的原因可能是：外总压采集端子松动脱落、BMS 主板控制线无 12 V 电压输出导致预充电继电器不闭合、预充电电阻器损坏等。

维修方法如下：

（1）当 BMS 报预充电故障时，首先断开主正继电器、主负继电器后，若预充电成功，则故障由外部高压部件引起，分段排查高压接线盒和电机控制器；

（2）用万用表的直流电压挡检测预充电继电器是否有 12 V 控制电压，如果没有，则可能是 BMS 主板有问题，更换 BMS 主板；

（3）如果 12 V 控制电压正常，则测量预充电熔丝是否损坏和预充电阻器阻值是否正常。若熔丝损坏，更换熔丝，若预充电阻器阻值为 0 或无穷大，则更换预充电电阻器。

5.6.10 新能源汽车动力电池拆卸实战

新能源汽车动力电池拆卸技巧如图 5-39 所示。

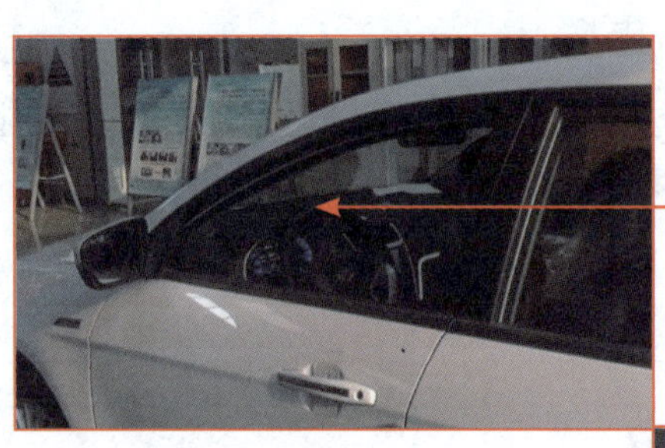

❶ 关闭新能源汽车起动开关。

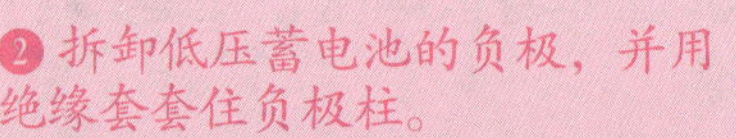

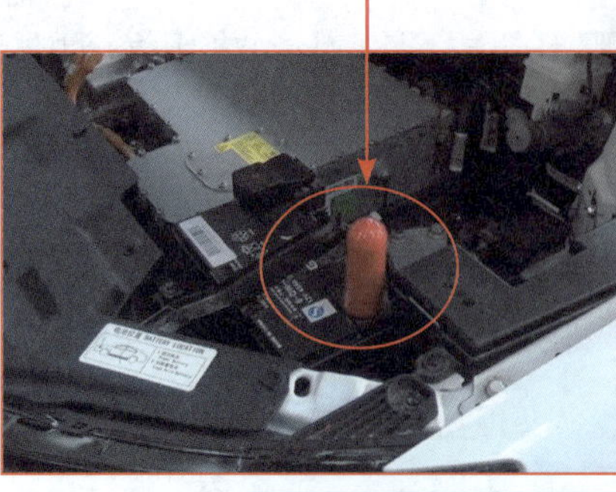

图 5-39 动力电池拆卸技巧

❸ 将新能源汽车举起来，并用撑架支撑动力电池，准备拆卸动力电池。

❹ 拆下动力电池的高压母线的接插件。

❺ 拆下动力电池的低压线束接插件。

❻ 拆卸动力电池的进水管和出水管。

❼ 拆下动力电池的搭铁线。

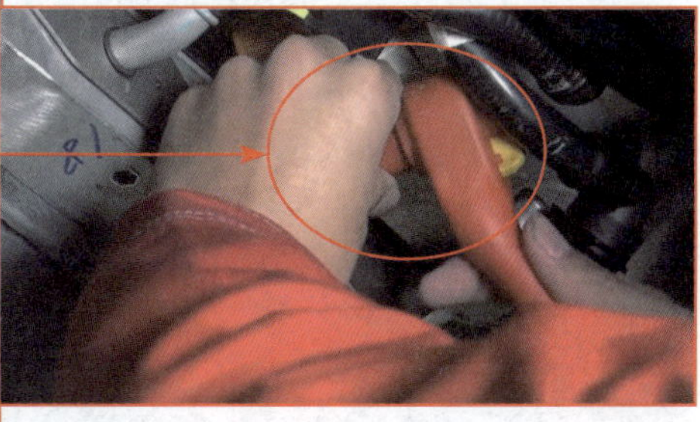

图 5-39　动力电池拆卸技巧（续）

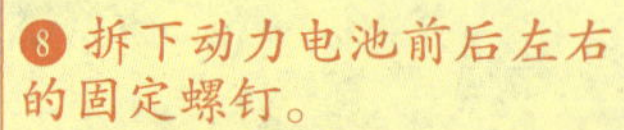

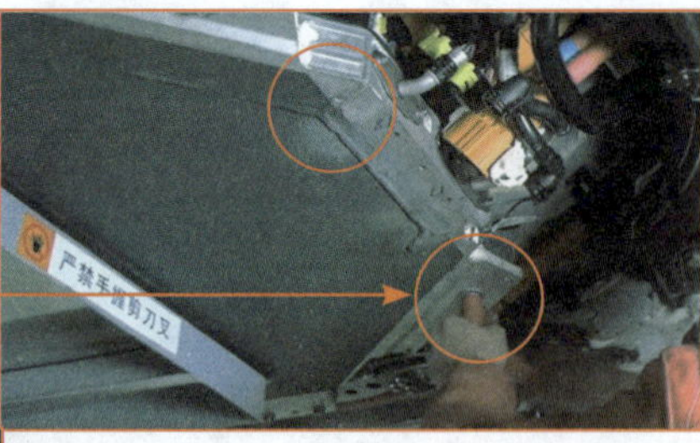

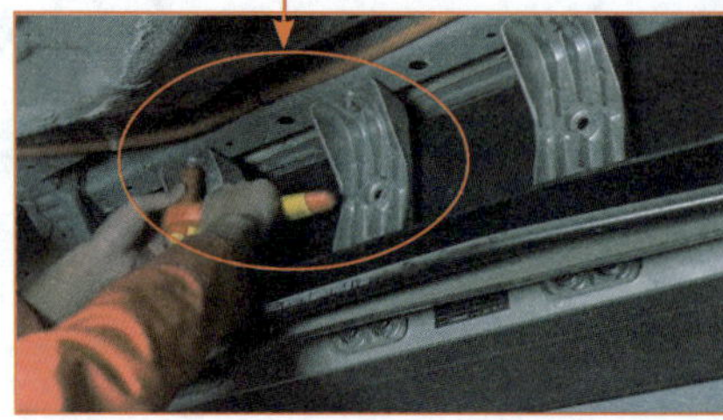

❾ 操作支撑架缓慢移出动力电池。注意，要边移动边观察，防止动力电池磕碰到车身固定架。

图 5-39　动力电池拆卸技巧（续）

5.6.11　动力电池安装实战

动力电池的安装技巧如图 5-40 所示。

❶ 为了使动力电池安装到位，需要先安装定位销。

图 5-40　安装动力电池

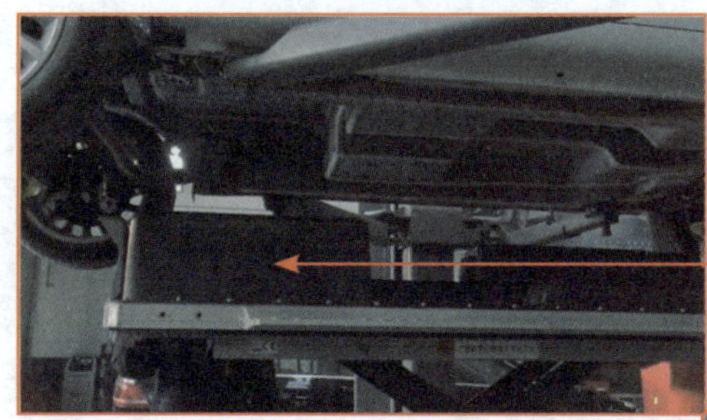

❷ 用支撑架举起动力电池，然后将定位销插入动力电池的固定孔。

❸ 拧上动力电池的所有固定螺钉，并拆下定位销。

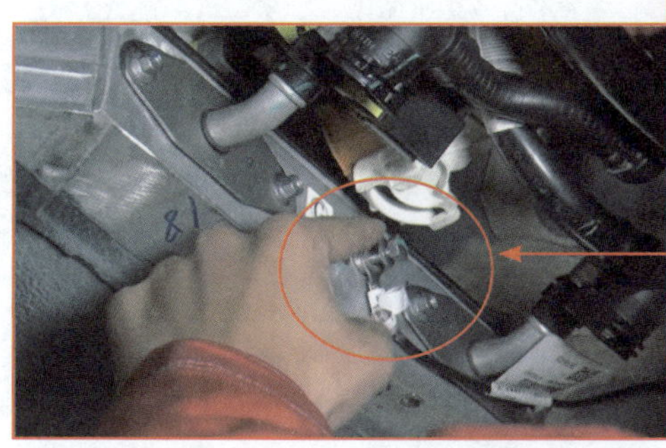

❹ 装上动力电池的搭铁线。

图 5-40　安装动力电池（续）

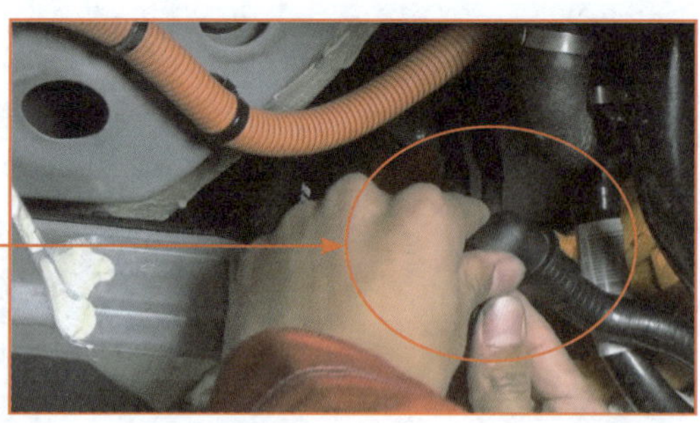

❺装上动力电池的冷却水管、低压线束、高压母线。

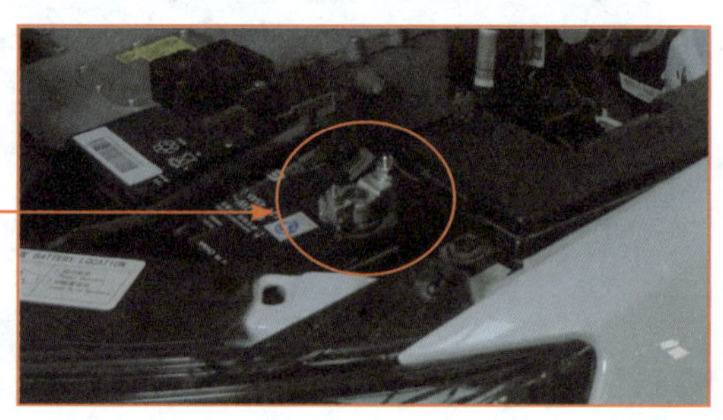

❻然后装好低压蓄电池的负极。

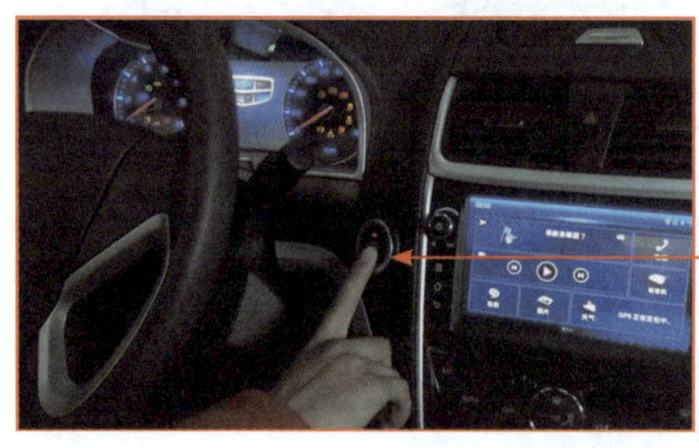

❼按下起动开关，起动新能源汽车，观察仪表显示是否正常。如果没有问题，则动力电池安装完成。

图 5-40　安装动力电池（续）

5.6.12　奇瑞新能源汽车 EQ 无法起动，绝缘指示灯亮故障维修实战

奇瑞新能源汽车 EQ 无法起动，仪表显示绝缘报警指示灯亮、动力电池故障指示灯亮。根据故障现象分析可能是动力电池出现绝缘方面故障，此故障的维修检测方法如图 5-41 所示。

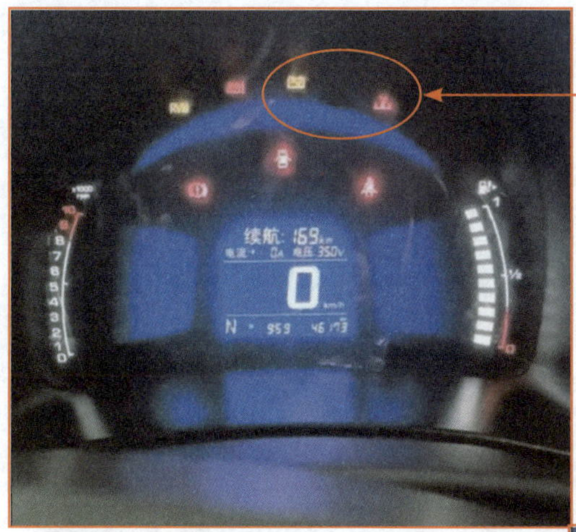

❶起动汽车，发现无法起动，观察仪表盘，发现绝缘报警指示灯闪动、动力电池故障指示灯亮。

❷将检测仪连接到汽车，然后读取故障码，显示有动力电池严重漏电故障。分析可能电池芯有漏电情况。

故障码显示

BMS（电池管理系统）

P1B07 放电回路严重漏电故障

VCU（整车控制器）

P1A82 动力电池漏电故障

P0A41 BMS(电池管理系统)严重故障

MCU（电机控制系统）

ICM（组合仪表模块）

BCM（车身控制器模块）

奇瑞新能源专用 eQ

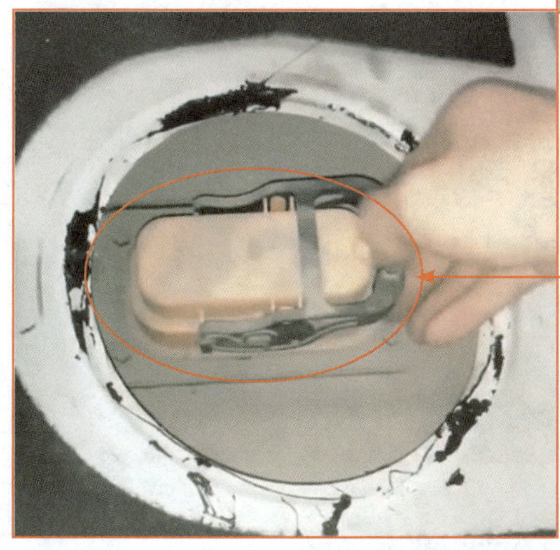

❸根据故障码提示检查动力电池，先拆下后座下面的高压维修开关。

图 5-41　动力电池绝缘故障维修

❹ 用兆欧表测量高压直流母线的绝缘性能。将兆欧表调到 500 V 绝缘检测挡，红表笔接高压维修开关的一个端子，黑表笔接车身地测量绝缘电压。检测的绝缘值为 0，正常应大于 20 MΩ，说明动力电池有漏电。

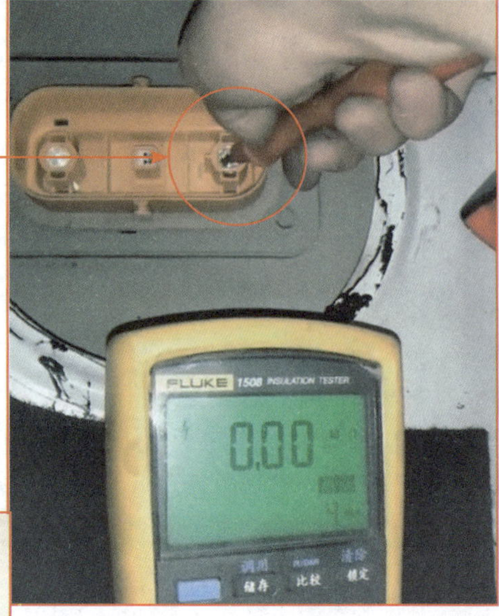

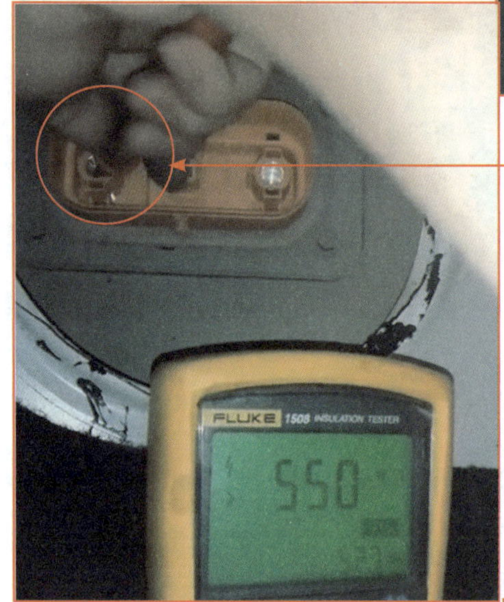

❺ 用同样的方法测量，将兆欧表红表笔接高压维修开关的另一个端子，黑表笔接车身地测量绝缘电压。检测的绝缘值为 550 MΩ，绝缘正常。

❻ 拆下动力电池，准备检测动力电池的电池芯。

图 5-41　动力电池绝缘故障维修（续）

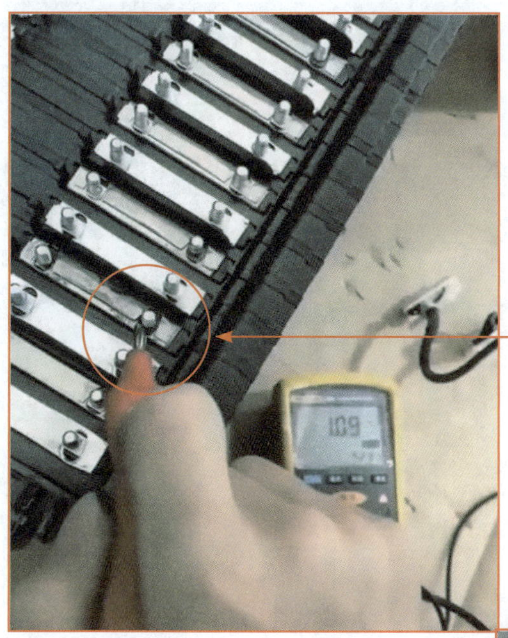

❼ 测量各个电池芯的绝缘性，查找故障电池芯。经过检测发现图中的电池芯绝缘值为 10.9 MΩ，说明此电池芯有漏电，需要更换。

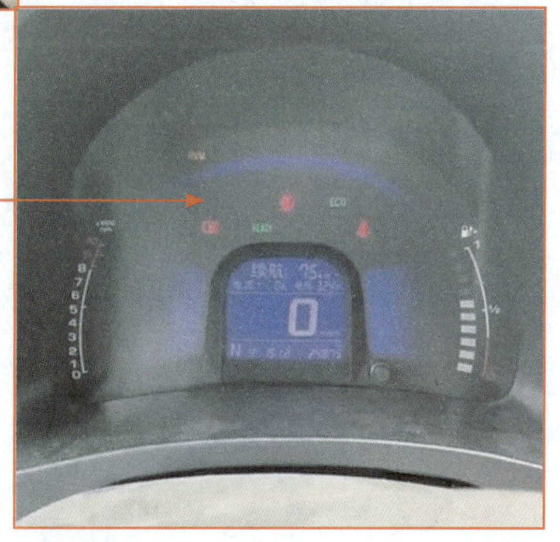

❽ 更换漏电的电池芯后，安装好动力电池，然后起动汽车测试。可以正常起动了，仪表故障灯熄灭，故障排除。

图 5-41　动力电池绝缘故障维修（续）

第6章

新能源汽车动力电池充电系统故障诊断与维修

动力电池充电时，根据充电时间不同，可以分为快充和慢充两种充电方式，它们所使用的电源不同（快充使用直流高压，慢充使用 220 V 交流电），因此其充电系统的结构和充电原理也不相同。本章将从锂电池的充放电原理讲起，然后分析动力电池充电系统结构、充电流程、快 / 慢充系统的结构和工作原理，最后讲解动力电池充电系统常见故障维修方法及维修实战。

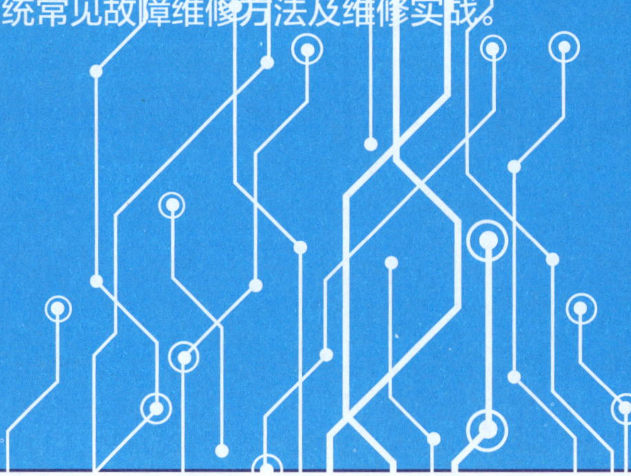

6.1 锂电池的充、放电原理

本书的前面已经讲过，目前电动汽车使用的动力电池类型主要有两种：一种是磷酸铁锂电池，另一种是三元锂电池。这两种动力电池都属于锂电池，下面先分析一下锂电池的充、放电原理。

锂离子电池的充、放电过程，就是锂离子的嵌入和脱嵌过程。在锂离子的嵌入和脱嵌过程中，同时伴随着与锂离子等当量电子的嵌入和脱嵌（习惯上正极用嵌入或脱嵌表示，而负极用插入或脱插表示）。

6.1.1 锂电池的充电原理

锂电池的充电原理如图 6-1 所示。

（1）电池充电池时，晶状结构正极材料上的锂（$LiCoO_2$）分成锂离子和电子，电子从正极通过外部充电电路跑到负极上，正锂离子（Li+）从正极“脱嵌”进入电解液里，“穿过”隔膜材料上弯弯曲曲的小洞，运动（“嵌入”）到晶状体结构负极，与从外部跑到负极中的电子结合在一起，被还原成 Li 镶嵌在负极的碳素材料中。

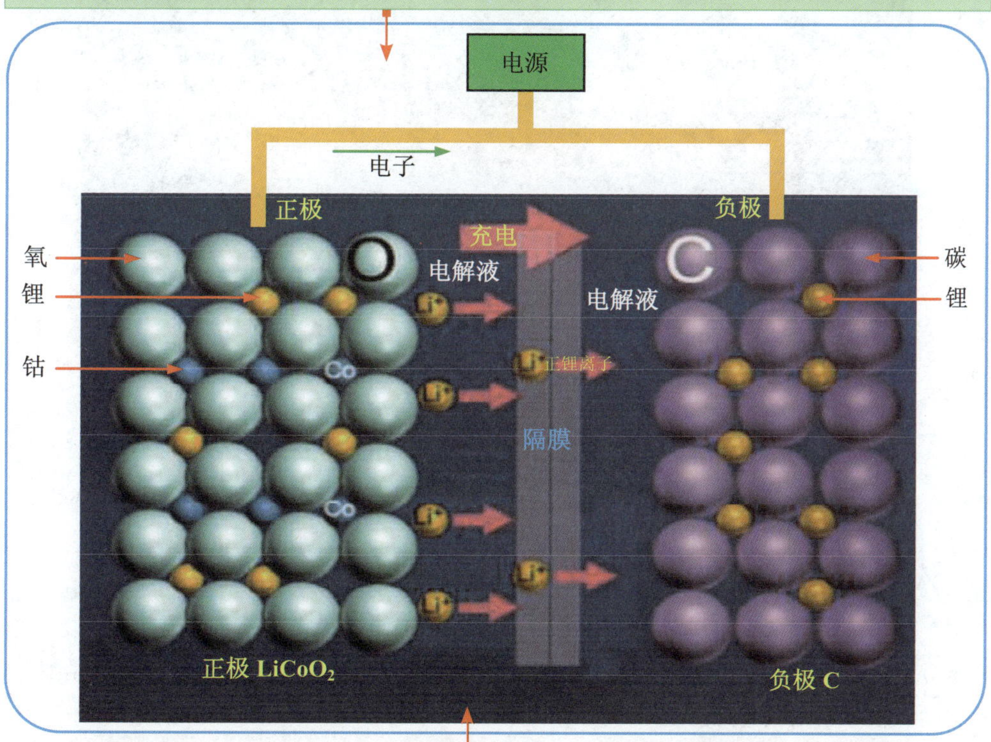

（2）作为负极的碳呈层状结构，它有很多微孔，达到负极的锂离子嵌入碳层的微孔中，嵌入的锂离子越多，充电容量也就越高。

图 6-1 锂电池的充电原理

6.1.2 锂电池的放电原理

锂电池的放电原理如图 6-2 所示。

（1）当电池放电时（使用电池的过程），镶嵌在负极碳素材料中的电子通过外部电路“运动”到正极上，而负极碳素材料中的正锂离子（Li+）从负极“脱嵌”进入电解液里，然后“穿过”隔膜材料，到达正极，并与从外部跑到正极中的电子结合在一起。

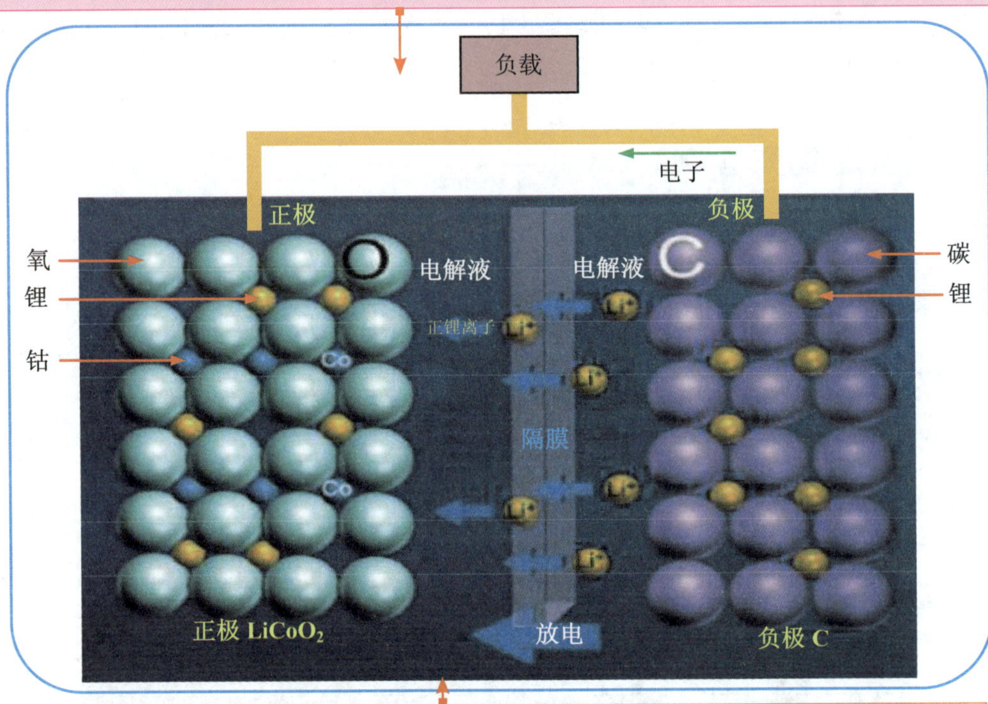

（2）同样，返回正极的锂离子越多，放电的容量也就越高。

图 6-2　锂电池的放电原理

6.2 动力电池充、放电系统结构及充电流程

电动汽车充电系统是电动汽车的能源补给系统，是用市电对动力电池充电时使用的有特定功能的电力转换装置。

6.2.1 动力电池充电系统结构

电动汽车充电系统主要由充电接口（慢速充电接口和快速充电接口）、充电线束、车载充电器（充电机）、高压配电盒、动力电池、BMS（电池管理系统）或 VCU（整车控制器）、DC/DC 转换器、低压蓄电池以及各种高压线束和低压线束等组成，如图 6-3 所示。

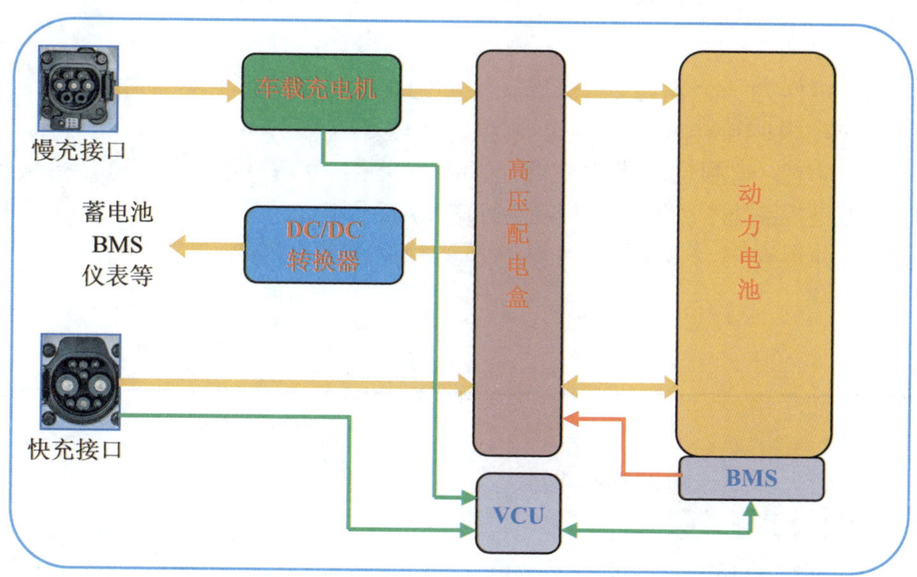

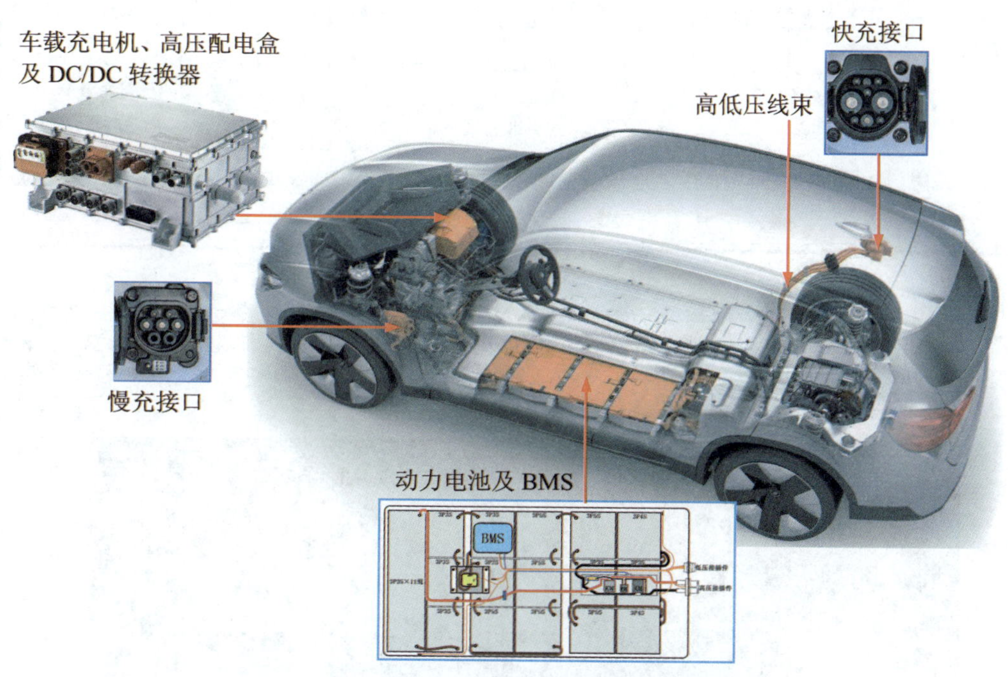

图 6-3 动力电池充电系统结构

（1）车载充电机，也称车载充电器，它是充电系统的重要组成部件，它负责将 220 V 交流电转化为动力电池的直流电，实现电池电量的补给。因为动力电池是一个高压直流电源，当使用交流电进行充电时，交流电不能直接对动力电池进行电量储存，因此需要车载充电机装置，将高压交流电转为高压直流电，从而给动力电池进行充电。

当车载充电机接上交流电后，并不是立刻将电能输出给动力电池，而是通过电池管理系统（BMS）首先对动力电池的状态进行采集分析和判断，进而调整车载充电机的充电参数。

车载充电机作为一个电力电子系统，主要由电源功率电路和控制电路组成，如图6-4所示为车载充电机内部电路。其中，电源功率电路主要作用是将220 V交流电转化为300多伏的直流电，电源功率电路主要是由变压器和功率管组成的DC/DC转换器。而控制电路的核心是控制器，用来实现与BMS的CAN通信，并控制功率电路按照三段式充电曲线给锂电池组充电。控制电路会对电源功率电路进行控制、监测、计量、计算、修正、保护。

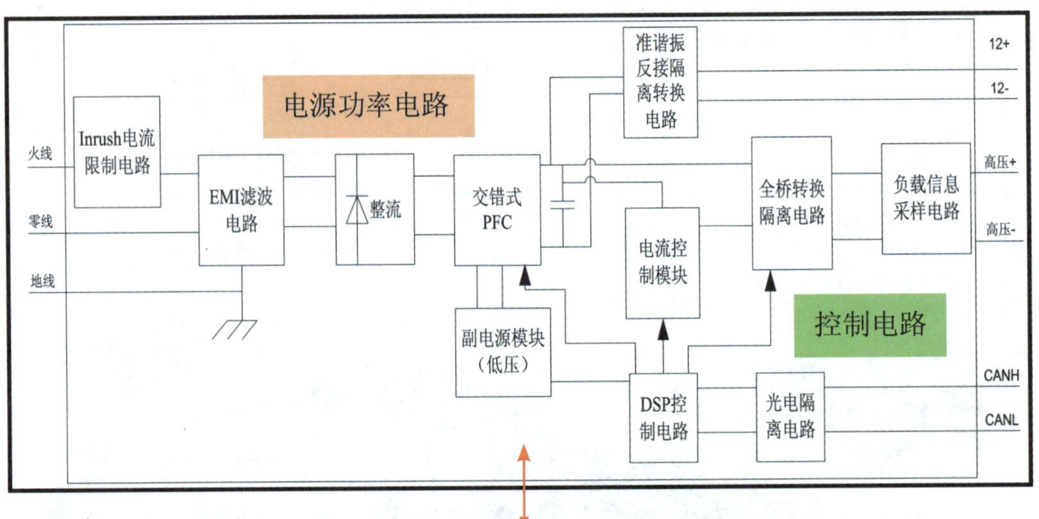

其中，Inrush电流限制电路、EMI滤波电路用来防止交流电网波动对设备的冲击，以及抑制交流电网中的高频干扰对设备的影响；整流电路将交流电转化为直流电；PFC（功率因数校正电路）是一个功率因数提高电路，提高交流电转换为直流电的效率；转化后的直流电通过全桥转换隔离电路转换后输出给动力电池。

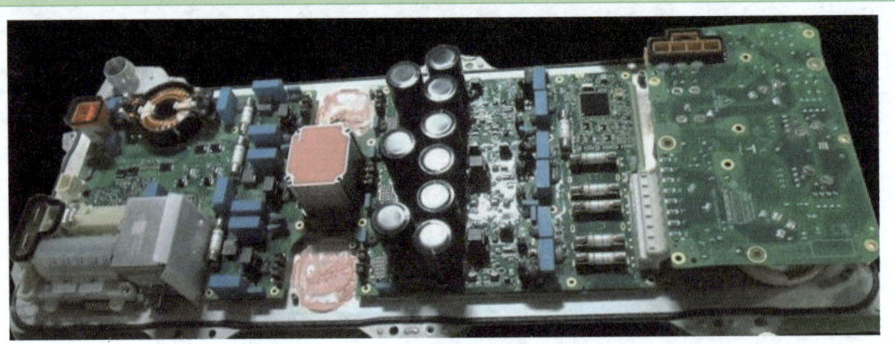

图6-4　车载充电机内部电路

在充电过程中，车载充电机能保证动力电池的温度、充电电压和电流不超过允许值；并具有单体电池电压限制功能，自动根据 BMS 的电池信息动态调整充电电流。

自动判断充电连接器、充电电缆是否正确连接。当充电机与充电桩和电池正确连接后，充电机才能允许起动充电过程；当充电机检测到与充电桩或电池连接不正常时，立即停止充电。

（2）高压配电盒（PDU），又称“高压配电单元”“高压接线盒”等。高压控制器是整车高压电的一个电源分配的装置，类似于低压电路系统中的电器熔断器盒。高压控制器由很多高压继电器，高压熔断器（高压保险）组成，如图 6-5 所示。它内部还有相关的芯片，以便同相关模块实现信号通信，确保整车高压用电安全。

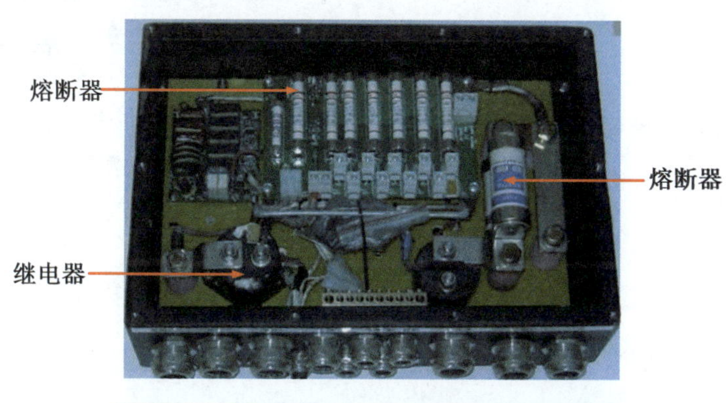

图 6-5　高压配电盒

其他部件诸如 DC/DC 转换器、动力电池、电池管理系统和高低压线束等，前面已作过介绍，不再赘述。

目前电动汽车逐渐将车载充电机、DC/DC 转换器、高压控制盒、整车控制器（VCU）、点击控制器等模块集成为一个总的控制器，这样可以更好地优化电动汽车的整车布局，更好地轻量化，提高系统可靠性。图 6-6 所示为五合一集成控制器。

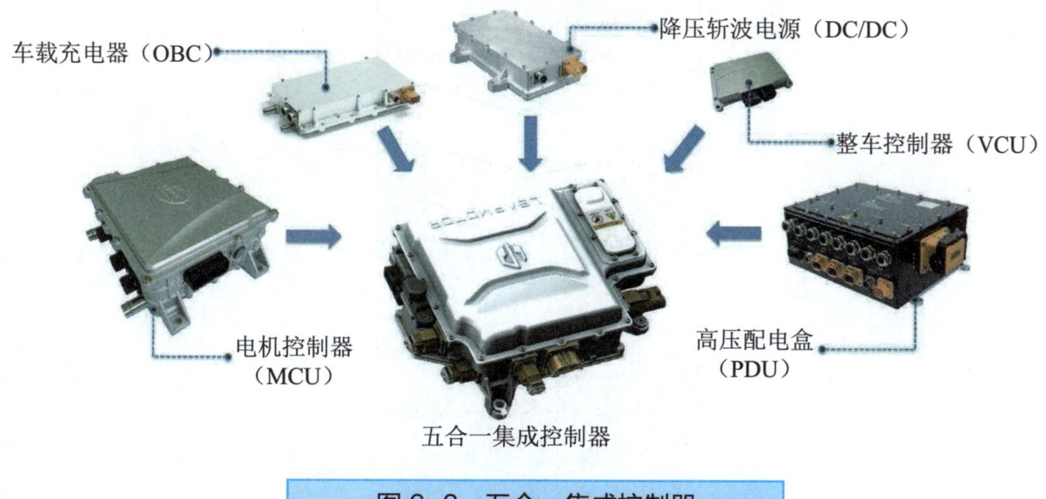

图 6-6　五合一集成控制器

6.2.2 动力电池充电方式

电动汽车的动力电池充电的方式主要有直流快充（快速充电）和交流慢充两种。

1. 直流快充

直流快电是以较大直流电流（一般充电电流为150~400 A）为动力电池充电。直流快充一般通过充电站的充电桩将直流高压电直接通过直流充电口给动力电池充电，如图6-7所示。直流快充的充电时间较短。

图6-7 充电桩直流快充

2. 交流慢充

交流慢充主要是通过家用电源插头和交流充电桩接入交流充电口，通过车载充电器将220 V交流电转为330 V直流电（以比亚迪E6为例）给动力电池进行充电。交流慢充的充电电流较低，一般约为15 A。

6.2.3 新能源汽车整车充电流程

在准备充电时，如整车处于ON挡有高压时，需先进行高压下电后，再进行充电。整车充电流程如图6-8所示。

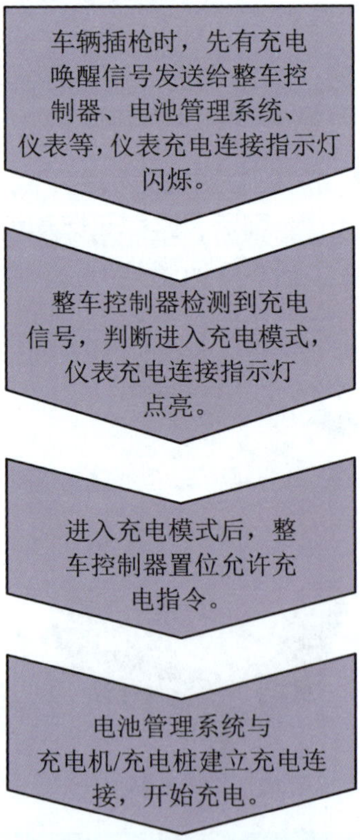

车辆插枪时，先有充电唤醒信号发送给整车控制器、电池管理系统、仪表等，仪表充电连接指示灯闪烁。

↓

整车控制器检测到充电信号，判断进入充电模式，仪表充电连接指示灯点亮。

↓

进入充电模式后，整车控制器置位允许充电指令。

↓

电池管理系统与充电机/充电桩建立充电连接，开始充电。

图6-8 整车充电流程

充电过程中，整车控制器不直接参与充电控制，实时监控充电过程，对异常情况进行紧急充电停止，以及部分信息的仪表显示、监控平台信息上传。

6.3 动力电池的充电原理

动力电池快充和慢充由于所使用的充电电压不同（快充使用直流电，慢充使用交流电），因此其充电原理是不相同的。下面本节将重点讲解快充系统和慢充系统的组成和工作原理。

6.3.1 直流快充系统的组成和充电原理

直流快充以较大的直流电流进行充电，而直流电来自于直流充电桩，即充电桩先将 380 V 交流电转成高压直流，直接输入电动汽车高压系统进行充电。下面本节将详细讲解直流快充系统的组成结构与工作原理。

1. 直流快充系统组成结构

电动汽车直流快充系统主要由充电桩（直流快充桩）、快充接口、高压控制器、动力电池、BMS（电池管理器）、VCU（整车控制器）、高低压线束等组成。图 6-9 所示为快充接口及其功能定义。

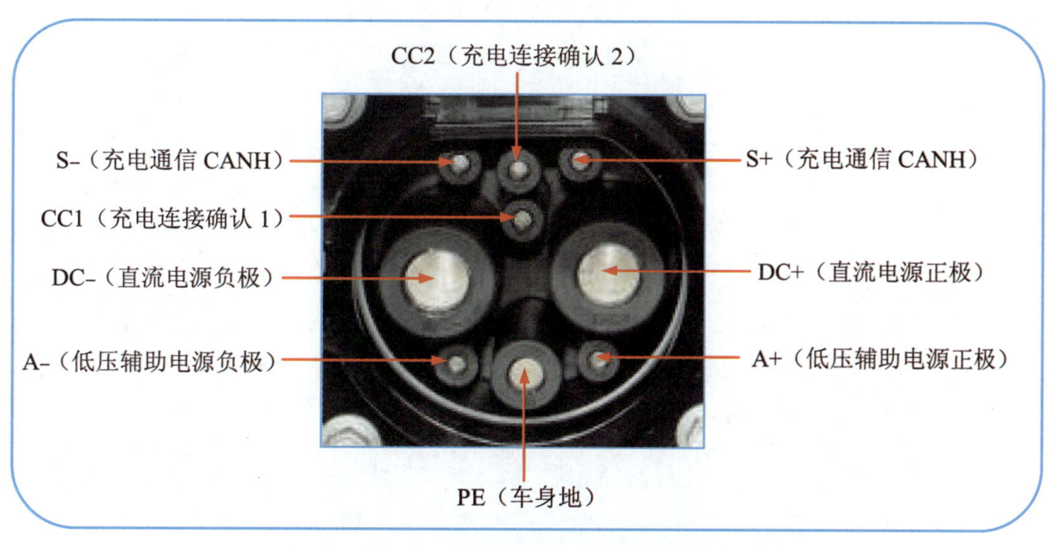

图 6-9　快充接口及其功能定义

2. 直流快充充电原理

直流快充系统结构原理图如图 6-10 所示（以江淮 IEV5 汽车为例）。动力电池的充电过程由 BMS 进行控制及保护。车载充电机工作状态及指令均由 BMS 发出的指令进行控制，包括工作模式指令、动力电池允许最大电压、充电允许最大电流、加热状态电流值。

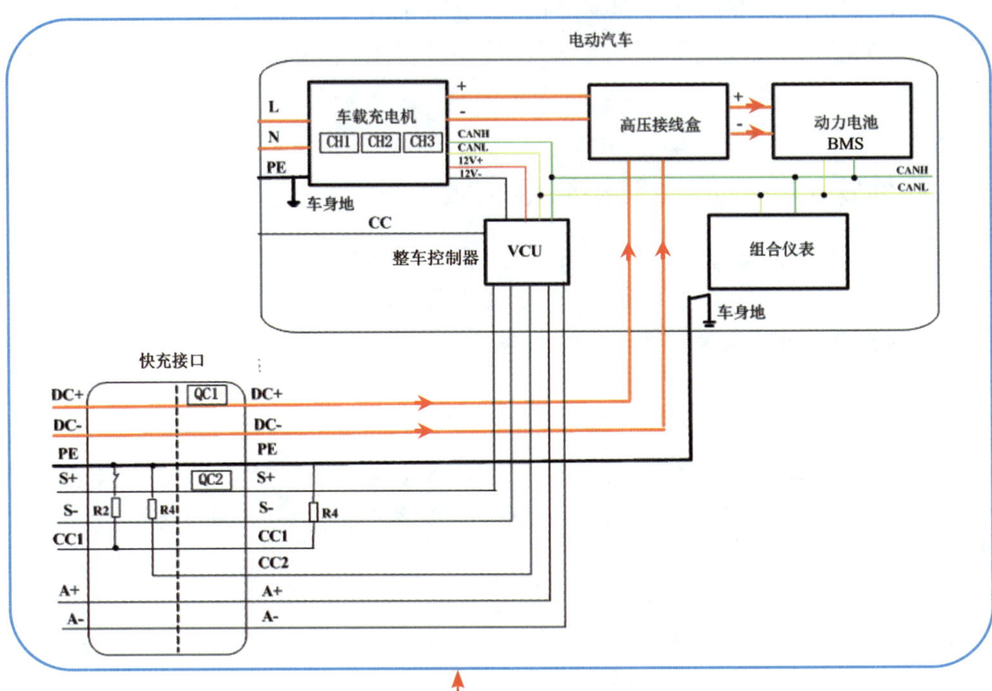

（1）将充电枪插入充电插座，充电信号线 CC1 和 CC2 得到 12 V 信号传送给整车控制器（VCU）。

（2）VCU 是快速充电功能的主控模块，它通过充电连接信号线 CC1 和 CC2 线判断充电接口已经正确连接，并启用唤醒线路唤醒车辆内部充电系统电路及部件 BMS。

（3）然后 BMS 通过输出高压接触器接通指令至高压接线盒，实现快速充电桩与动力电池之间高压电路的接通。

（4）接通并实现充电时，整车控制器向仪表输出正在充电的显示信息。

图 6-10　直流快充系统结构原理图

图 6-11 所示为北汽 EV200 快充充电电路图。

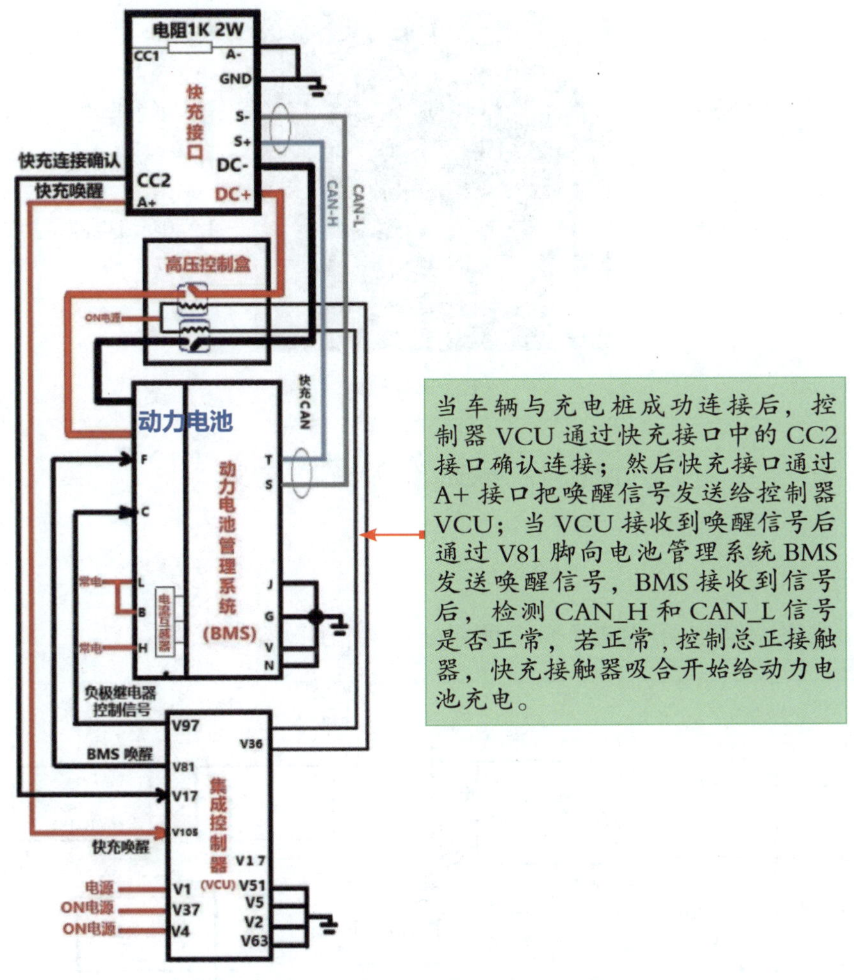

图 6-11 北汽 EV200 充电电路图

6.3.2 交流慢充系统的组成和充电原理

交流慢充以 220 V 或 380 V 交流电进行充电，交流电先连接到电动汽车内部的车载充电机将交流电转换成直流电，然后再将直流电输出到高压系统进行充电。下面本节将详细讲解交流慢充系统的组成结构与工作原理。

1. 交流慢充系统组成结构

电动汽车交流慢充系统主要由供电设备、慢充接口、车载充电器、高压控制器、动力电池、BMS（电池管理器）、VCU（整车控制器）、高低压线束等组成。如图 6-12 所示为快充接口及其功能定义。

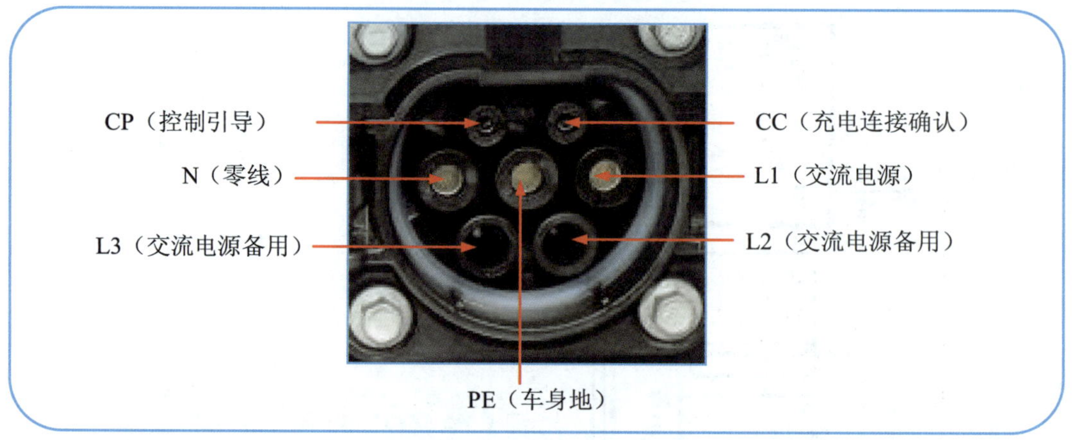

图 6-12　快充接口及其功能定义

2. 交流慢充充电原理

交流慢充系统结构原理如图 6-13 所示（以江淮 IEV5 汽车为例）。

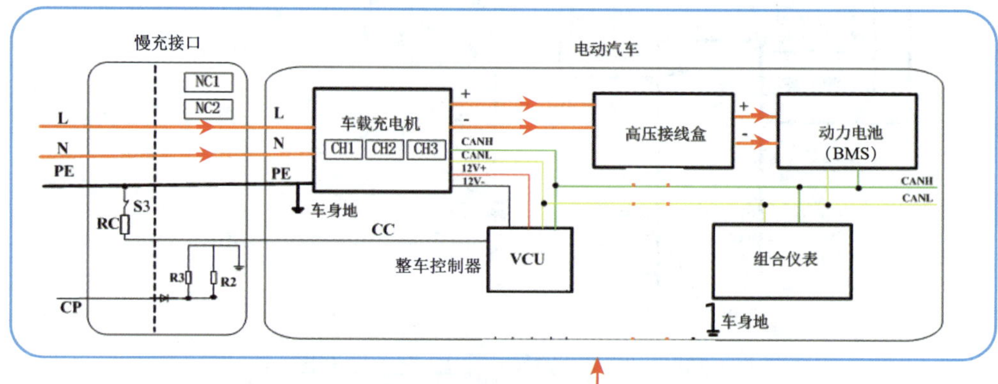

（1）当充电枪连接汽车的慢充接口后，车载充电机把把充电唤醒信号发送给 VCU。
（2）VCU 被触发上电，然后在整车控制器（VCU）检测到 CC 连接确认信号后，VCU 判断整车处于充电模式，吸合继电器，向车载充电机发送充电信号。
（3）同时，车载充电机吸合交流充电继电器，VCU 通过输出高压接触器接通指令至高压接线盒，使高压正极继电器和高压负极继电器吸合，接通交流电开始为动力电池充电。
（4）整车控制器向仪表输出正在充电的显示信息。

图 6-13　交流慢充系统结构原理图

图 6-14 所示为北汽 EV200 慢充充电电路图。

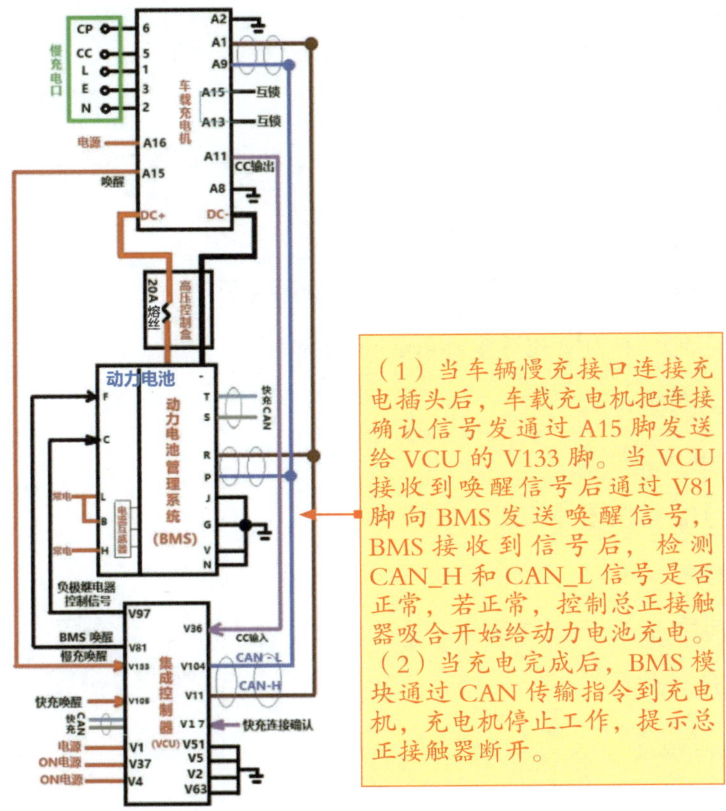

图 6-14　北汽 EV200 慢充充电电路图

6.4 充电系统故障诊断与维修

电动汽车充电系统故障将导致汽车无法充电或者充电不足，影响电动汽车的正常使用，本节将围绕电动汽车无法充电或充电异常，来分析充电系统常见故障的解决方法。

6.4.1　充电系统常见故障原因分析

新能源汽车常见的充电系统故障主要包括无法通信、无法充电但通信正常，充电中断等故障。

1. 快充桩与车辆无法通信故障分析

快充桩与车辆无法通信故障原因主要有：

（1）唤醒线路熔丝损坏；

（2）搭铁点搭铁不良；

（3）快充枪、快充口、快充线束、低压电器盒、整车控制器（VCU）、动力电池低压控制插件等部件的低压辅助电源针脚、连接确认针脚、快充 CAN 针脚等损坏（如退针、烧蚀、锈蚀等）；

（4）动力电池和数据采集终端快充 CAN 总线间的电阻不符合。

2. 快充桩与车辆通信正常但无充电电流故障分析

快充桩与车辆通信正常但无充电电流故障原因主要有：

（1）高压控制盒中的快充继电器线路熔丝损坏；

（2）主熔丝损坏；

（3）低压电器盒损坏；

（4）高压分配盒损坏（如充电熔断器熔断等）；

（5）快充线束损坏；

（6）动力电池 BMS 快充唤醒失常（BMS 线束损坏或 BMS 损坏）；

（7）车载充电机损坏。

3. 充电过程中突然停止充电

充电过程中突然停止充电故障原因主要有：

（1）充电电源断电；

（2）充电电缆没有连接好，充电电缆可能虚接；

（3）充电连接装置开关被按下，充电连接装置开关被按下则停止充电；

（4）动力电池温度过高，组合仪表显示动力电池温度过高报警指示灯点亮，充电会自动停止，待电池冷却后再充电。

6.4.2 充电系统常见故障维修方法

充电系统常见故障包括车载充电机故障、无法快充充电、充电指示灯亮但不充电、无法发电等，下面针对这些常见故障来分析总结充电系统故障维修检测方法。

1. 车载充电机故障维修方法

如果车载充电机上的红色指示灯亮时，表示其发生故障，可以按照下面的方法进行检修。

（1）首先检查车载充电机以及相关用电器的各个连接器是否连接正常，有无松动，有问题的重新连接使其连接可靠，如图 6-15 所示。

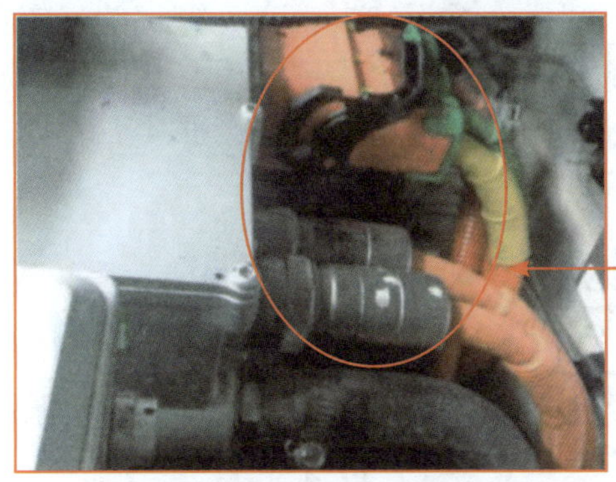

图 6-15　检查车载充电机接插件

（2）检查高压配电盒总成内车载充电机的熔断器是否熔断。用万用表电阻挡检测，如果熔断器的阻值为无穷大或 0，说明熔断器损坏，则需先检查车载充电机是否损坏，如无损坏，则更换熔断器，如图 6-16 所示。

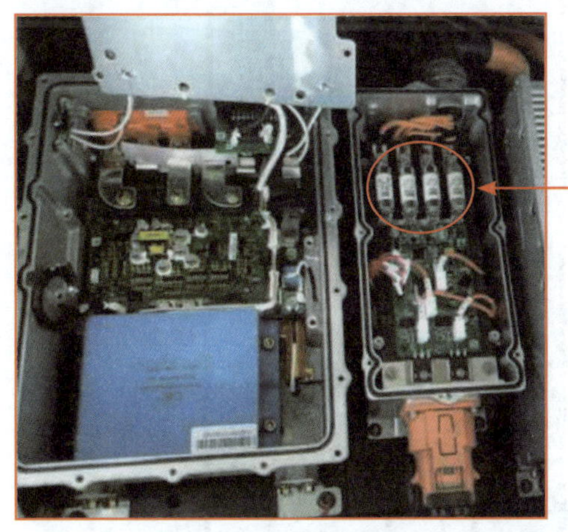

图 6-16　检车车载充电机的熔断器

（3）测量车载充电机输入端以及输出端对充电机壳体的绝缘阻值，用兆欧表进行检测，红表笔接电源线，黑表笔接车载充电机的外壳测量，正常绝缘阻值大于 20 MΩ。

（4）如果检测都正常的话，则更换车载充电机。

2. 快充不能正常充电故障维修方法

如果插上充电枪后，车辆仪表充电线连接指示灯不亮，无法起动充电。可以按照下面的方法进行检修。

（1）将点火开关置于 ON 挡，检查快充或慢充时，仪表充电线连接指示灯是否亮。

如果慢充时，仪表充电线连接指示灯亮（说明 VCU、BMS 等部件工作正常），而不管点火开关打开与否，快充时，充电线连接指示灯均不亮，则先排除直流充电桩问题（如充电桩中的继电器损坏，如图 6-17 所示中的 K3、K4 继电器损坏），可以用替换法检测，更换不同的充电桩充电来排除充电桩的问题。

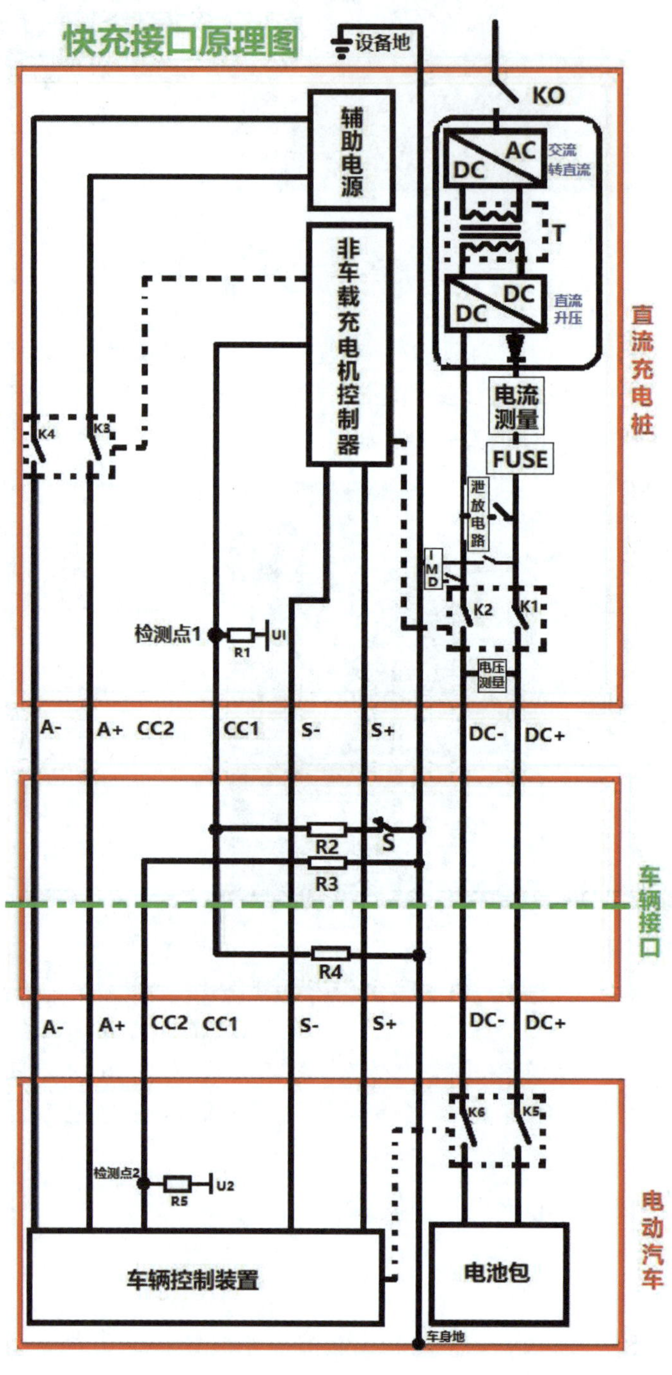

图 6-17　充电连接电路图

（2）如果充电桩正常，接着检查充电插头及插座是否正常连接，有无松动，如果连接正常，接下来测量快充接口检测电阻是否正常，用万用表电阻 2k 挡测量，红黑表笔分别接 PE 孔和 CC1 孔，正常应有 1 kΩ 左右的电阻值。如果阻值为无穷大或 0，则检测电阻器损坏，更换即可，如图 6-18 所示。

图 6-18　检测快充接口检测电阻器

（3）如果快充接口检测电阻正常，接着测量快充唤醒线路的电压是否正常，如图 6-19 所示。用万用表直流电压 20 V 挡测量，红表笔接 S- 插孔，黑表笔接 PE 插孔，正常应有 2.5 V 的直流电压。如果不正常，则检查唤醒线路中的线束及接口是否松动或损坏。

图 6-19　测量唤醒线路的电压

（4）用万用表测量充电继电器控制线与整车控制器（VCU）之间的导通性，如图 6-20 所示。如果控制线不导通，则检查控制线是否断线及控制线的接头问题。

图 6-20　测量充电继电器控制线导通性

（5）如果快充时，仪表充电线连接指示灯亮，而不管点火开关打开与否，慢充时，充电线连接指示灯均不亮，则先检查线缆控制盒上的继电器 K1、K2 是否损坏，如图 6-21 所示。

（6）如果线缆控制盒正常，则检查车载充电机是否有问题。可以通过车载充电机的指示灯闪烁特点来判断车载充电机是否工作正常（如红绿等交替闪烁通常车载充电机损坏）。

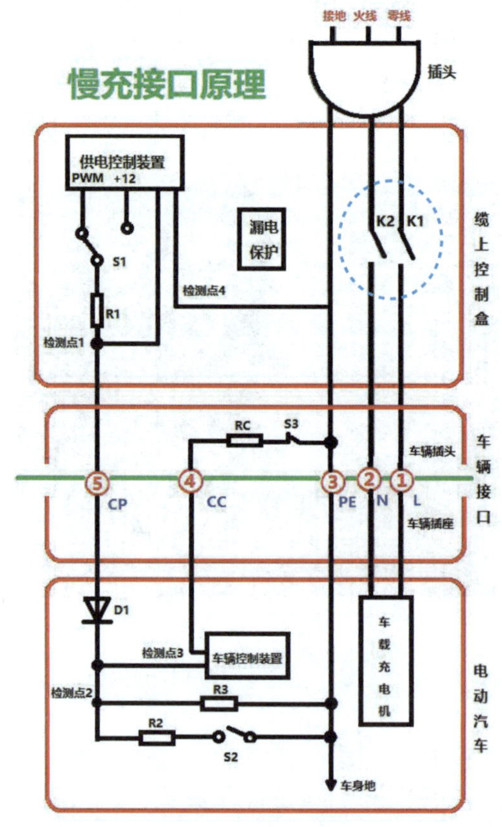

图 6-21　慢充接口电路

3. 仪表充电线连接指示灯亮但无法正常充电故障维修方法

插上充电枪后，仪表充电线连接指示灯点亮，但无法正常起动充电。可以按照下面的方法进行检修。

（1）首先将点火开关置于 ON 挡，观察仪表有无故障指示灯点亮，如果仪表有点亮的故障灯，则根据故障提示检查相应部件，如图 6-22 所示。

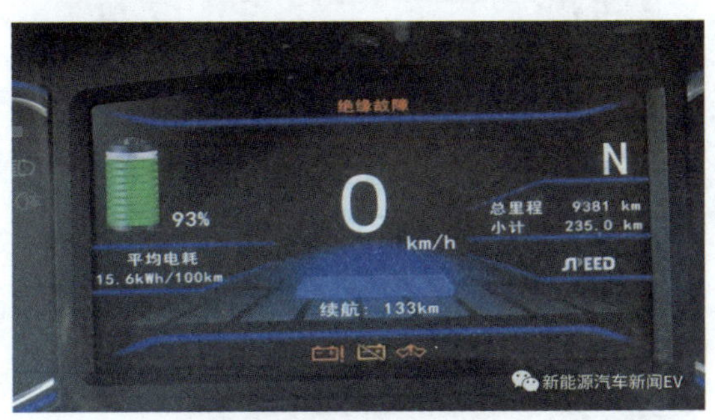

图 6-22　仪表故障灯

（2）如果没有点亮的故障灯，接着用诊断仪读取车辆是否存在故障码，如果存在故障码，则根据故障码提示检查故障，如图 6-23 所示。若车辆存在与动力电池系统、CAN 通信、车载充电机相关的故障码时，先排除相关故障，再次尝试对汽车进行充电。

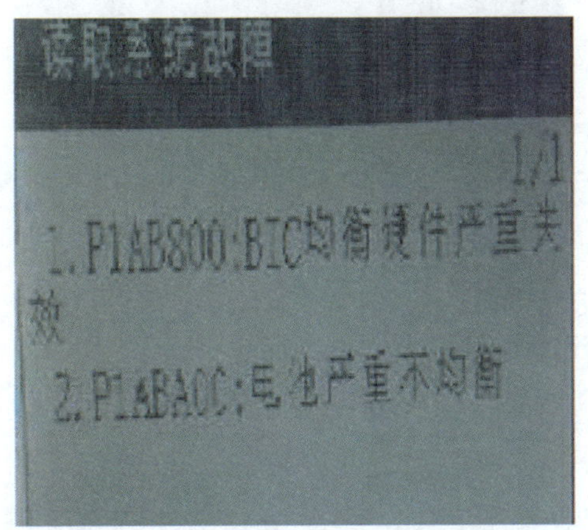

图 6-23　读取故障码

（3）如果汽车仍无法正常起动充电，对于慢充先检查高压控制盒中的慢充熔断器是否断路，如图 6-24 所示。若慢充熔断器正常连通，接着检查充电插座温度传感器、电子锁止、反馈信号端子、各种充电接口连接是否正常。

（4）对于快充则直接检查充电插座温度传感器、电子锁止、反馈信号端子、各种充电接口连接是否正常，如图 6-25 所示。

图 6-24　慢充熔断器

图 6-25　检测快充接口

（5）经过前面几步的检修，若快充、慢充依然无法起动充电，则检查电池管理系统（BMS）和车载充电机的问题（提示：如果快充可以充电，慢充无法充电，一般是由于车载充电机问题造成的）。

4. 车载充电机指示灯红灯亮不充电故障维修方法

车载充电机指示灯红灯亮不充电故障可按照下面的方法进行检修。

（1）根据电路图用万用表检查整车控制器插头 CC 通信线针脚与电源充电插座的 CC 针有无导通，若无导通则是线束问题，比如线断开重新接线、更换线束等，如图 6-26 所示。

（2）车载充电机充至 50%~80% 后无法再充电，故障可能是车载充电机问题引起。检查充电开始时，车载充电机输出的 12 V 有无唤醒 BMS、VCU、DC/DC 转换器。查看方法为：可重新连接外接充电，连接后前 5 s 听电池里有无发出 4 声“砰”的响声（为继电器唤醒后合闸的声音），如图 6-27 所示。

图 6-26 检测 VCU 线束

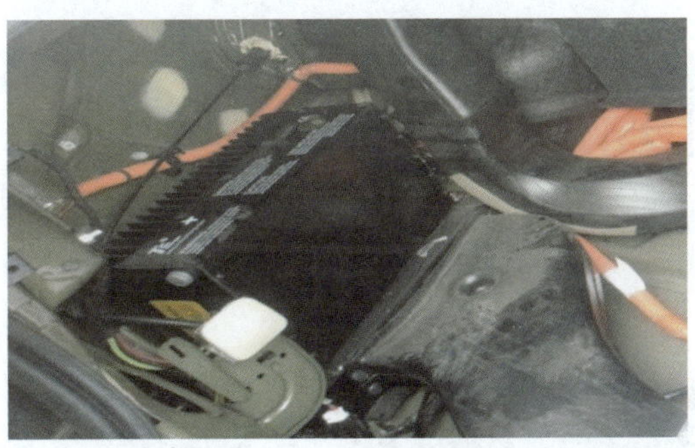

图 6-27 检测车载充电机输出的 12 V 电压

（3）如果没有听到继电器吸合声音，则检查继电器控制线中连接熔断器是否损坏，如图 6-28 所示。

图 6-28 检测继电器

（4）检查车载充电机与动力电池的低压插接线是否插好、有无退针现象，根据电路图用万用表检查车载充电机接头与动力电池接头有无导通，有无退针现象，若无导通，排除线束问题（接好断线或更换线束）。

（5）检查车载充电机的连接线，看是否有退针现象，如果有退针现象，处理好退针故障，如图 6-29 所示。

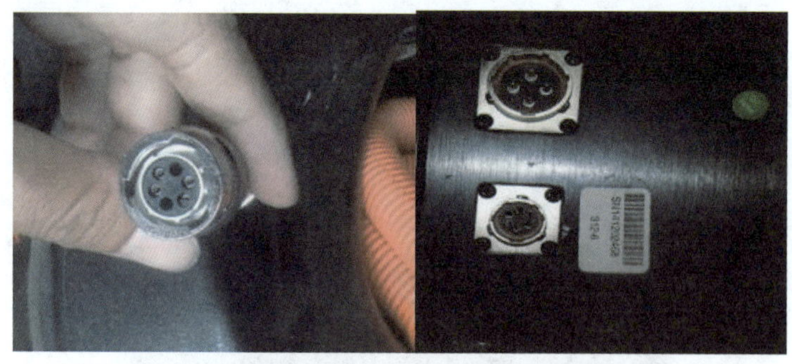

图 6-29　车载充电机连接线

（6）如果以上检查都正常，则可能是车载充电机有问题，更换车载充电机即可。

6.4.3　比亚迪新能源汽车无法充电故障维修实战

一辆比亚迪新能源汽车在插上慢充充电枪后无法充电，仪表盘没有充电提示，此类故障一般由汽车充电接口故障、充电线路接触不良等引起，此故障的维修方法如图 6-30 所示。

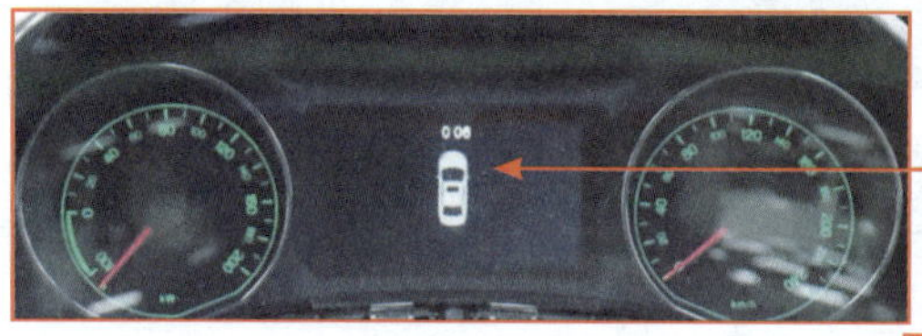

❶ 插上交流充电接口，观察汽车仪表盘没有反应，说明没有充电。正常应该有充电提示。

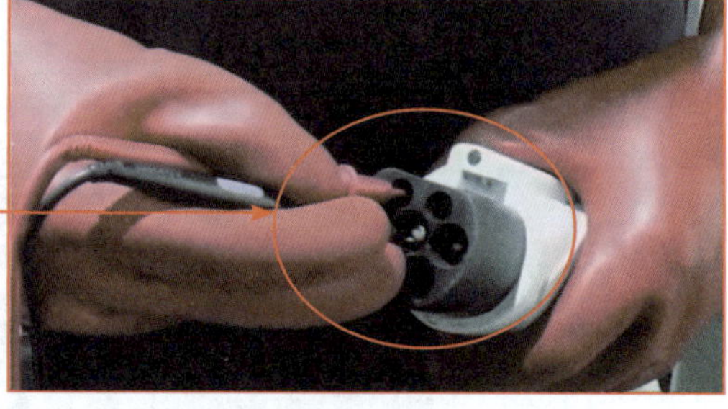

❷ 检查充电线是否正常。将充电线断电，用万用表电阻挡（2k 挡）测量。将两表笔插入交流充电枪的 CC 插孔和 PE 插孔，测量阻值。

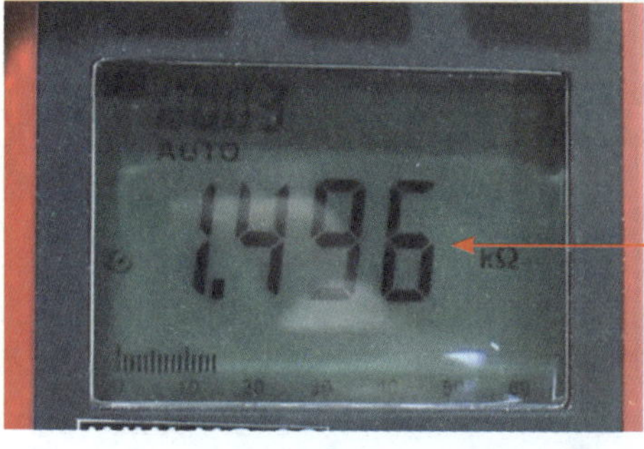

❸ 观察测量的阻值为 1.496 kΩ，阻值正常。

图 6-30　比亚迪新能源汽车无法充电故障维修

❹将充电线上电，用万用表直流电压挡（20 V挡）测量。将红表笔插入充电枪的CP插孔，黑表笔插入PE插孔，测量控制信号电压。

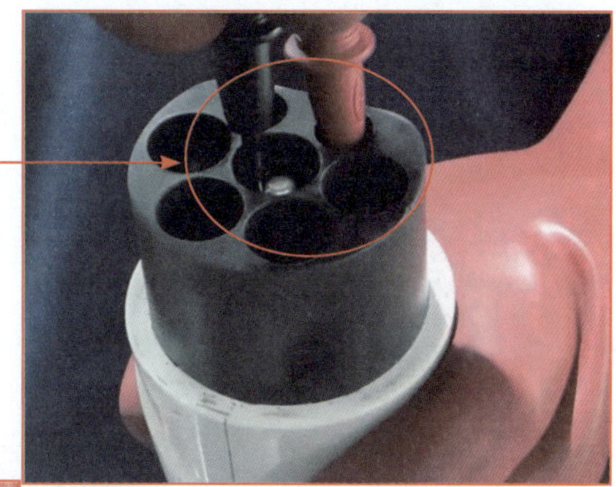

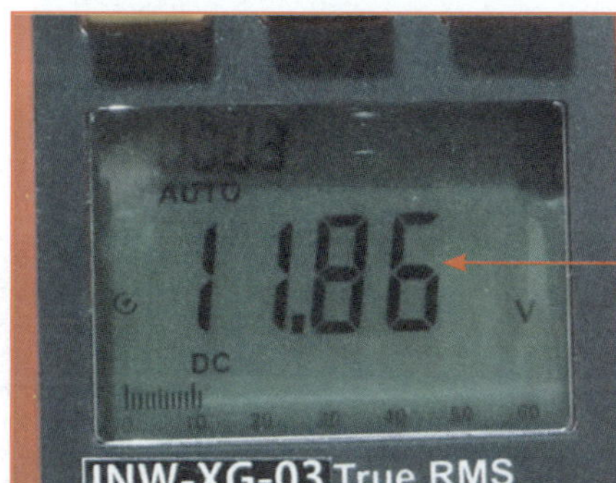

❺观察测量的电压值为11.86 V（正常为12 V左右），电压正常。

❻测量车身慢充插座的充电连接确认信号。用万用表直流电压挡（20V挡）测量，红表笔接慢充接口的CC插孔，黑表笔接PE插孔测量。测量的电压值为0.012 V，电压不正常，正常为5 V左右。

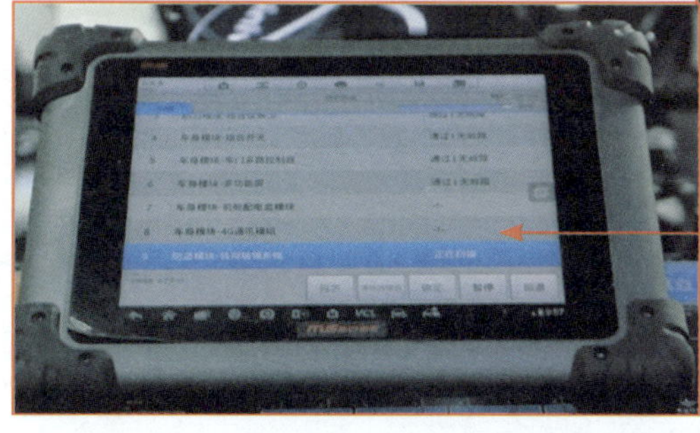

❼将测试仪连接到汽车，检测故障码。经检测发现检测仪只检测出12个模块，说明线路有问题，无法正常进入系统。

图6-30 比亚迪新能源汽车无法充电故障维修（续）

❽ 测量故障检测口 DLC 口中的 CANH 和 CANL 针脚的电压。用万用表直流电压挡（20 V 挡）测量，红表笔分别接 CANH 和 CANL 针脚，黑表笔接车身地。

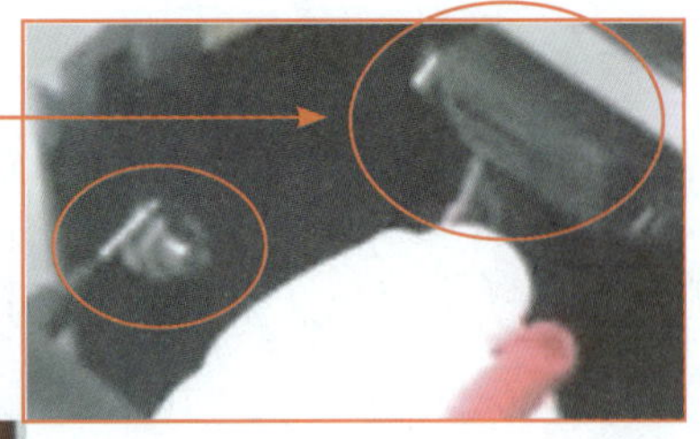

❾ 经测量，CANH 针脚的电压为 2.508 V，CANL 针脚的电压为 2.275 V，均正常（正常为 2.5 V 左右）。

❿ 测量 CANH 和 CANL 之间的阻值。先断开蓄电池的负极，等 3 min 以上再测量。

⓫ 用万用表电阻挡（20M 挡）测量，红表笔分别接 CANH 针脚和 CANL 针脚，黑表笔接车身地。

⓬ 经测量，CANH 针脚的对地阻值为 20.8 MΩ，CANL 针脚的对地阻值为无穷大，均正常（正常应大于 20 MΩ）。

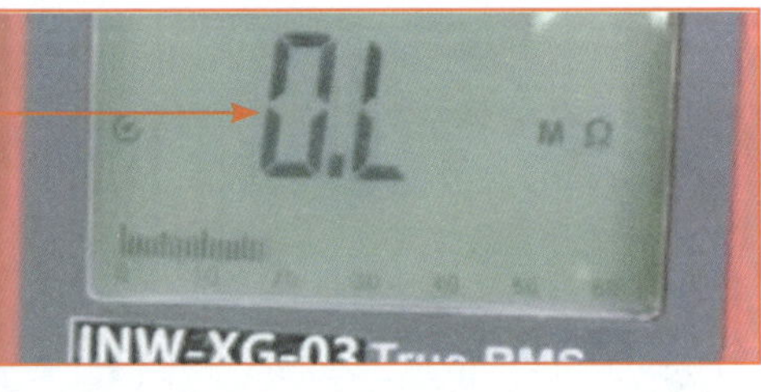

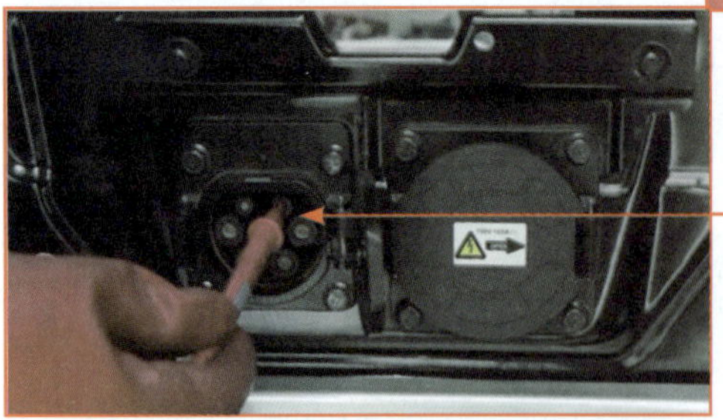

⓭ 用万用表蜂鸣挡（也可以用电阻挡）检测，慢充接口的 CC 线路的通 / 断。发现 CC 线路阻值为无穷大，线路不通。然后检查 CC 线路，并将断路的地方接好。

图 6-30　比亚迪新能源汽车无法充电故障维修（续）

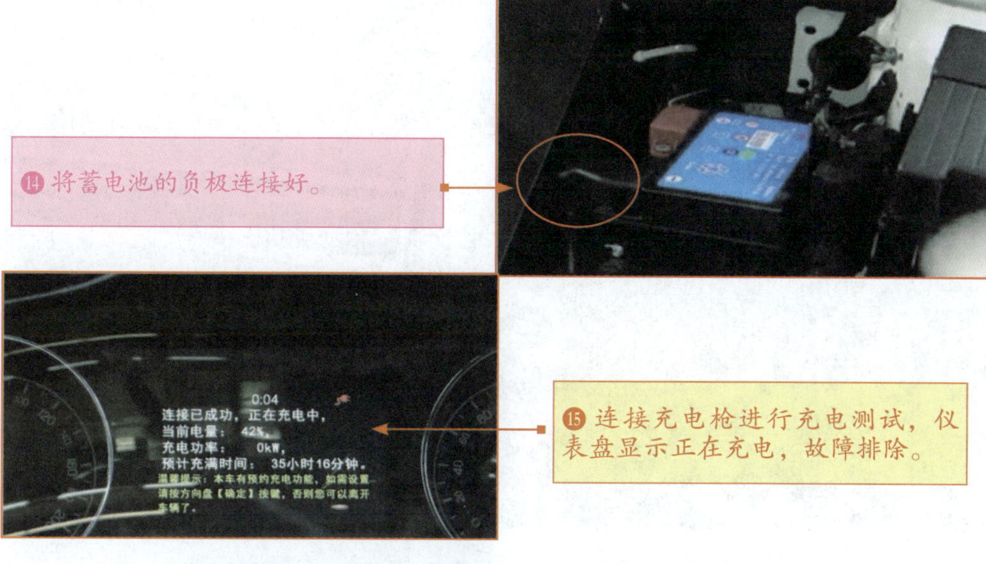

图 6-30 比亚迪新能源汽车无法充电故障维修（续）

6.4.4 比亚迪唐新能源汽车无法发电故障维修实战

一辆比亚迪唐新能源汽车车主反映汽车仪表盘提示“原地发电功能不可用，请检查动力系统”。此故障一般由动力电池采样系统问题引起，此故障的维修方法如图 6-31 所示。

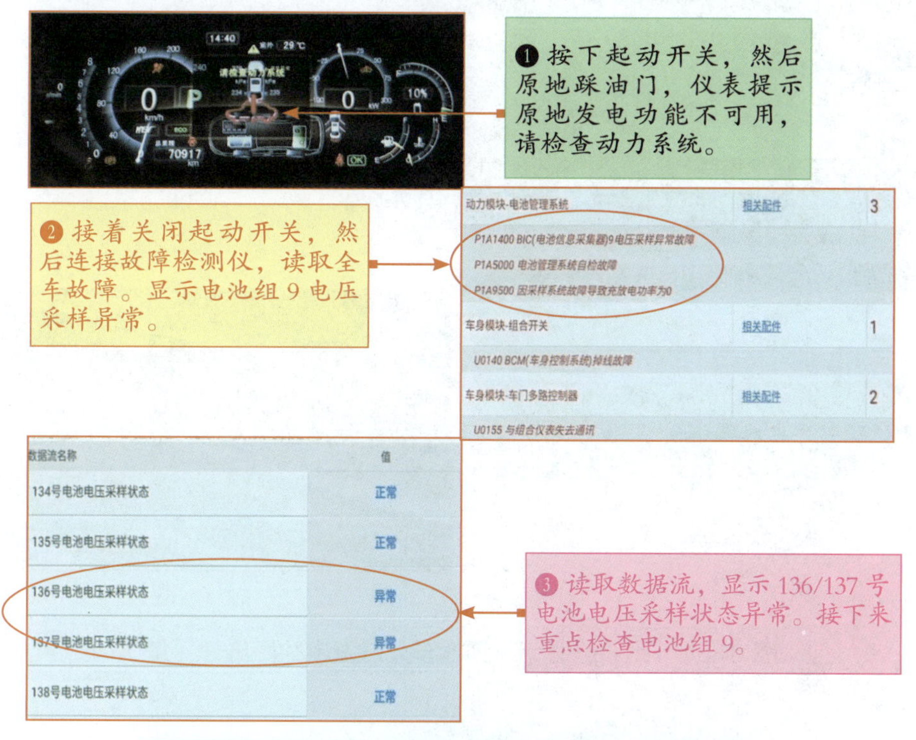

图 6-31 比亚迪唐新能源汽车无法发电故障维修

❹ 开始检查电池，先拆下低压蓄电池负极，并等待 3 min。

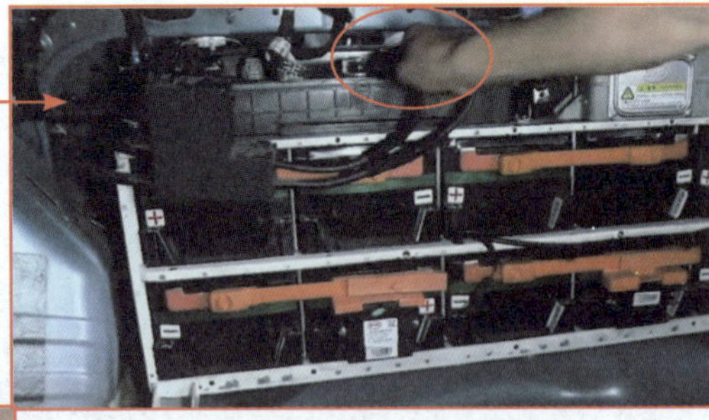

❺ 拆下高压维修开关。

❻ 拆下电池组 9 的电池管理系统（BMS）分控制电路板。

❼ 拧下电池组连接导线的螺钉，拆下连接导线。

❽ 轻轻取出电池组准备检测。

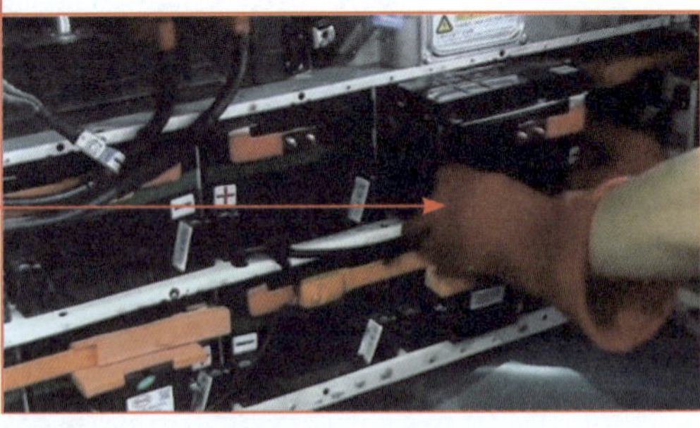

图 6-31 比亚迪唐新能源汽车无法发电故障维修（续）

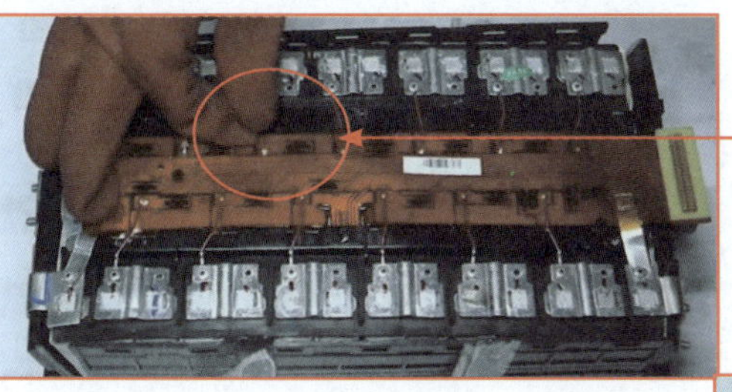

❾ 仔细检查电池组，发现电池组有发胀的情况。电池发胀导致电池采样导线断线。

⑩ 用电烙铁更换一根电池采样导线。

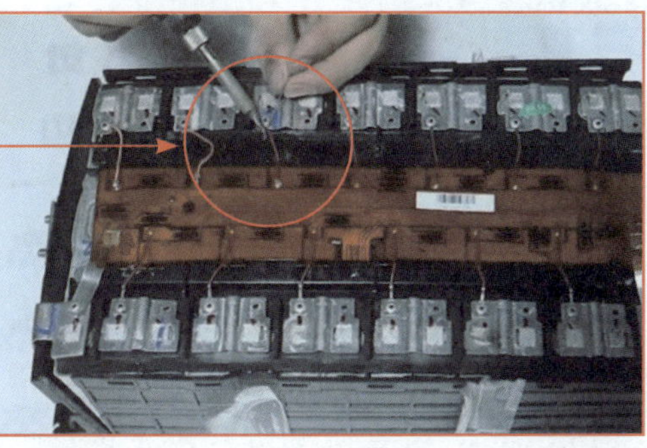

⑪ 用万用表直流电压挡（20 V 挡），测量电池组中各个电池芯的电压。各个电池芯电压在 3.2 V 左右均正常。

⑫ 将电池组装回车中，并装上高压维修开关和蓄电池负极，然后起动汽车进行检测。发现踩油门时，显示正常发电，故障排除。

图 6-31　比亚迪唐新能源汽车无法发电故障维修（续）

第7章

新能源汽车电动机及电动机控制系统故障诊断与维修

驱动电动机是新能源汽车行驶中的主要执行机构，驱动电动机及其控制系统是新能源汽车的核心部件之一，其驱动特性是决定了汽车行驶性能的主要指标。本章将重点讲解驱动电动机和电动机控制系统的结构工作原理，以及相关故障的诊断与维修方法。

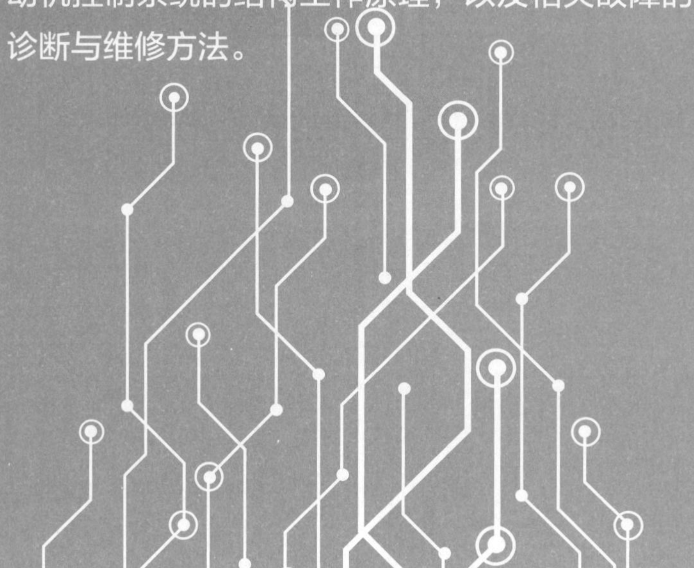

7.1 新能源汽车的驱动电动机

新能源汽车的驱动电动机和普通汽车的发动机一样，它是主要执行机构，其作用是将动力电池的电能转化为机械能，通过传动装置驱动或直接驱动车轮。下面本节将对驱动电动机的相关知识进行分析讲解。

7.1.1 看图识新能源汽车的驱动电动机

新能源汽车中的驱动电动机如图 7-1 所示。

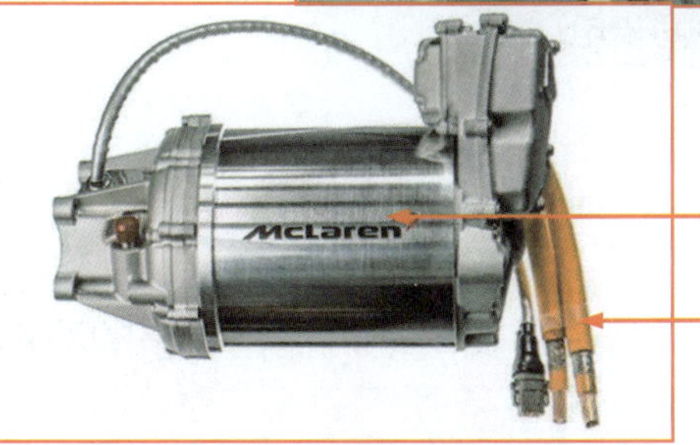

图 7-1 新能源汽车中的驱动电动机

7.1.2 驱动电动机的种类

新能源汽车的驱动电动机一般要求具有电动和发电两项功能，驱动电动机的种类有很多，但适合于新能源汽车的驱动电动机主要有永磁同步电动机、交流异步电动机、直流电动机、开关磁阻电动机四类。

1. 永磁同步电动机

属于交流同步电动机的一种（交流同步电动机包括永磁式和绕线式两种）。永磁同步电动机是指利用永磁体建立励磁磁场的同步电动机，它利用永磁体建立励磁磁场的同步电动机，其绕线定子产生旋转磁场，转子用永磁材料制成，如图 7-2 所示。

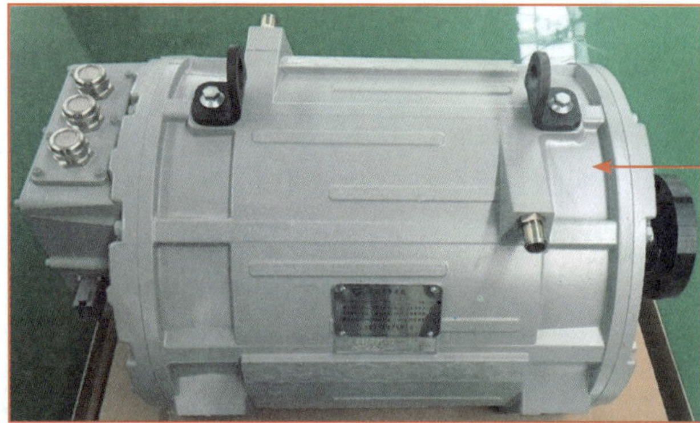

（1）永磁无刷电动机的优点：具有功率密度大、体积小、效率高、结构简单牢固、易于维护等优点，且采用永磁无刷电动机作为驱动元件的电动汽车驱动系统运行和维护成本较低；采用全数字化和模块化结构设计，使得驱动器接口灵活，控制能力更强，操作更加舒适；应用能量回馈制动技术，可以减少刹车片的磨损，同时又增加汽车续驶里程。

（2）永磁同步电动机的缺点是：电动机造价较高；在恒功率模式下，操纵较为复杂，控制系统成本较高；弱磁能力差，调速范围有限；功率范围较小，受磁材料工艺的影响和限制，最大功率仅为几十千瓦；低速时额定电流较大，损耗大，效率较低；永磁材料在受到振动、高温和过载电流作用时，其导磁性能可能会下降或发生退磁现象。

绕线定子　永磁体转子

图 7-2　永磁同步电动机

2. 交流异步电动机

异步电动机又称感应电动机，交流异步电动机是指在定子绕组输入正弦波交流电，且转子转动频率与交流电源频率不同步的电动机。这类电动机根据转子的结构不同又可分为笼形异步电动机和绕线转子异步电动机，如图 7-3 所示。

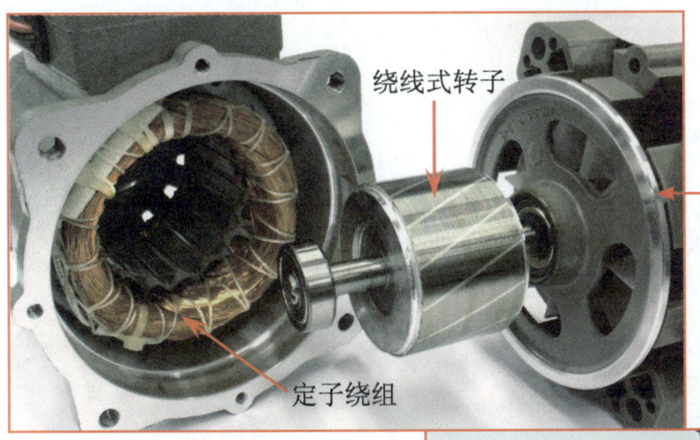

（1）异步电动机工作时，将转子置于定子产生的旋转磁场中，在旋转磁场的作用下，获得一个转动力矩，使转子转动。异步电动机中的定子是不转动的部分，主要任务是产生一个旋转磁场。旋转磁场并不是用机械方法来实现的，而是以交流电通于数对电磁铁中，使其磁极性质循环改变，故相当于一个旋转的磁场。

（2）异步电动机具备变频调速的能力，其效果相当于装配有无级变速器的车辆在加速时发动机转速与车速较为线性的对应关系。异步电动机也可进行发电并将电能回收到电池中，因此在功能上能够满足电动车的技术需求。特斯拉就使用异步电动机作为组成的后驱动桥。

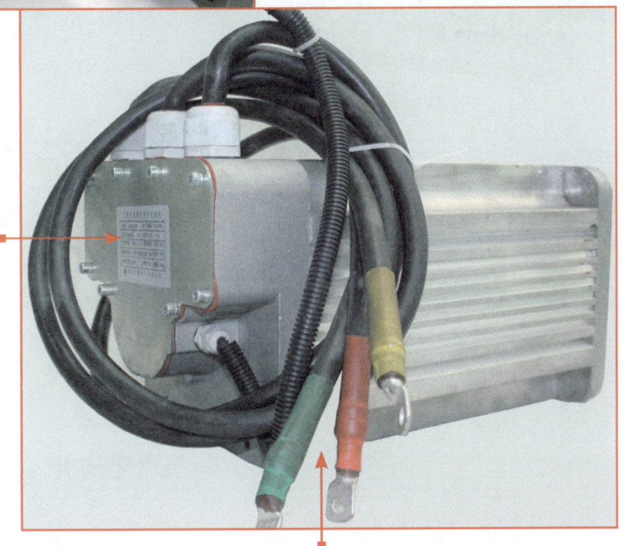

（3）交流异步电动机的优点是：结构紧凑、坚固耐用；运行可靠、维护方便；价格低廉，体积小、质量轻；另外，其功率容量覆盖面很广，从零点几瓦到几千瓦。它可以采用空气冷却或液体冷却方式，冷却自由度高、对环境的适应性好，并且能够实现再生制动。与同样功率的直流电动机相比较，效率较高、重量约要轻一半左右。

（4）交流异步电动机的缺点是：功率因数低，运行时必须从电网吸收无功电流来建立磁场；控制复杂，易受电动机参数及负载变化的影响；转子不易散热；调速性能差，调速范围窄。

图 7-3　交流异步电动机

3. 直流电动机

直流电机可分为永磁式直流电动机和绕组励磁式电动机两种。永磁式直流电动机一般功率较小，绕组励磁式直流电动机功率较大，可作为新能源汽车的驱动电动机。

绕组励磁式直流电动机工作时，励磁绕组通电产生磁场，电枢通过电刷引入直流电后产生电磁转矩，开始转动，如图 7-4 所示。

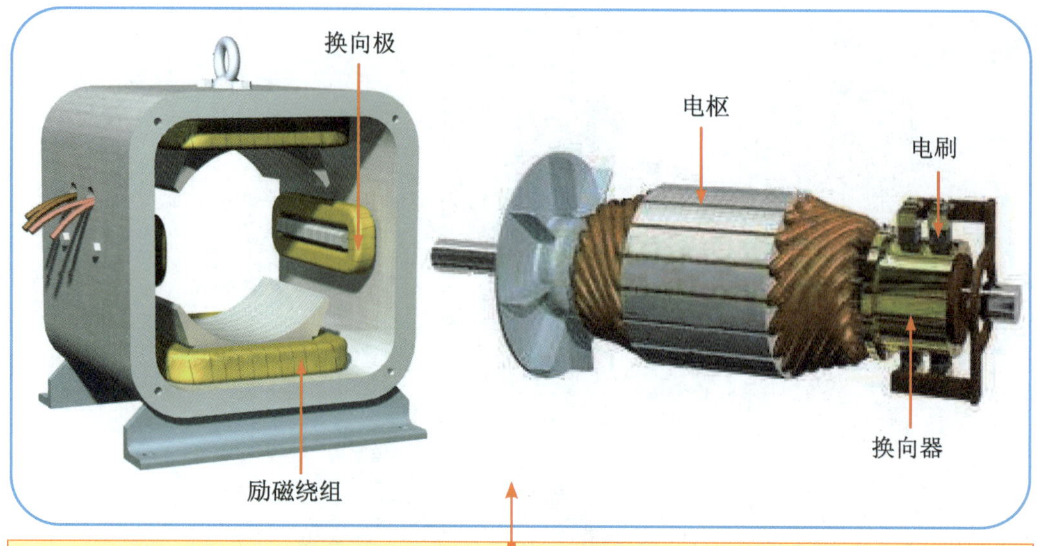

（1）直流电动机的优点是：结构简单；具有优良的电磁转矩控制特性，可实现基速以下恒转矩、基速以上恒功率，可满足汽车对动力源低速高转矩、高速低转矩的要求；可频繁快速起动、制动和反转；另外，控制方法简单，只需用电压控制，不需要检测磁极位置。

（2）直流电动机的缺点是：设有电刷和换向器，高速和大负荷运行时换向器表面易产生电火花，同时换向器维护困难，很难向大容量、高速度发展，此外电火花会产生电磁干扰，这对高度电子化的电动汽车来说是致命的。另外，价格高、体积和质量大。

图 7-4　直流电动机

4. 开关磁阻电动机

开关磁阻电动机是属于新一代无级调速电动机，它是集微电子技术、数字技术、电子技术、红外光电技术等多种技术为一体的光、机、电一体化高新技术。它具有调速系统兼具直流、交流两类调速系统的优点，如图 7-5 所示。

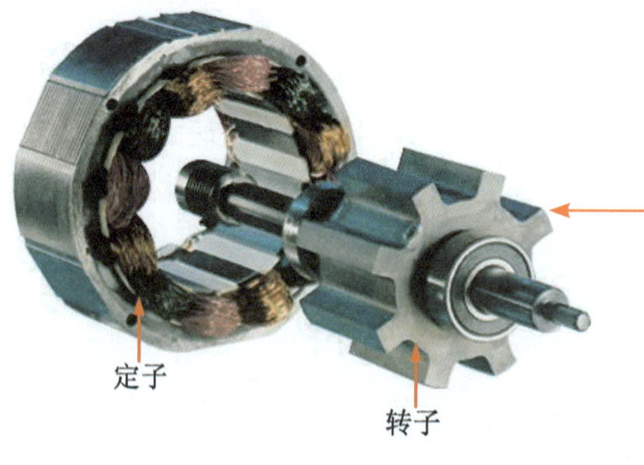

（1）开关磁阻电动机转子和定子均为双凸极结构，转子没有绕组，定子有简单的集中绕组。开关磁阻电动机的运行遵循“磁阻最小原理”——磁通总要沿磁阻最小的路径闭合。而具有一定形状的铁芯在移动到最小磁阻位置时，必使自己的主轴线与磁场的轴线重合。

图 7-5　开关磁阻电动机

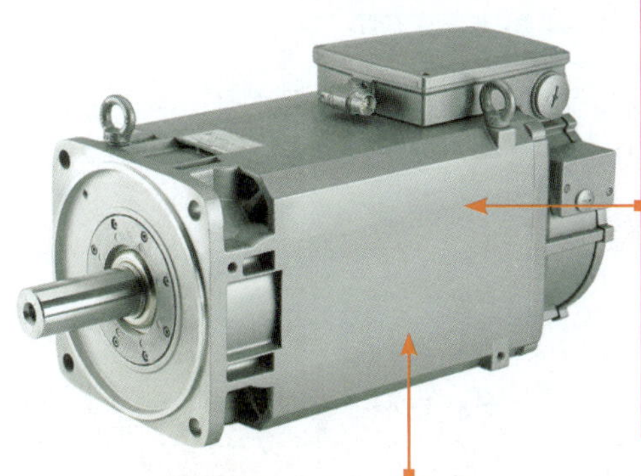

（2）开关磁阻电动机的优点是：开关磁阻电动机的结构简单，在电动机的转子上没有集电环、绕组和永磁体等，只是在定子上有简单的集中绕组，绕组的端部较短，没有相间跨接线，维护修理容易。因而可靠性好，转速可达到15 000 r/min。效率可达到85% ~ 93%，适用于频繁启停以及正反向转换运行。电动机易于冷却，更加适合电动汽车动力性能要求。

（3）开关磁阻电动机的缺点是：此电动机转矩波动大、需要位置检测器、系统非线性特性，磁场为跳跃性旋转，控制系统复杂；对直流电源会产生很大的脉冲电流等。

图7-5 开关磁阻电动机（续）

7.1.3 常见驱动电动机的性能比较

上一小节中，我们细致了解了四种常见的驱动电动机，下面我们通过表7-1来直观对比一下它们的性能。

表7-1 常见驱动电动机的性能比较

性能	永磁同步电动机	交流异步电动机	直流电动机	开关磁阻电动机
功率密度	高	一般	低	一般
力矩转速性能	好	好	一般	好
转速范围（r/min）	4 000~1 0000	9 000~15 000	4 000~6 000	15 000以上
功率因数	90~93	82~85	—	60~65
峰值效率（%）	95~97	94~95	85~89	85~89
过载能力（%）	300	300~500	200	300~500
恒功率区比例	1：2.25	1：5	—	1：3
电动机尺寸/质量	小/轻	中/中	大/重	小/轻
可靠性	优良	好	差	优良
结构的坚固性	一般	好	差	优良
控制操作性能	好	好	最好	好

从表7-1中的各种电动机的性能参数看，直流电动机性能不太适合新能源汽车使用，其他三种电动机各有优势，在新能源汽车中都有应用。

目前来看，交流异步电动机主要应用于纯电动汽车上，永磁同步电动机主要应用于混合动力汽车中，开关磁阻电动机目前主要应用在客车中。而从中国不同种类新能源汽车驱动电动机的应用来看，目前交流异步电动机和开关磁阻电动机主要应用于新能源商用车，特别是新能源客车，开关磁阻电动机的实际装配应用较少；永磁同步电动机主要应用于新能源乘用车。

7.1.4 永磁同步电动机的结构及原理

目前国内新能源汽车的驱动电动机多采用永磁同步电动机，永磁同步电动机是指电动机的转子采用永磁体，且转子旋转速度与定子绕组所产生的旋转磁场的速度相同的交流电动机。

1. 永磁同步电动机的结构

新能源汽车的驱动电动机主要包括永磁同步电动机、旋转变压器（位置传感器）、温度传感器、冷却水道等，如图 7-6 所示。

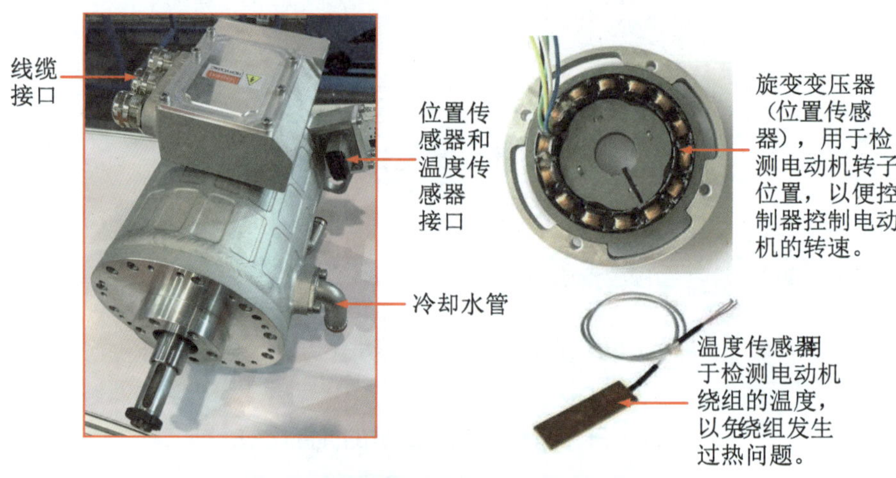

图 7-6　新能源汽车的驱动电动机

新能源汽车用的永磁同步电动机的内部组成结构图，如图 7-7 所示。永磁同步电动机主要由端盖、旋转变压器、温度传感器、永磁转子、定子绕组、线缆接口、转轴、冷却水管、冷却水道等组成。

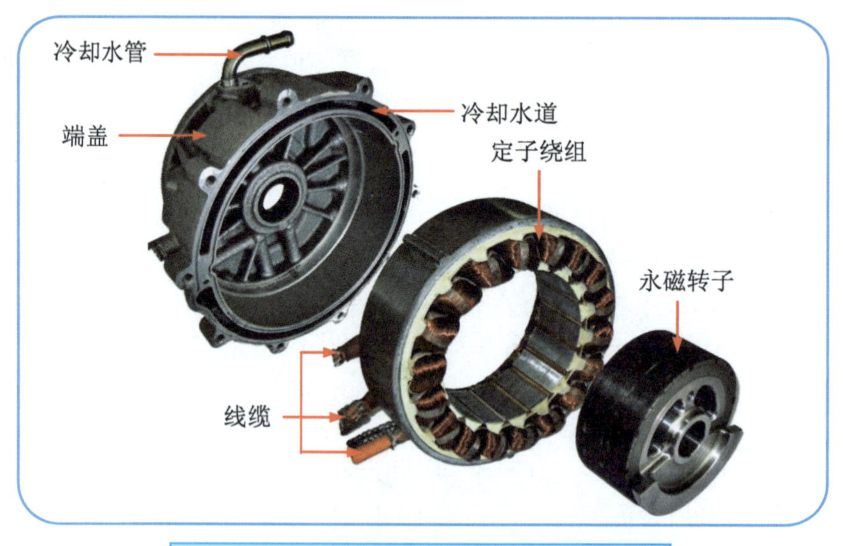

图 7-7　永磁同步电动机的结构

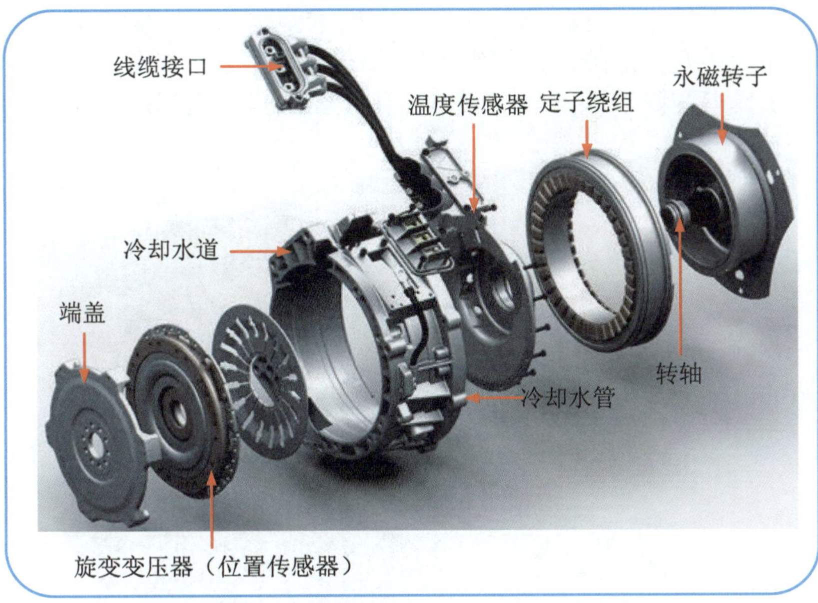

图 7-7 永磁同步电动机的结构（续）

永磁交流同步电动机的原理如图 7-8 所示。

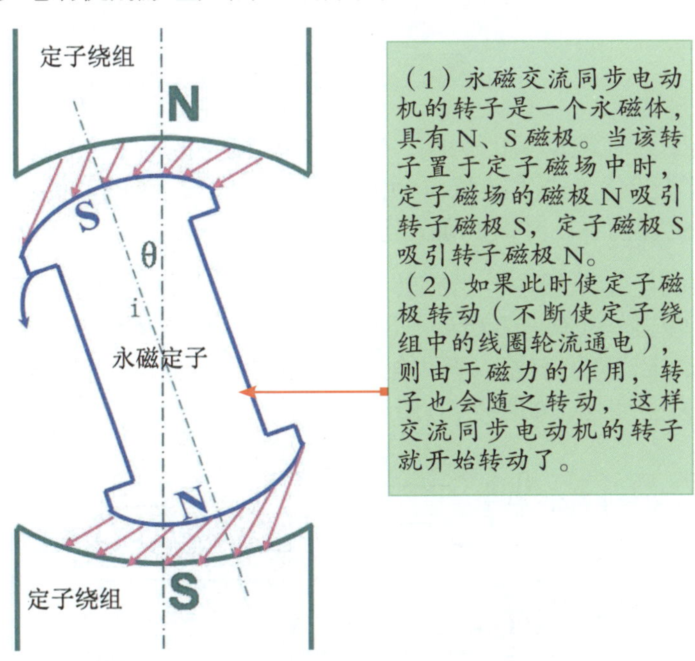

（1）永磁交流同步电动机的转子是一个永磁体，具有 N、S 磁极。当该转子置于定子磁场中时，定子磁场的磁极 N 吸引转子磁极 S，定子磁极 S 吸引转子磁极 N。

（2）如果此时使定子磁极转动（不断使定子绕组中的线圈轮流通电），则由于磁力的作用，转子也会随之转动，这样交流同步电动机的转子就开始转动了。

图 7-8 永磁交流同步电动机的原理

2. 旋转变压器（位置传感器）

旋转变压器是一种高精度角位置传感器，用来测量旋转物体的转轴角位移和角速度，由定子和转子组成。新能源汽车驱动电动机中使用的旋转变压器主要为磁阻式旋转变压器，此种旋转变压器的信号绕组和励磁绕组均固定在旋变的定子上，仅通过转子凸极效应产生具有正弦轨迹的气隙磁导变化，在信号绕组感应出正、余弦信号，如图 7-9 所示。

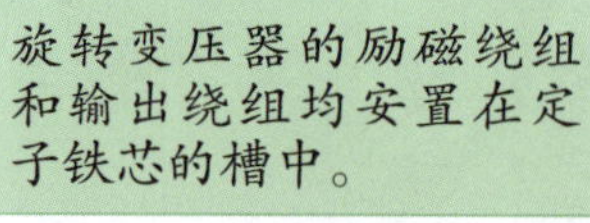

图 7-9　旋转变压器

旋转变压器安装在电动机的一端，它和电动机的转子同轴安装。旋转变压器通过转子转动时的磁场变化，产生正弦、余弦电压，经电机控制器内的编码器解析后可得到电动机的转子位置信息，并以此确定电动机的转速。

旋转变压器的工作原理为：当旋转变压器的转子相对定子转动时，空间的气隙磁导发生变化，每转过一个转子齿距，气隙磁导变化一个周期，转过一周，则变化转子齿数个周期。气隙磁导的变化，导致输入绕组和输出绕组之间互感的变化，输出绕组感应的电动势亦发生变化，如图 7-10 所示。

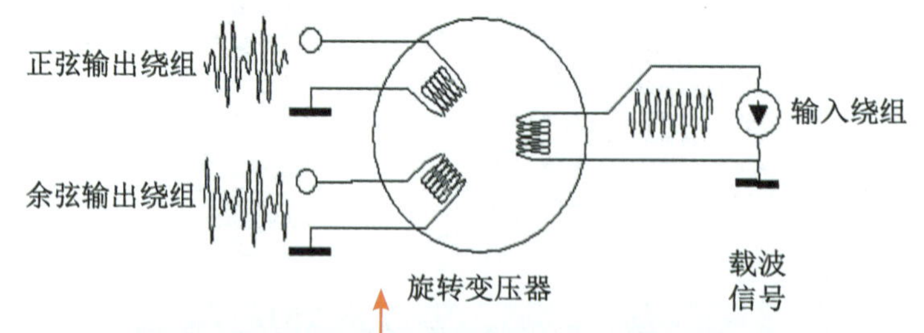

图 7-10　旋转变压器的工作原理

3. 温度传感器

新能源汽车的电动机在持续运转后，其内部的温度会持续攀升。而温度对永磁体及电动机的其他部分影响是很大的，为了保证电动机正常稳定的工作，就需要在电动机内部安装温度传感器来检测内部的温度。电动机用温度传感器通常安装在电动机定子的间隙内，工作温度为 -40 ~ +200 ℃。图 7-11 所示为电动机用卡扣式贴片温度传感器。

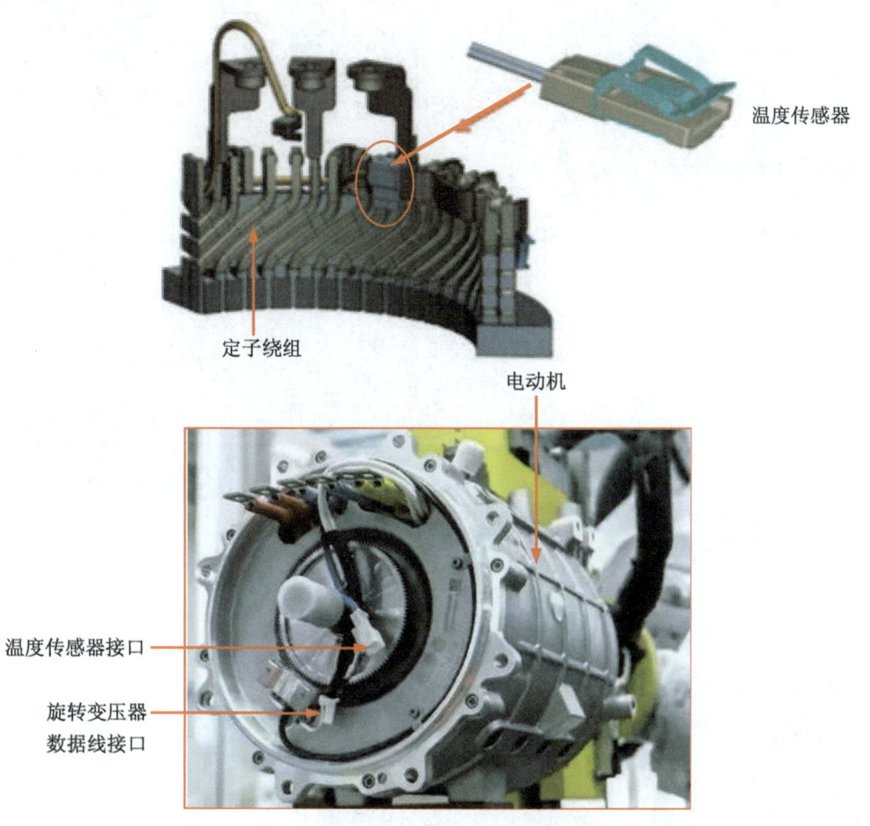

图 7-11　电动机用卡扣式贴片温度传感器

7.2 电动机控制器的结构及原理

电动机控制器是连接电动机与电池的神经中枢，新能源汽车要实现加速、定速巡航、能量回收，都要依靠电动机控制器。电动机控制器可以说是电动汽车的“控制中心”，驾驶员下发的控制指令，都要通过电动机控制器来执行。本节将重点讲解电动机控制器的结构及工作原理。

7.2.1　看图识新能源汽车电动机控制器

新能源汽车中的电动机控制器如图 7-12 所示。

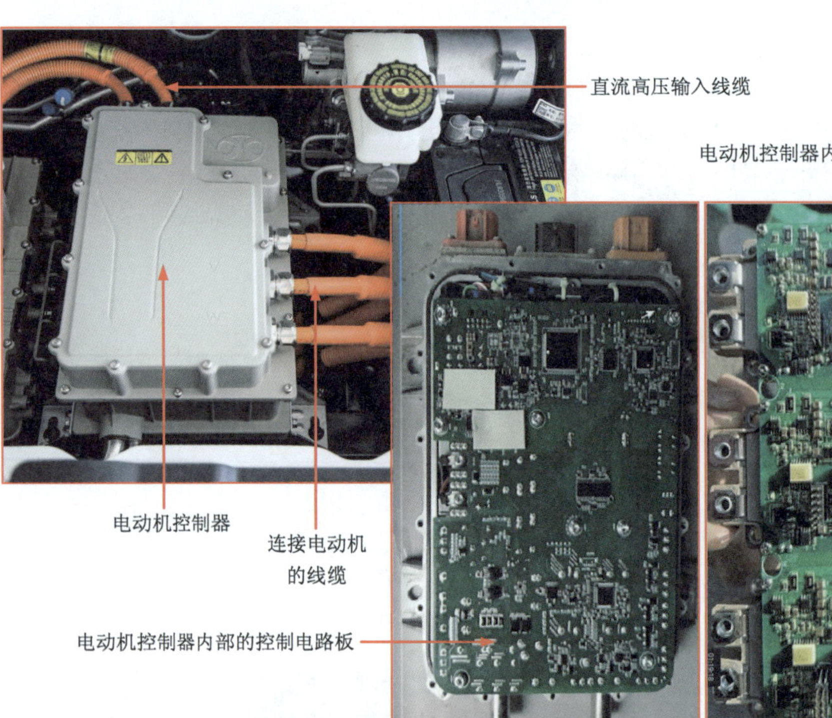

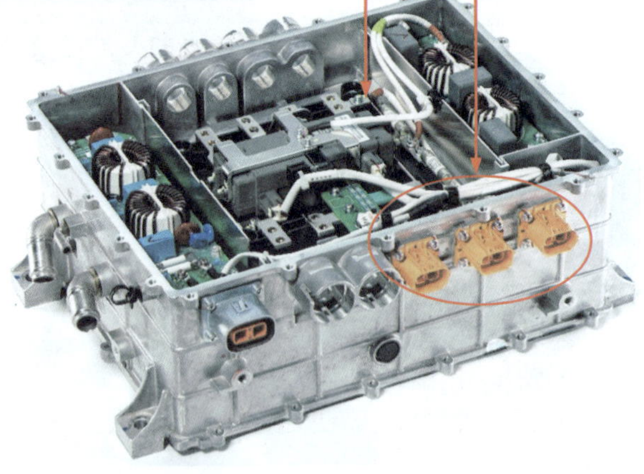

图 7-12　新能源汽车中的电动机控制器

7.2.2 电动机控制器的组成结构

新能源汽车的电动机控制器主要由控制电路、驱动电路及 IGBT 模块、电流传感器、母线电容、外壳（包括冷却水道）等组成，如图 7-13 所示。

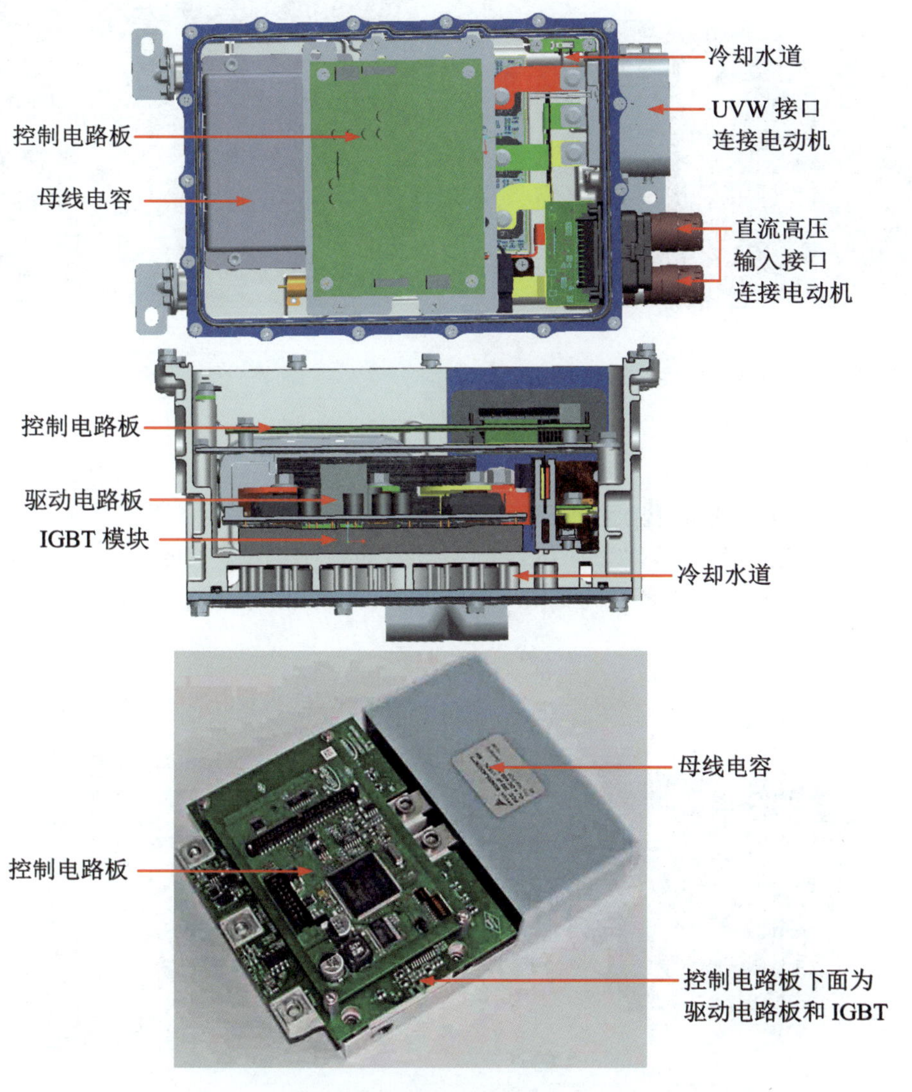

图 7-13 电动机控制器组成结构

（1）控制电路

电动机控制器的控制电路主要包括监测电路（负责监测电动机的电流、电压、转速、温度等）、保护电路、通信电路（负责与整车控制器、电池管理系统等外部控制单元数据交互），如图 7-14 所示。

（2）驱动电路

驱动电路主要负责将微处理器对电动机的控制信号转换为驱动功率变换器的驱动信号，并隔离功率信号和控制信号，如图 7-15 所示。

图 7-14　控制电路

图 7-15　驱动电路

（3）IGBT 模块

IGBT 是 Insulated Gate Bipolar Transistor（绝缘栅双极型晶体管芯片）的缩写。它是由 BJT（双极型三极管）和 MOS（绝缘栅型场效应管）组成的复合全控型电压驱动式功率半导体器件，兼有 MOSFET 的高输入阻抗和 GTR 的低导通压降两方面的优点，如图 7-16 所示。

图 7-16　IGBT 模块

（4）电流传感器

电流传感器用于检测电动机工作的实际电流，如图 7-17 所示。

电流传感器是一种利用霍尔效应、开环测量原理将被测电流（交流、直流或不规则波形电流）转换跟随输出的电流或电压的测量模块。

图 7-17　电流传感器

（5）母线电容

由于电动机控制器的输入电源是动力电池的直流电作为输入电源，而此直流电会产生很高的脉冲电压冲击电动机控制器电路，因此需要在电动机控制器的输入电源端连接一个母线电容来过滤掉输入直流电的脉冲电压。目前新能源汽车电动机控制器一般采用薄膜电容器作为母线电容，如图 7-18 所示。

图 7-18　母线电容

母线电容的作用：

（1）平滑直流母线电压，使电机控制器的母线电压在 IGBT 开关时仍比较平滑；

（2）降低电动机控制器 IGBT 端到动力电池端线路的电感参数，削弱母线的尖峰电压；

（3）吸收电动机控制器母线端的高脉冲电流；

（4）防止母线端电压的过充和瞬时电压对电动机控制器造成损坏。

7.2.3　电动机控制器的工作原理

电动机控制器单主要工作是对驱动电动机的控制。由于动力电池所提供的是直流电，而驱动电动机所需的则是三相交流电。因此，电机控制器就需要将动力电池端的直流电转换成驱动电动机输入侧的交流电。

1. 电动机控制器控制过程

电动机控制器将直流电转换成交流电的过程称为逆变过程，为实现逆变过程，电动机控制器需要母线电容、控制电路、驱动电路、IGBT 等组件配合一起工作。图 7-19

所示为电动机的控制过程。

（1）首先挡位信息和加速踏板信息等驾驶员的操作信息通过信号线传递给整车控制器（VCU），然后 VCU 把操作信息通过 CAN 线传递给电机控制器。同时，旋转变压器把位置信号传递给电机控制器，然后电机控制器根据这些信息控制驱动电路生成相应的驱动信号，驱动 IGBT 模块中的晶体管导通或截止，使输入的直流电被最终逆变成频率可调的交流电，并最终作为电动机的输入电流，驱动电动机运转。
（2）与此同时，电动机控制器也会通过电流传感器和电压传感器，感知电动机当前功率、消耗电流大小、电压大小，并把这些 CAN 通信线传递给 VCU。

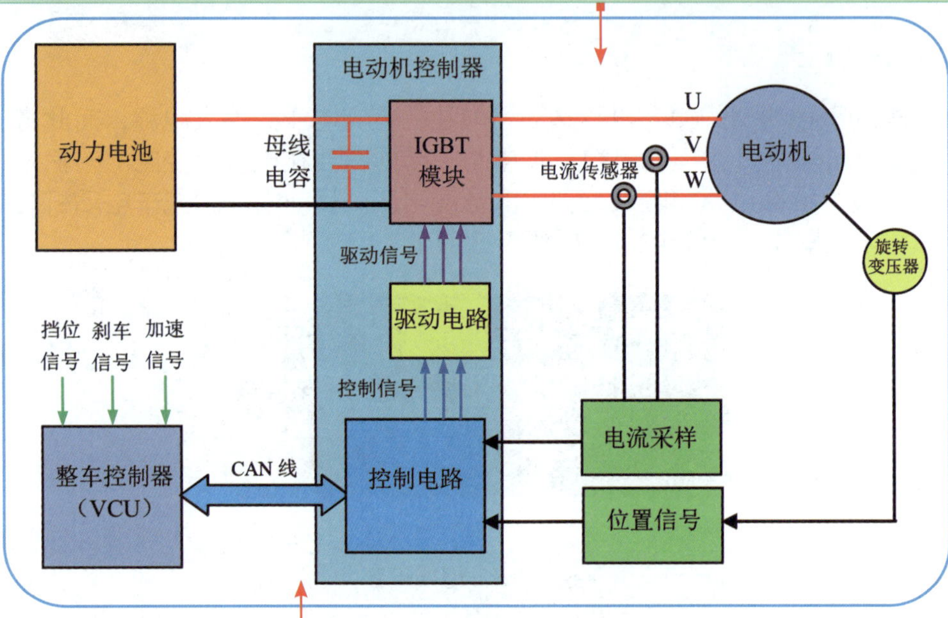

（3）当驾驶员松开加速踏板时，电动机由于惯性仍在旋转，假设此时车轮转速为 V_1，电动机转速为 V_2，车轮与电动机之间固定传动比为 K。当车辆减速时，且 $V_1 \times K < V_2$ 时，电动机仍是动力源；随着电动机转速下降，当 $V_1 \times K > V_2$ 时，此时电动机由于被车辆拖动而旋转，此时电动机变为发电机，开始发电。
（4）电池管理系统 BMS 可以根据电池充电特性曲线（充电电流、电压变化曲线与电池容量的关系）和采集电池温度等参数计算出相应的最大允许充电电流。然后电机控制器 MCU 根据电池最大允许充电电流，通过控制 IGBT 模块，使“发电机”定子线圈旋转磁场角速度与电机转子角速度保持到发电电流不超过最大允许充电电流，以调整发电机向蓄电池充电的电流，同时也控制了车辆的减速度，实现制动时的能量回收。

图 7-19　电动机的控制过程

2. IGBT 工作原理

如图 7-20 所示为 IGBT 的等效电路。

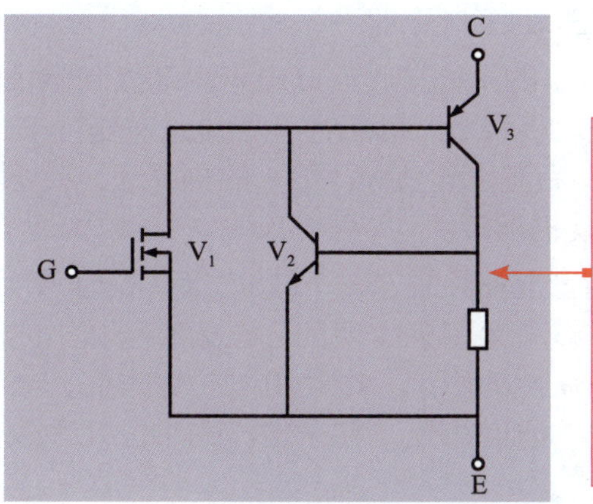

图 7-20　IGBT 的等效电路

如图 7-21 所示，六个大功率逆变管 V_1~V_6 组成的逆变电路称为 IGBT 模块 ，六个逆变管的基极都连接到驱动电路，由驱动电路发送驱动控制信号控制其导通或截止。运行时，驱动电路每次控制其中的三个逆变管导通，给电动机内的绕组提供电流，使绕组产生磁场带动电动机转子运转。

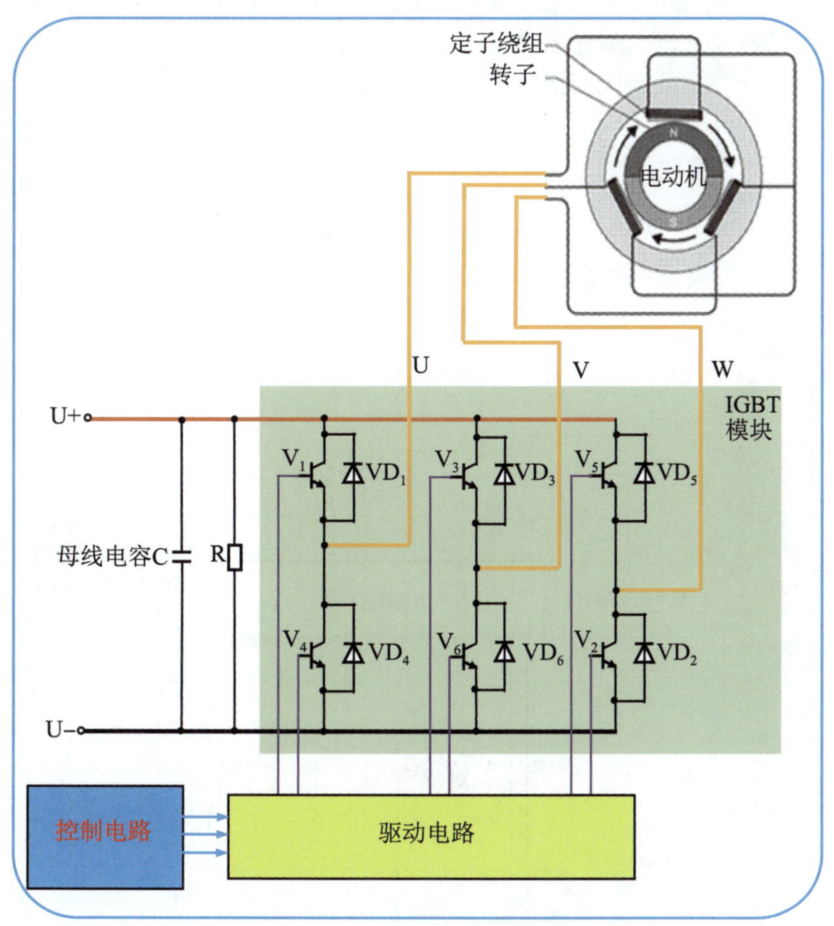

图 7-21　IGBT 原理图

结合图 7-21，我们细致分析一下 IGBT 的工作原理。

（1）当某一时刻，逆变管 V_1、V_2、V_6 的基极接收到高电平驱动控制信号而导通。这时电流流过逆变管 V_1 再从 U 相流入电动机绕组，然后经 V 相流过逆变管 V_6 后流出到负极，同时，电流经 W 相流过逆变管 V_2 后流出到负极。下一时刻同理，只要不断地切换，就把直流电变成了交流电，驱动电动机运转。

（2）为了保护 IGBT，在每一个逆变管上都并联了一个续流二极管 VD_1~VD_6。在调速时，电动机的降速和停机，是通过逐渐减小频率来实现的。在频率刚减小的瞬间，电动机的同步转速随之下降，而由于转子惯性的原因，电动机的转速未变，当同步转速低于转子转速时，转子绕组切割磁力线的方向相反，转子电流的相位几乎改变 180°，使电动机处于发电状态。

（3）发电机产生的再生电流经过 U、V、W 端口逆向流向逆变管 V_1~V_6。此再生电流有可能烧坏 IGBT 中的逆变管，因此在每个逆变管上并联一个续流二极管，让再生电流经过续流二极管后引向电路中的制动电阻 R，从而将再生电流消耗掉起到保护 IGBT 的作用。

3. 电动机控制器电路分析

图 7-22 所示为新能源汽车电动机控制器的电路图。

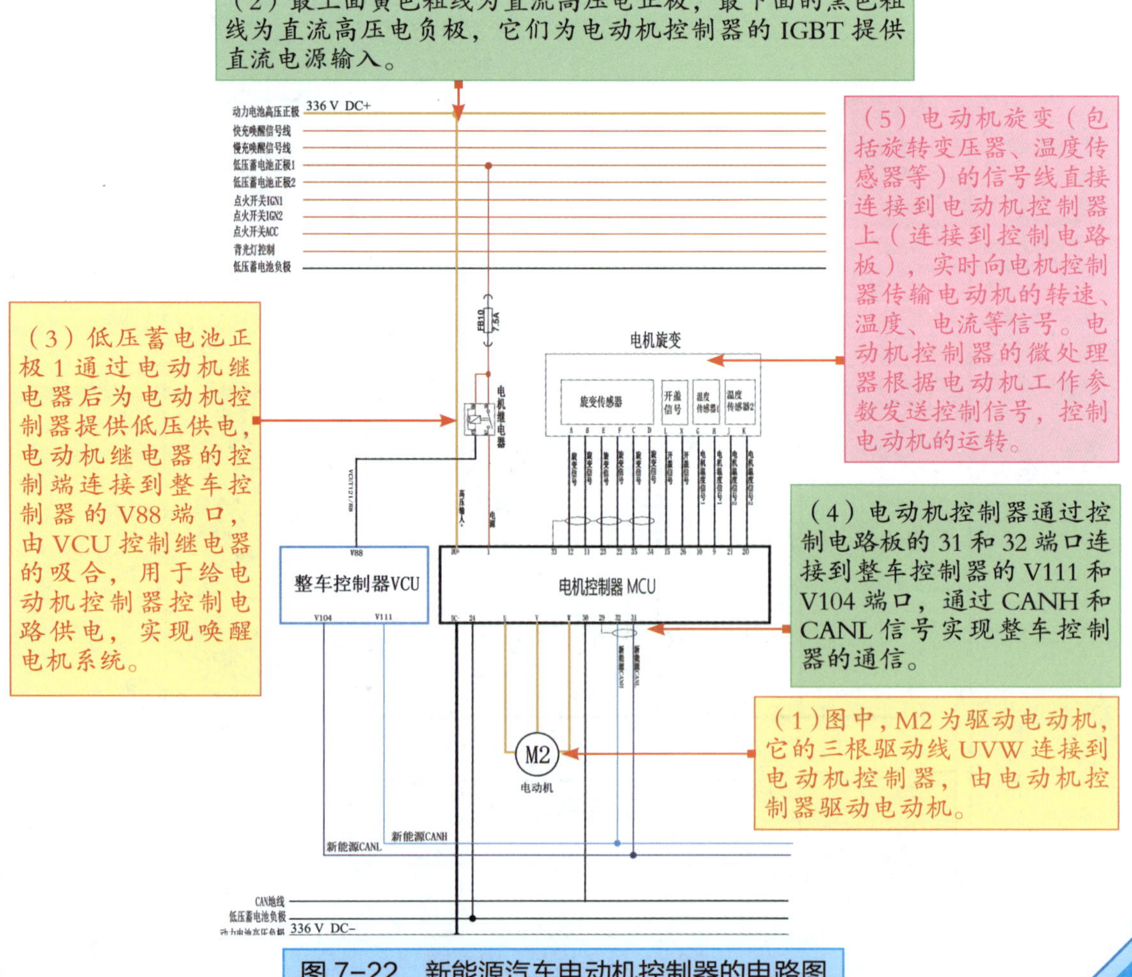

图 7-22　新能源汽车电动机控制器的电路图

7.3 驱动电动机的冷却系统

我们知道，驱动电动机及电机控制器等设备在工作时，会发出大量的热量，而当温度上升到一定程度时，电动机的绝缘材料会发生本质的变化，最终使其失去绝缘能力；另一方面，随着电动机温度的升高，电动机中的金属构件强度、硬度也会逐渐下降。

另外，由电子元器件构成的电机控制器，同样会由于温度过高而导致半导体结点、电路损害，增加电阻，甚至烧坏元器件。

因此，为保证电机驱动系统在运行过程中所产生的热能能够及时散发出去，需要对电动机驱动系统中的驱动电动机和电机控制器进行冷却，以确保它们在适宜的温度范围内工作。

7.3.1 驱动电动机冷却系统的组成结构

驱动电动机冷却系统有风冷和水冷之分，以空气为冷却介质的冷却系统称为风冷系统，以冷却液为冷却介质的冷却系统称为水冷。

目前大多数新能源汽车的驱动电动机冷却系统都采取水冷。图 7-23 所示的驱动电动机水冷却系统主要由水泵、散热器及膨胀水箱、风扇和管路组成。

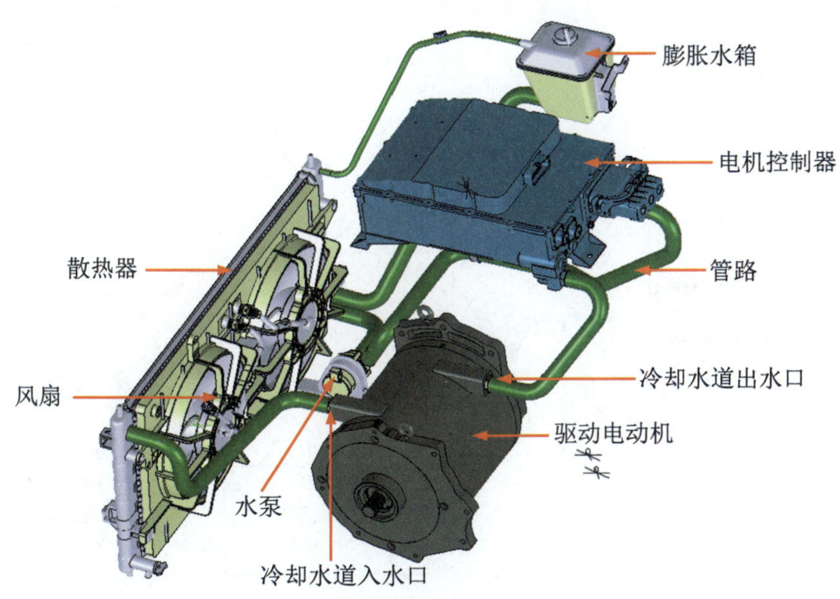

图 7-23 驱动电动机的冷却系统

（1）水泵的功用是对冷却液加压，保证其在冷却系统中循环流动。水泵是整个冷却系统唯一的动力元件，负责为冷却液的循环提供机械能。

（2）散热器是新能源汽车冷却系统的一部分，根据散热器的结构形式可分为直流型和横流型两种。

（3）风扇组件位于散热器的内侧，用来提高通过散热器芯的空气流速，增强散热器的散热能力，加速冷却液的冷却。电动风扇由整车控制器（VCU）控制，驱动电动机和电机控制器的温度都会影响电动风扇的转速。

7.3.2 驱动电动机冷却系统工作原理

驱动电动机冷却系统工作原理如图 7-24 所示。

（1）驱动电动机冷却系统使用电动水泵提高冷却液的压力，强制冷却液在电动水泵、驱动电动机、电机控制器、散热器之间循环流动。换句话说就是驱动电动机系统采用强制循环式水冷却，由电动水泵提供循环动力。
（2）电动水泵将储液罐中的冷却液泵入电机控制器，冷却液对电机控制器进行冷却后从出水口流入驱动电动机外壳水套，吸收驱动电动机的热量后冷却液随之升温，随后冷却液从驱动电动机的出水口流出经过冷却管路流入散热器，在散热器中冷却液通过流过散热器周围的空气散热而降温，最后冷却液经散热器出水软管返回电动水泵进行往复循环。

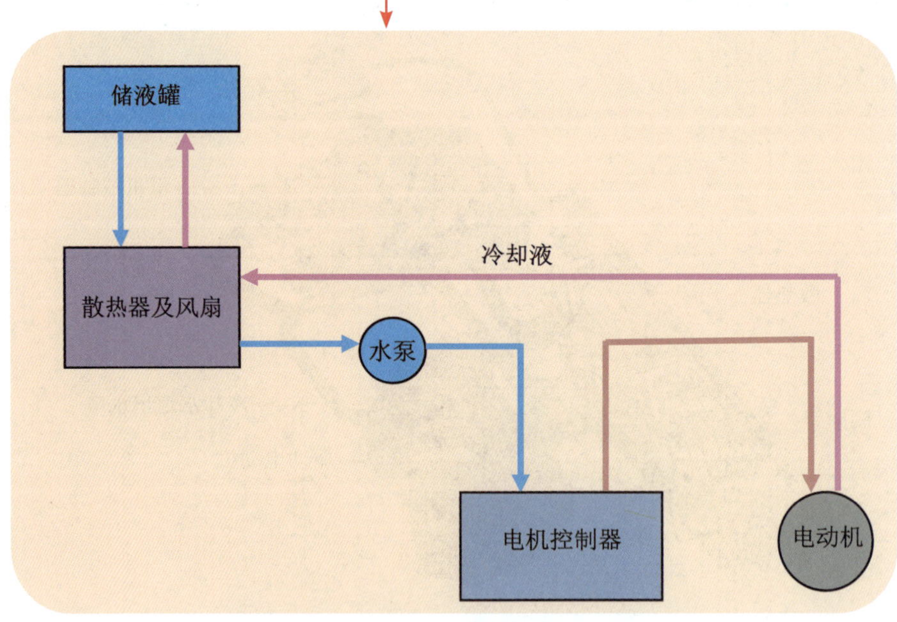

图 7-24 驱动电动机冷却系统工作原理

图 7-25 所示为北汽新能源汽车冷却系统电路图。

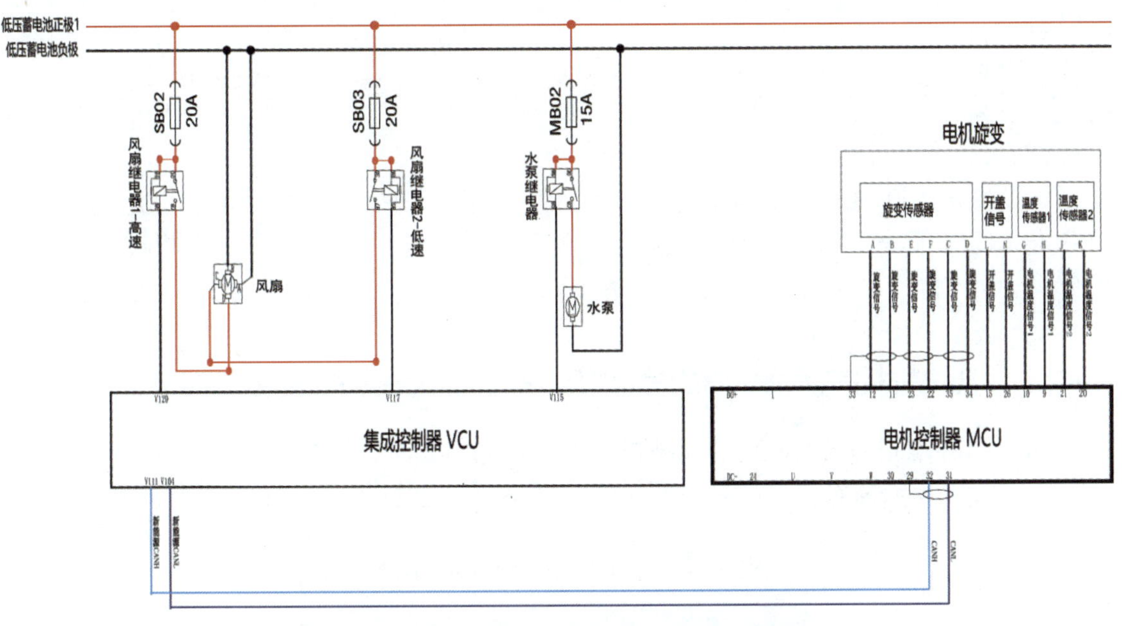

图 7-25　北汽新能源汽车冷却系统电路图

我们接下来详细了解一下图 7-24 中这个冷却系统的工作原理。

(1) 驱动电动机的温度传感器将驱动电动机温度传送给整车控制器，当检测到电动机的温度在 45 ℃和 50 ℃之间时，整车控制器控制风扇继电器 2- 低速吸合，冷却风扇得到供电，开始低速起动。

(2)当检测到驱动电动机温度≥ 50 ℃时，整车控制器控制风扇继电器 1- 高速吸合，冷却风扇得到供电开始高速起动。

(3) 当检测到驱动电动机温度降至 40 ℃时，整车控制器控制风扇继电器释放，冷却风扇停止工作。

(4) 电机控制器的温度传感器将电机控制器散热基板的温度信号传送给整车控制器，当检测到电机控制器散热基板的温度≥ 75 ℃时，整车控制器控制风扇继电器 2- 低速吸合，冷却风扇得到供电，开始低速起动。

(5) 当检测到电机控制器散热基板温度 >80 ℃时，整车控制器控制风扇继电器 1- 高速吸合，冷却风扇得到供电开始高速起动。

(6) 当检测到电机控制器散热基板温度降至 75 ℃时，整车控制器控制风扇继电器释放，冷却风扇停止工作。

7.4 电动机及电动机控制系统故障诊断与维修

电动机是电动汽车的驱动装置，相当于传统燃油汽车的发动机，如果它出现问题，将会导致汽车无法正常行驶或行驶异常。本节将详细总结电动机和电动机控制系统常见故障维修检测方法。

7.4.1 电动机控制系统故障指示灯

与电动机控制系统直接相关的故障指示灯有：电动机系统过热指示灯、驱动电动机故障指示灯、系统故障指示灯、高压断开指示灯、CAN 故障灯等，如表 7-2 所示。

表 7-2 电机控制系统故障指示灯

名　称	图　标	功　能
电动机系统过热指示灯		电动机温度故障报警，灯亮
驱动电动机故障指示灯		一般故障下红色点亮，严重故障下红色闪烁
系统故障指示灯		一般故障，灯亮；严重故障，灯闪；致命故障，灯闪+蜂鸣报警
CAN故障灯	CAN	CAN故障信号点亮
高压断开指示灯		动力电池组的接触器断开，灯亮；高压线接触不良，灯亮

7.4.2 电动机控制系统故障分析

电动机控制系统常见故障有：内部传感器损坏、控制电路板失效、IGBT 模块失效等，故障现象均为车辆无法行驶，同时仪表上的电机故障灯点亮。

1. 电动机运行不平稳，发生抖动故障分析

造成此故障的原因主要有：电机相序不对、电机缺相、位置传感器故障等。

维修检测思路如下：

（1）检查控制器与电动机的三相出线连接是否正确，是否与出线上的标记对应；

（2）检查电动机控制器与电动机三相接线连接是否可靠；

（3）检查电动机位置信号连线是否完好，插头是否接触良好，以及端子是否完好。

2. 踩下加速踏板，电机不转故障分析

造成此故障的原因主要有：控制信号未输入、位置传感器故障、控制器温度过高等。

维修检测思路如下：

（1）检查各开关信号是否到达控制器，以及加速踏板位置传感器供电是否正常，输出是否正常；

（2）检查电动机位置传感器连线是否完好，插头是否接触良好，以及端子是否完好；

（3）控制器温度过高将触发过温保护，等待控制器温度下降到正常值，并检查风扇。

3. 挡位挂上后，在未踩加速踏板的情况下电机开始旋转故障分析

造成此故障的原因主要有：加速踏板位置传感器输出电压过高、加速踏板位置传感器输出电压过低等。

维修检测思路：更换加速踏板位置传感器。

4. 仪表无挡位和转速信号，车辆可以正常运行故障分析

造成此故障的原因主要有：电动机控制器CAN总线通信故障、仪表故障、线束故障等。

维修检测思路如下：

（1）检查电动机控制器插接件是否接触良好，以及端子是否完好；

（2）检查仪表及线束是否正常。

5. 车辆不能运行，但没有故障码故障分析

造成此故障的原因主要有：电机控制器故障、换挡机构故障、制动踏板故障等。

维修检测思路如下：

（1）检查电动机控制器插接件是否接触良好，端子是否完好；

（2）将变速杆换到前进挡或倒挡，检查挡位信号是否正常，否则为换挡机构故障；

（3）在不踩制动踏板的情况下，检查制动信号是否有 12 V 信号，如果有则说明制动踏板有故障。

6. 车辆正常运行过程中，突然出现动力中断，或者车辆时而能运行时而不能运行故障分析

造成此故障的原因主要有：电机控制器故障、换挡机构故障、制动踏板故障等。

维修检测思路如下：

（1）将挡位分别置于空挡、D 挡和 R 挡，看仪表显示是否正确，若不正确，则检查挡位控制器；

（2）检查制动踏板信号发生故障时电压是否为 12 V。

7. 起动车辆抖动，无法加速故障分析

造成此故障的原因主要有：相序不对或三相插接件未接好、电动机传感器位置偏离等。

维修检测思路如下：

（1）检查电动机控制器与电动机的三相线连接是否正确，是否与出线上的标记对应；

（2）检查电动机控制器与电动机三相线是否牢固；

（3）若确认电动机插接件都没有问题，则说明电动机位置传感器偏离，否则说明电动机有故障。

8. 车辆加速时“嗡嗡”异响故障分析

造成此故障的原因主要是电动机轴承损坏。

维修检测思路如下：

若加速时发生异响，一般电动机故障的可能性较大；若只在滑行时产生异响，加速时没有，则说明减速器出现故障的可能性较大。

9. 电动机漏油故障分析

造成此故障的原因主要有：电动机油封损坏、减速器与电机装配螺栓松动等。

维修检测思路如下：

（1）检查漏油点部位，如在电动机与减速器连接端面处，则检查螺栓松动；

（2）如果漏油处在电动机端盖与电动机机壳缝隙处，则可能为电动机油封损坏，需更换油封并清理电动机内部（该故障一定要及时处理，以免减速器油进入电动机内部损坏电动机轴承和绕组）。

10. 汽车无法行驶，电动机系统过热指示灯点亮、系统故障指示灯点亮、驱动电动机故障指示灯点亮故障分析

造成此故障的原因主要有：动力电动机驱动系统温度过高、温度传感器检测失效、低压电源供电异常、相电流过流、母线过流、过电压、旋变故障、电动机超速等。

维修检测思路如下：

（1）检查车辆是否缺少冷却液，若缺少加注冷却液；若冷却液充足或加注后故障未消失，进行下一步检查；

（2）通过诊断仪读取车辆故障码，确定具体故障原因，若为制冷系统故障，维修排除相关故障。

7.4.3 电动机控制系统故障维修方法

电动机控制系统故障维修方法如图 7-26 所示。

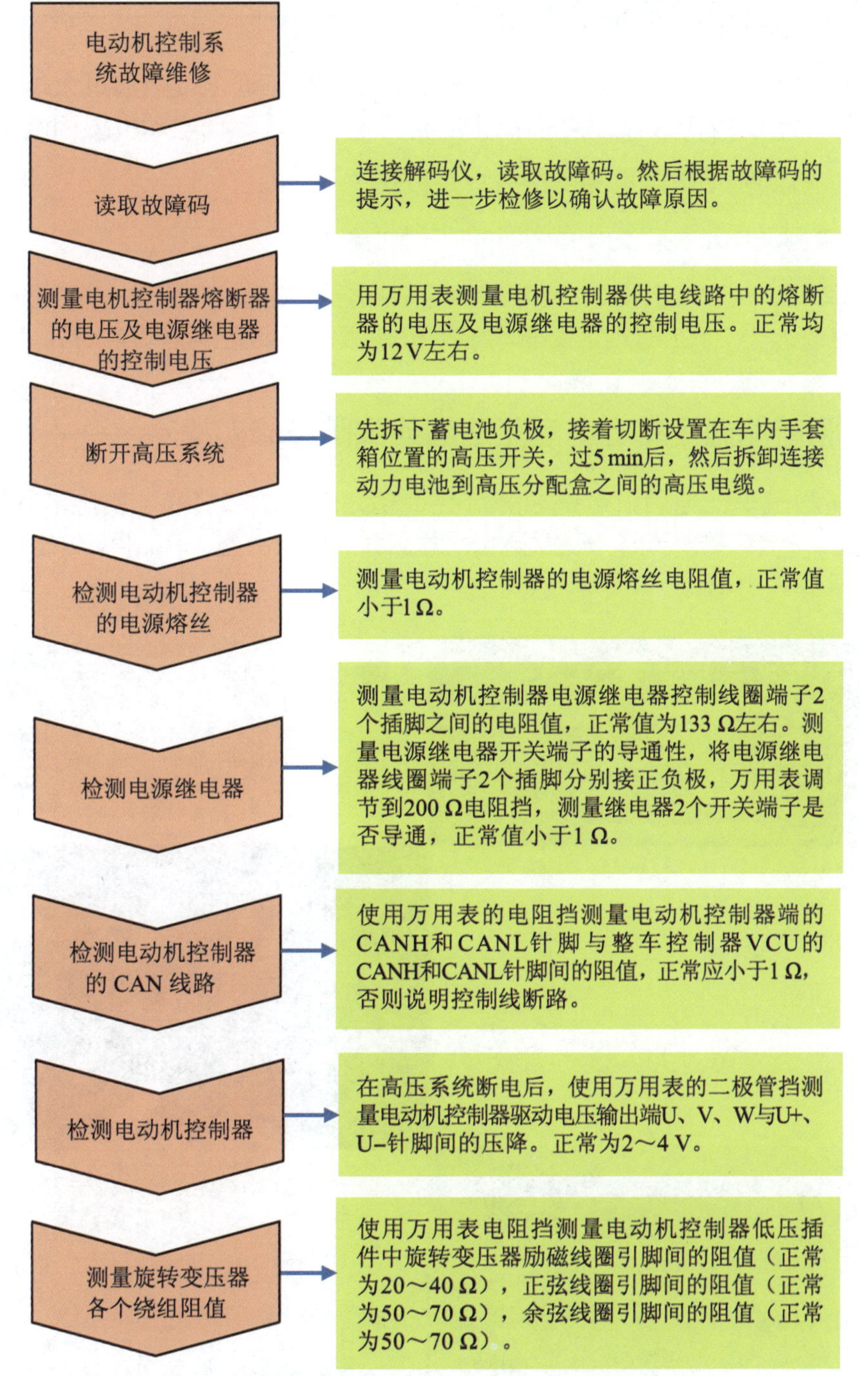

图 7−26　电机控制系统故障维修方法

7.4.4 驱动电动机缺相检测方法

电动机缺相是指驱动电动机内部某相绕组线圈发生不通电或阻值过大过小的故障，其主要原因为某相线圈烧蚀、线圈断路或接线端子烧蚀等。驱动电动机缺相检测方法为：

（1）首先拆卸驱动电动机高压接线盒盖板；

（2）检查驱动电动机动力电缆接头有无烧蚀现象；

（3）拆卸 U、V、W 三相线，用万用表电阻挡分别测量 UV、UW、WV 之间的阻值，相互之间的差值大于 0.5 Ω 即判定为驱动电动机缺相，需要更换驱动电动机。

7.4.5 吉利新能源汽车上电后无法起动故障维修实战

吉利新能源汽车上电后，系统故障灯亮、动力电池故障灯亮、蓄电池故障灯亮、EPB 故障灯亮、P 挡不断闪烁，无法挂挡，此故障一般是由整体控制器故障引起，具体维修方法如图 7-27 所示。

❶ 按下起动开关，开始上电后，仪表盘出现系统故障灯亮、动力电池故障灯亮、蓄电池故障灯亮、EPB 故障灯亮、P 挡不断闪烁的情况。而且挂挡时，无法挂挡。

❷ 读取故障码。连接故障检测仪，然后开始读取故障码。

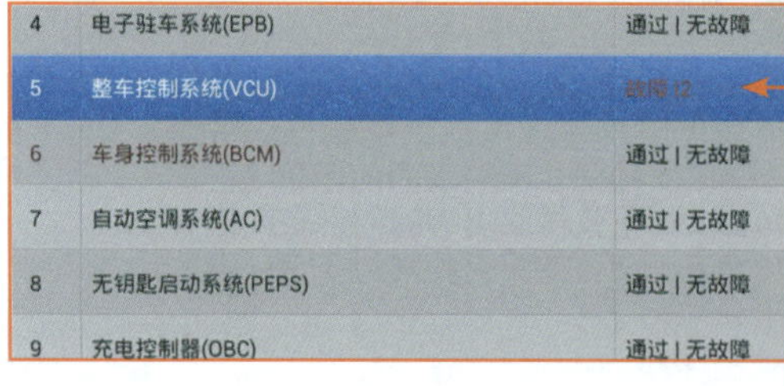

4	电子驻车系统(EPB)	通过 | 无故障
5	整车控制系统(VCU)	故障 12
6	车身控制系统(BCM)	通过 | 无故障
7	自动空调系统(AC)	通过 | 无故障
8	无钥匙启动系统(PEPS)	通过 | 无故障
9	充电控制器(OBC)	通过 | 无故障

❸ 读取故障码后，看到提示整车控制系统（VCU）、电机控制器（PEU）异常。

10	远程监控系统(TEM)	通过 | 无故障
11	P档控制单元(PCU)	通过 | 无故障
12	电机控制器(PEU)	故障 16
13	电子换挡器控制器(EGSM)	通过 | 无故障
14	辅助控制模块(ACM)	通过 | 无故障
15	电源管理系统(BMS)	通过 | 无故障

图 7-27 吉利新能源汽车上电后故障灯亮无法起动故障维修

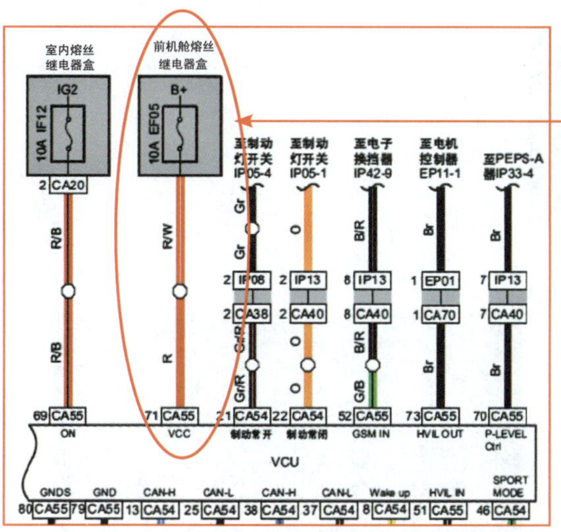

❹ 根据故障码及数据流分析，先检查整车控制系统的供电电压，然后检测主继电器的电压。

❺ 用万用表直流电压挡（20 V 挡）测量，红表笔接 VCU 供电线路中的熔断器 EF05，黑表笔接地线，测量的电压为 11.5 V。正常为 12 V，电压正常。

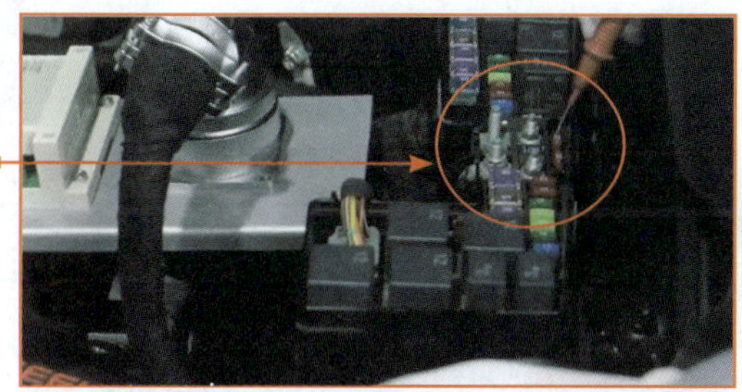

❻ 用同样的方法测量主继电器的熔断器电压，测量的电压为 11.58 V（正常为 12 V 左右），电压正常。

❼ 测量电动机控制器，先测量电动机控制器的通信线路。从电动机控制器的低压线束中找到 CAN 通信线引脚，引出测量线。

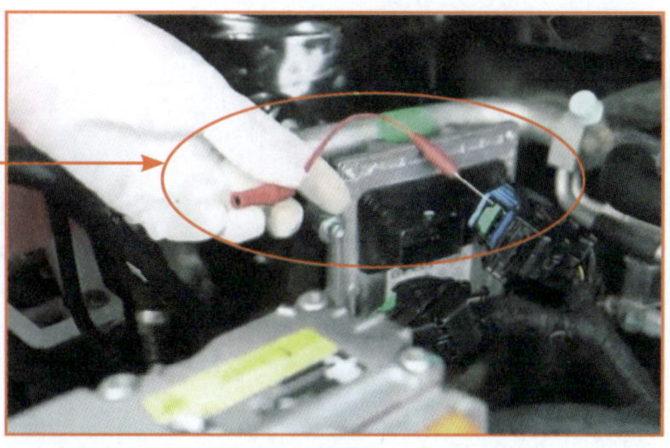

图 7-27　吉利新能源汽车上电后故障灯亮无法起动故障维修（续）

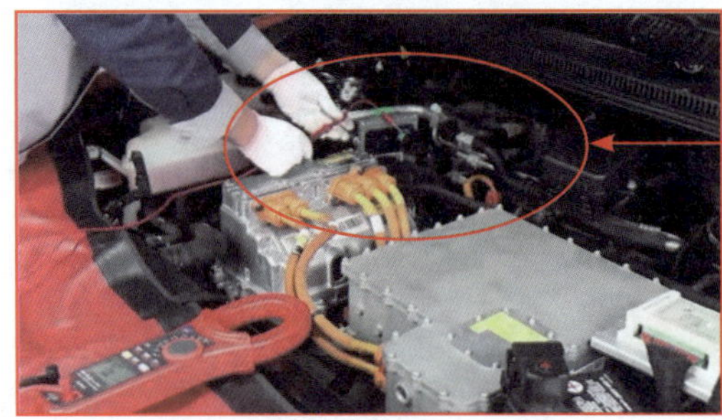

❽ 将万用表调到电阻挡（200 挡），红表笔接电机控制器 CANH 线，黑表笔接保险盒中 VCU 的 CANH 测量点，测量的电阻为 49.56 Ω（正常小于 1 Ω）。说明电机控制器的 CANH 线不通。

❾ 检查 CAN 通信线路，发现有断线情况，然后将断线修复。之后按下起动开关上电试车，发现仪表板故障灯都不亮了，可以正常挂挡，故障排除。

图 7-27　吉利新能源汽车上电后故障灯亮无法起动故障维修（续）

第8章

新能源汽车高压分配系统与高压互锁系统故障诊断与维修

在电动汽车上，高压分配和高压互锁系统是很重要的两个系统，其中前者负责分配整车的高压直流电，后者则是用来检测高压接插件的连接状态。通常这两个系统出现故障，会导致整车无法上电。本章将重点讲解这两个高压系统的结构原理及维修方法

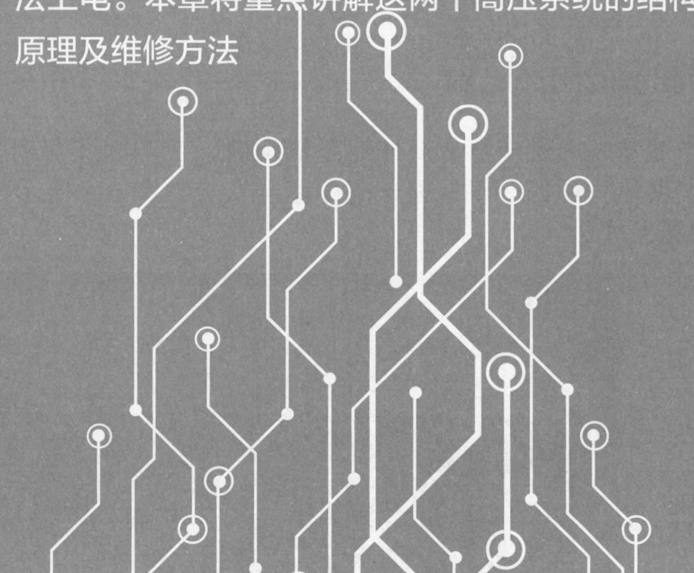

8.1 高压分配系统结构及工作原理

高压分配盒（Power Distribution Unit，PDU）是整车高压电的电源分配的装置，它主要将动力电池总成输送的直流电能分配给电动机控制器、空调压缩机和 PTC 加热器等用电设备，如图 8-1 所示。

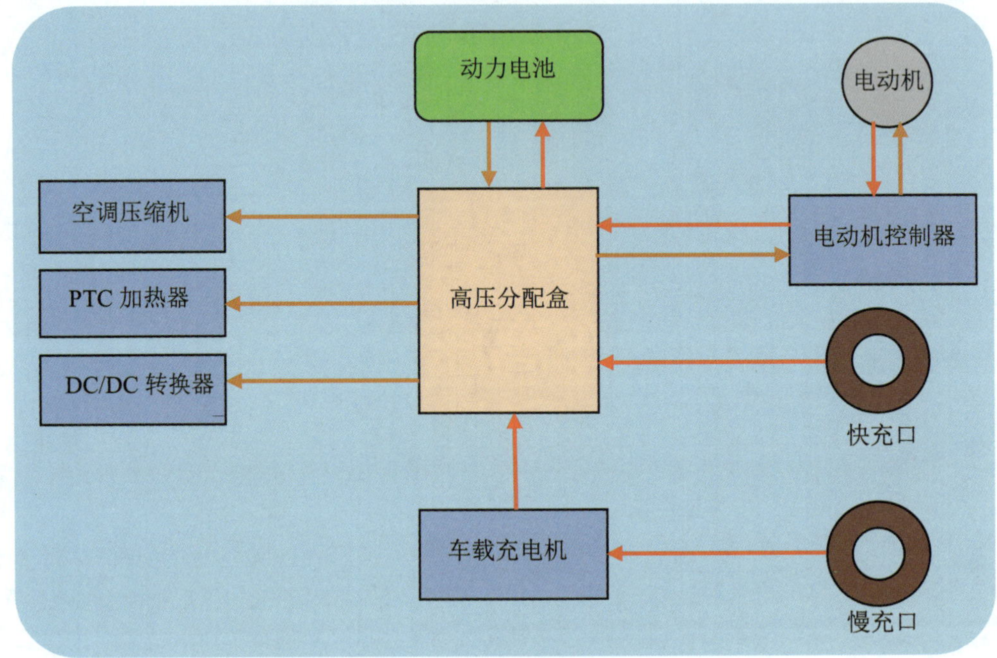

图 8-1　高压分配盒功能框图

8.1.1　高压分配盒的组成结构

高压分配盒由很多高压继电器和高压熔断器组成，它内部还有相关的芯片，以便同相关模块之间实现信号通信，确保整车高压用电安全。图 8-2 所示的高压分配盒由 6 个熔断器及继电器组成。

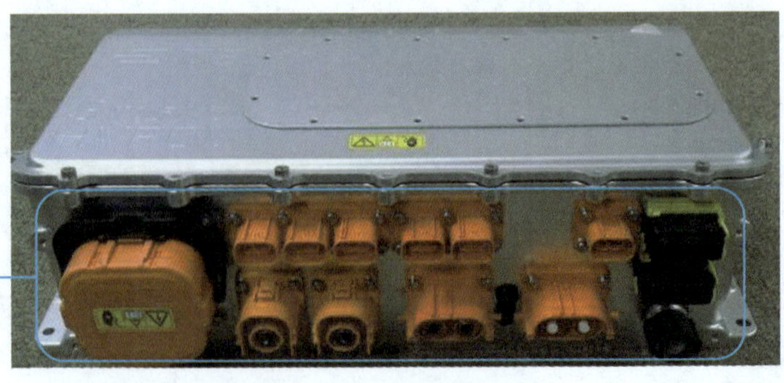

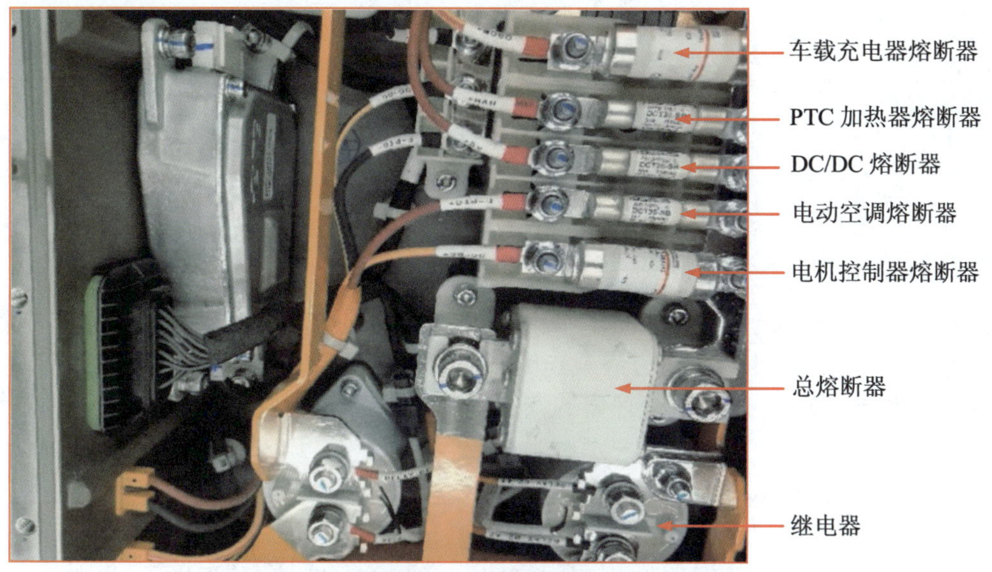

图 8-2 高压分配盒

8.1.2 高压分配盒的工作原理

高压分配盒内部结构及工作原理如图 8-3 所示。

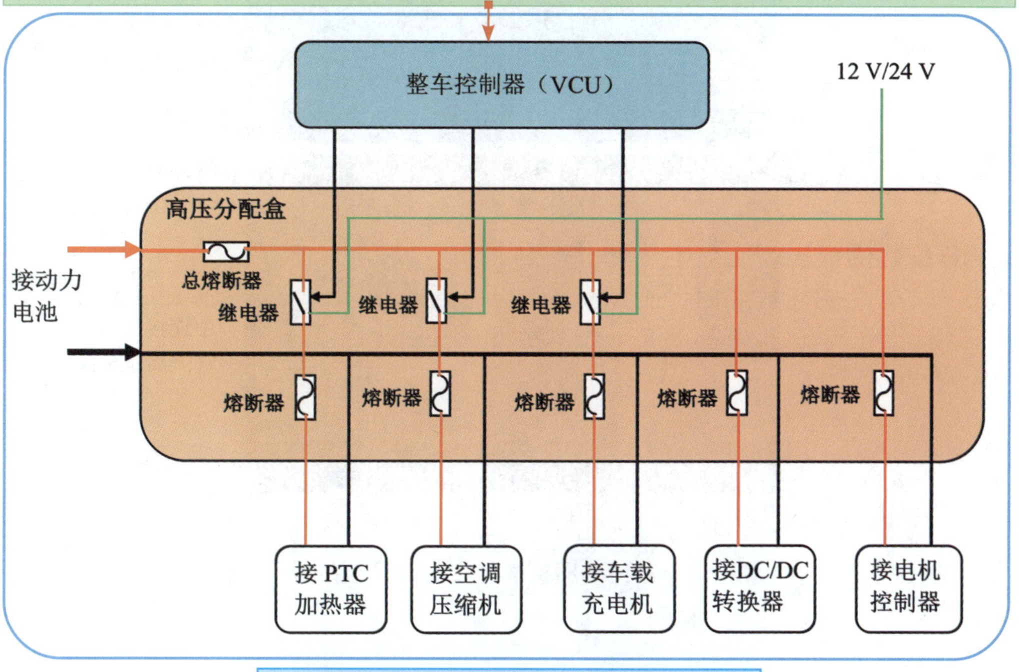

图 8-3 高压分配盒内部结构图

8.2 高压互锁系统结构及工作原理

高压互锁（HVIL）是指通过使用低压信号（12 V）来检查新能源汽车上所有与高压母线相连的各高压分路系统（包括整个电池系统、导线、连接器、DC/DC、电机控制器、高压盒及保护盖等）的电气连接完整性（连续性）。

高压互锁的目的是用来确认整个高压系统的完整性的，整车所有的高压部件和线束接插件都必须安装到位，无短路或断路的情况。当控制器检测到高压系统回路断开或是完整性受到破坏时，就起动必要的安全措施。

8.2.1 高压互锁系统的组成结构

新能源汽车的高压互锁系统主要由高压互锁端子、高压互锁线束、高压互锁端子整车控制器（VCU）、电池管理器（BMS）等组成。高压互锁端子包含在高压接插件内部，也就是高压互锁端子和高压连接端子集成在一个接插件中。图 8-4 所示为各种高压接插件中的高压互锁端子。

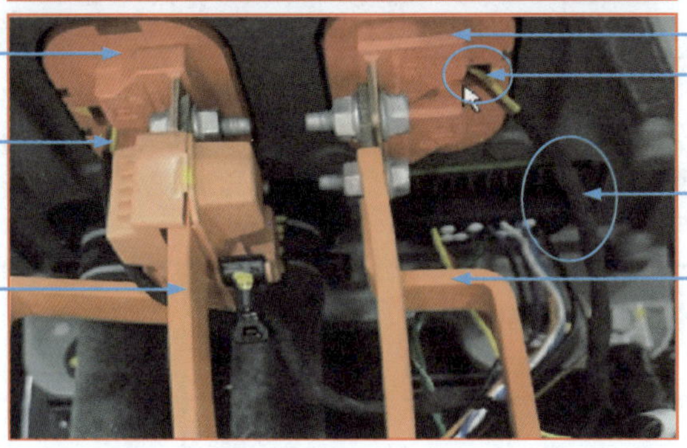

图 8-4　各种高压接插件中的高压互锁端子

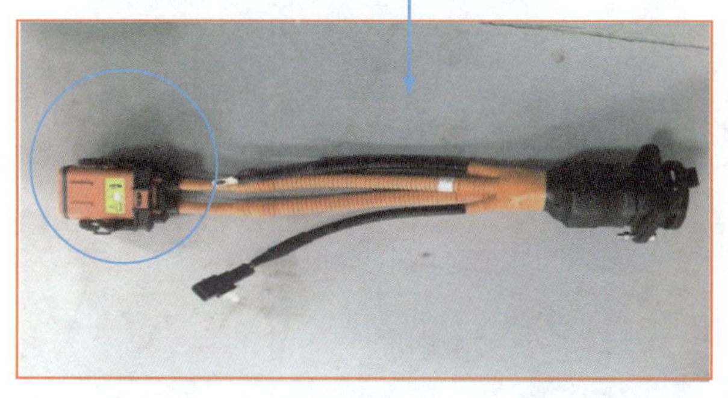

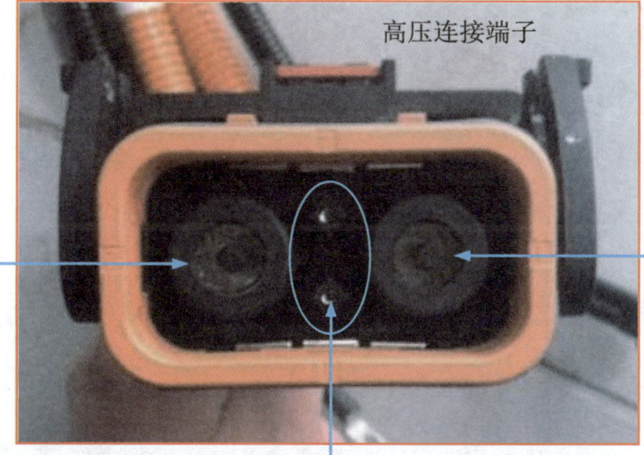

图 8-4　各种高压接插件中的高压互锁端子（续）

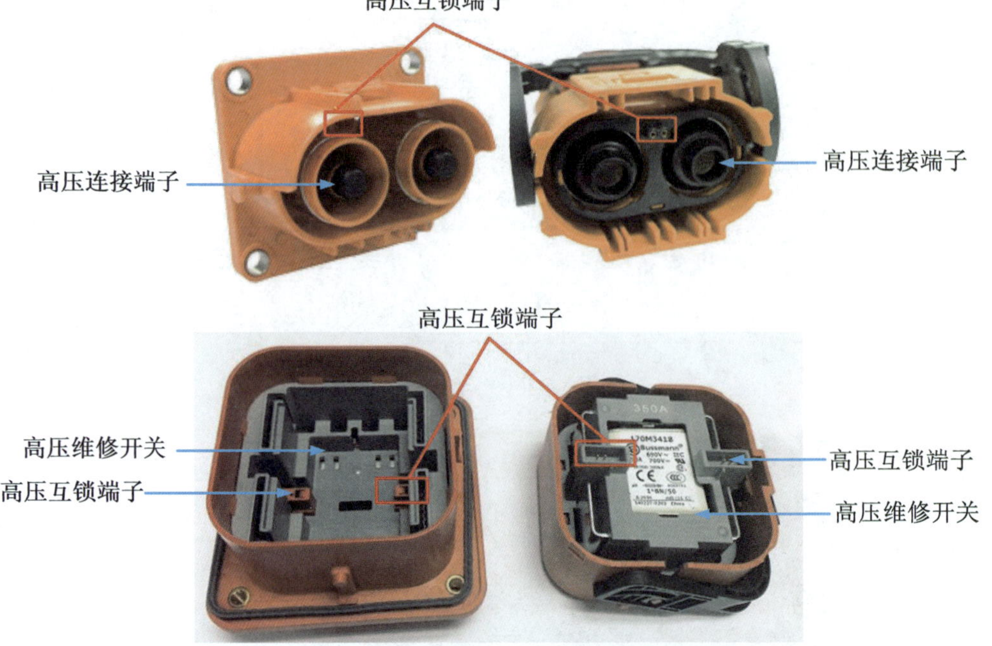

图 8-4　各种高压接插件中的高压互锁端子（续）

8.2.2　高压互锁系统的工作原理

高压互锁系统其实是一种检测电路，让低压信号沿着闭合的低压回路传递。一旦低压信号中断，说明某一个高压连接器有松动或者脱落。下面本节将详细讲解高压互锁系统的电路形式和工作原理。

1. 高压互锁系统检测电路形式

高压互锁系统检测电路一般分为两种：直流源方案与 PWM 方案，如图 8-5 所示。

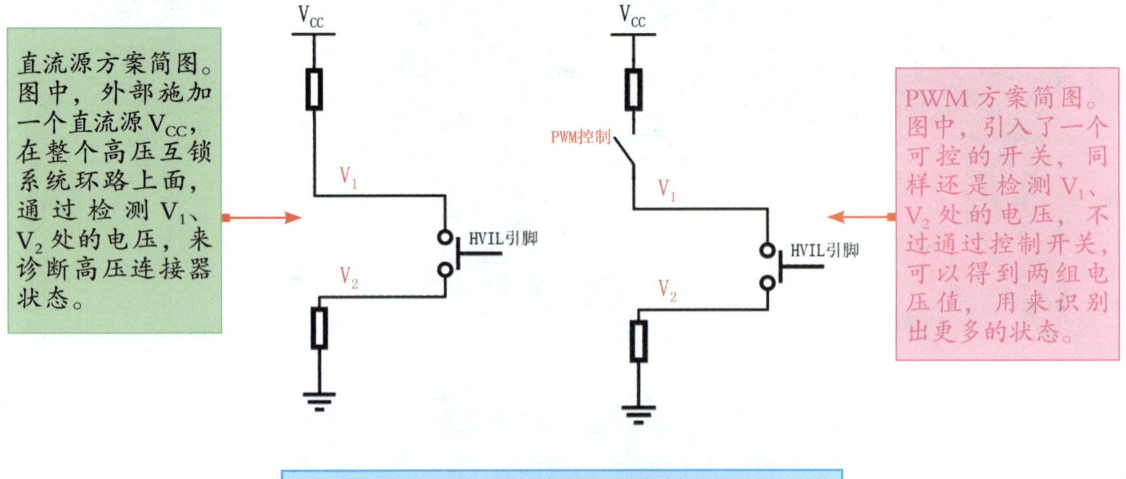

图 8-5　高压互锁系统检测电路形式

2. 高压互锁系统工作原理

高压互锁系统主要包括结构互锁和功能互锁两种互锁。

（1）结构互锁是指主要高压接插件均带有互锁回路，当其中某个接插件被带电断开时，电池管理系统或整车控制器便会检测到高压互锁回路存在断路，为保护人员安全，将立即进行报警并断开主高压回路电气连接，同时激活主动泄放。

（2）功能互锁则是当车辆在进行充电或插上充电枪时，高压电控系统会限制整车不能通过自身驱动系统驱动，以防止可能发生的线束拖拽或安全事故。

图 8-6 所示为新能源汽车高压互锁系统电路框图。

（1）图中有两路高压互锁回路，第一路从电池管理系统（BMS）的 +12V 电压出发，经过电阻器 R 后，连接到 MSD 插件（高压维修开关），然后连接到慢充插件，再连接到主正主负插件，最后回到电池管理系统（BMS）后连接到地，形成一个闭合回路。

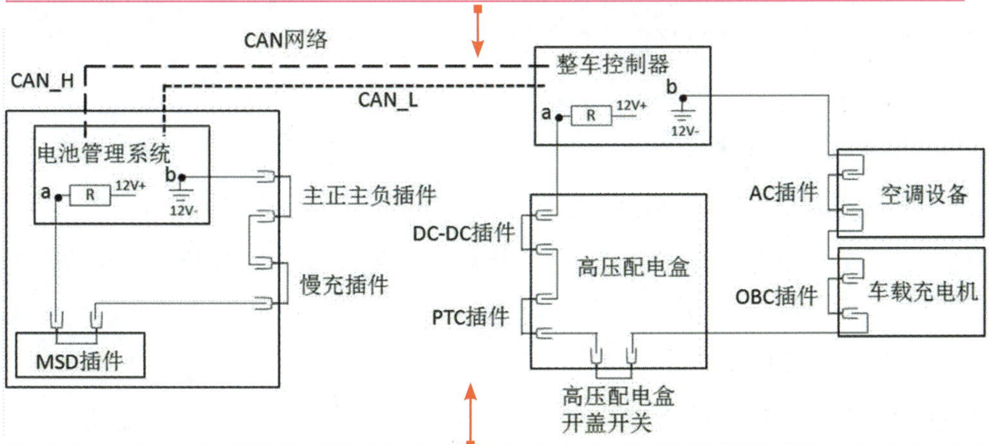

（2）第二路高压互锁回路从整车控制器（VCU）的 +12 V 电压出发，经过电阻器 R 后，连接到高压配电盒的 DC-DC 插件、PTC 插件、高压配电盒开盖开关，然后连接到车载充电机的 OBC 插件，再到空调设备的 AC 插件，最后回到整车控制器（VCU）后连接到地，形成一个闭合回路。

图 8-6　新能源汽车高压互锁系统电路框图

结合图 8-6，我们来了解一下高压互锁系统工作原理。

（1）高压互锁端子有两个针脚，当高压接插件插合后，两个针脚呈短路状态；当高压接插件断开后，这两个针脚呈开路状态。高压互锁系统的功能就是通过检测高压互锁端子中这两个针脚的通 / 断来实现的。

（2）只有当高压互锁系统回路形成了一个完整的闭环，电池管理系统 / 整车控制器认为车辆的高压部件状态正常，才会允许接通高压电源。

（3）当高压互锁系统回路遭到断开，触发高压互锁系统的断开信号时，电池管理系统 / 整车控制器将在毫秒级时间内断开高压电，确保用户安全。同时，会通过仪表警告灯亮起或发出警告鸣声等形式提醒驾驶员注意车辆情况。另外，如果车辆处于行驶状态下，将强制降低电动机的输出功率，强制降低车速，使车辆始终处于一个降低速的运行状态下，给驾驶员足够的时间和机会寻找合适的地点停车。

8.3 高压分配系统与高压互锁系统故障维修

高压分配系统出现故障会导致无法充电、直流转换器故障以及空调异常等；高压互锁系统出现故障则会让高压断开，导致无法起动汽车。下面本章将详细分析高压分配系统与高压互锁系统常见故障的维修检测方法。

8.3.1 高压分配系统故障分析

高压分配盒常见故障现象有：

（1）无法对动力电池充电；

（2）供给 DC-DC 电力异常；

（3）导致空调或暖风不能正常工作。

高压分配系统常见症状有绝缘故障、回路不导通和回路短路等。造成高压分配系统故障的原因主要有：

（1）高压分配盒自身故障；

（2）高压分配盒控制线路故障；

（3）动力电池及信号线故障；

（4）BMS 供电异常；

（5）高压回路熔断器损坏；

（6）高压分配盒高压接插件故障；

（7）高压线路绝缘性下降。

8.3.2 高压互锁系统故障分析

当高压互锁系统发生故障后，会导致高压互锁失效，仪表提示高压断开指示灯亮。

造成高压互锁系统故障的原因主要有：

（1）线束损坏开路；

（2）互锁开关失效；

（3）互锁端子退针损坏；

（4）互锁回路对地短路。

8.3.3　高压分配系统故障维修方法

高压分配系统故障维修方法如图 8-7 所示。

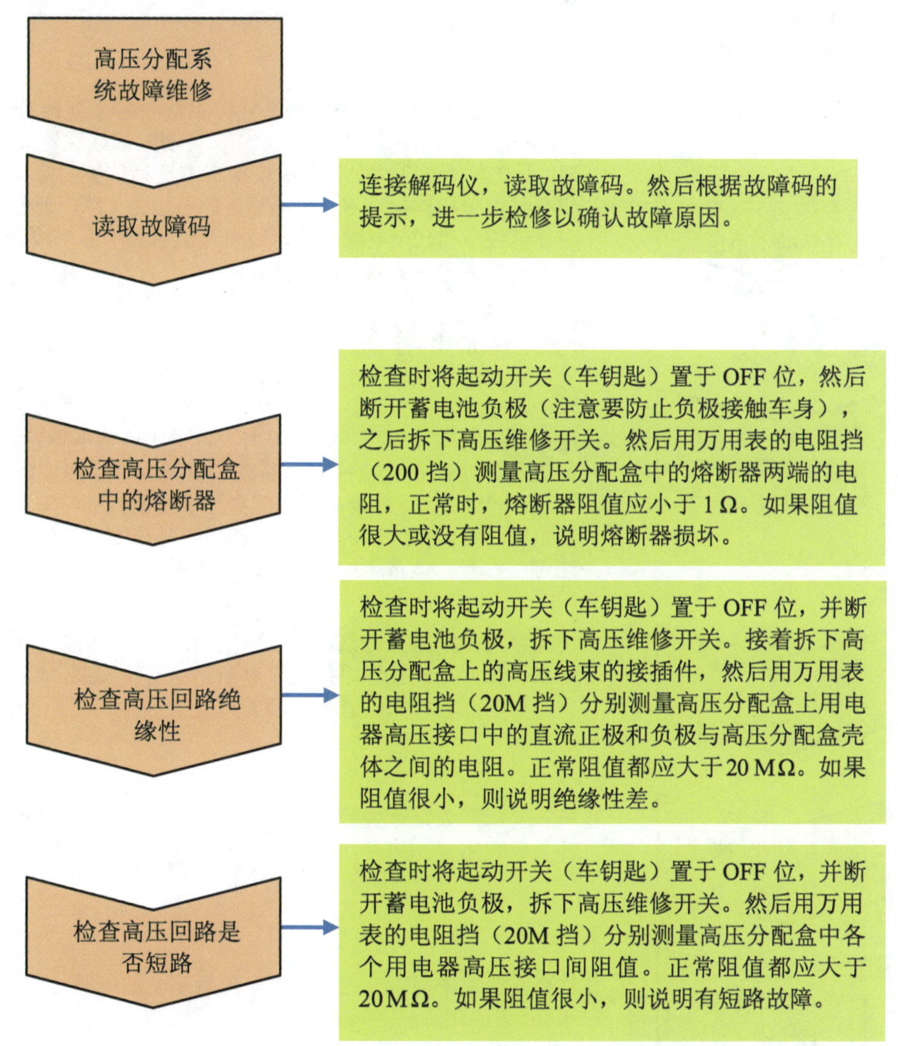

图 8-7　高压分配系统故障维修方法

8.3.4　高压互锁系统故障维修方法

高压互锁系统故障一般为开路或短路故障，这些故障一般是由于互锁线束断路、互锁开关失效、高压线束互锁端子损坏、互锁回路对地或对电短路等原因引起的。

高压互锁系统故障维修方法如图 8-8 所示。

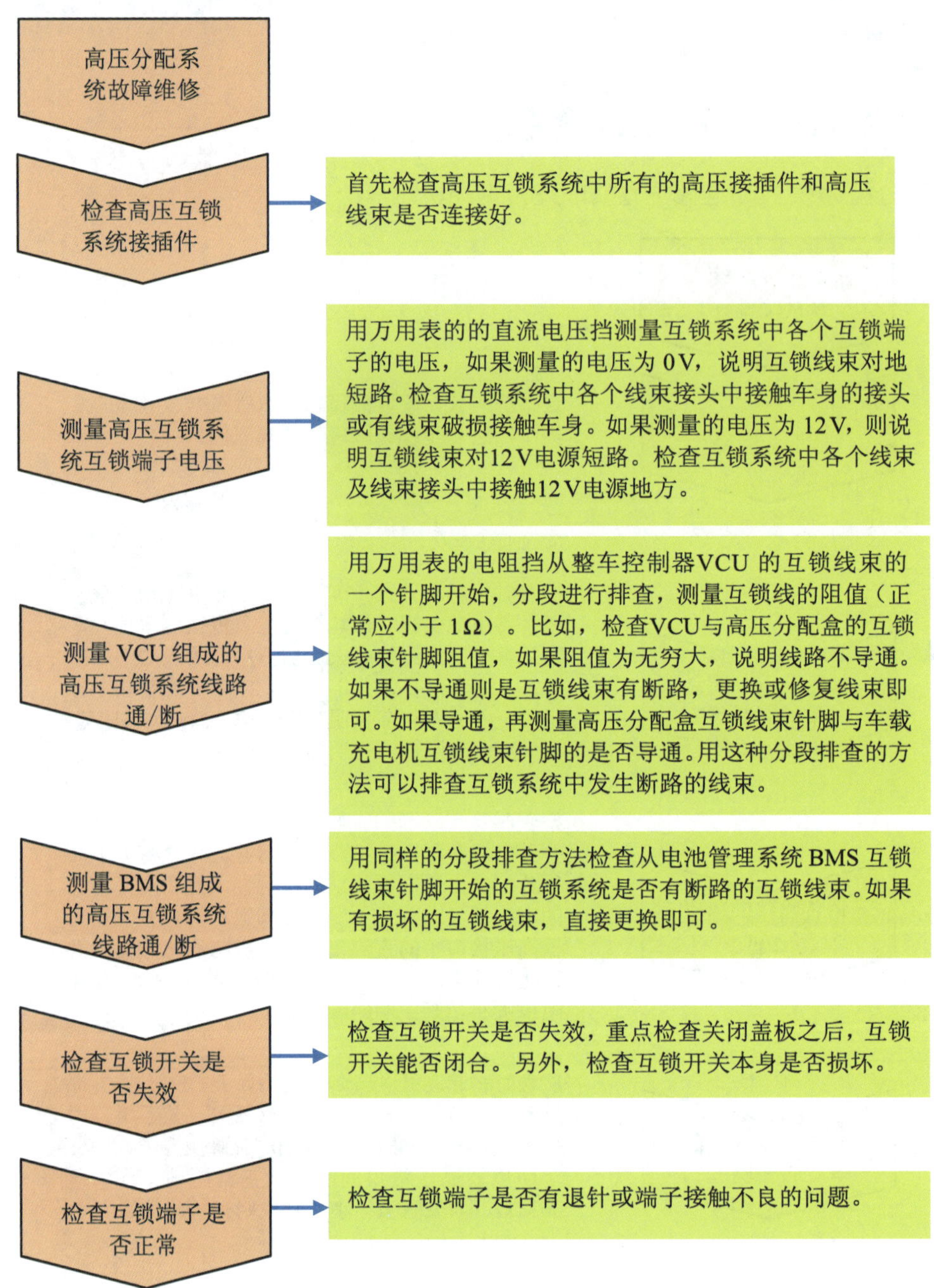

图 8-8　高压互锁系统故障维修方法

8.3.5　吉利新能源汽车上电后故障灯亮故障维修实战

吉利新能源汽车上电后，系统故障灯亮、动力电池故障灯亮、蓄电池故障灯亮、EPB 故障灯亮、只能挂 P 挡和 N 挡。此故障一般由整车控制器或高压互锁故障引起，具体维修方法如图 8-9 所示。

❶ 按下起动开关，开始上电后，仪表盘出现系统故障灯亮、动力电池故障灯亮、蓄电池故障灯亮的情况。挂挡时，只能挂 P 挡和 N 挡。

❷ 接下来先读取故障码。连接故障检测仪，然后开始读取故障码。

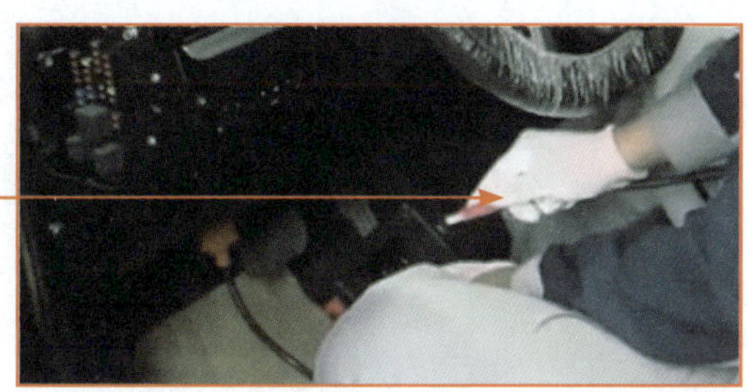

1	电子稳定系统(ESP)-电子稳定系统(ESP-新)	通过丨无故障
2	安全气囊系统(SRS)	通过丨无故障
3	仪表板系统(IPK)	通过丨无故障
4	电子驻车系统(EPB)	通过丨无故障
5	整车控制系统(VCU)	故障丨2
6	车身控制系统(BCM)	通过丨无故障

❸ 读取故障码后，看到提示整车控制系统（VCU）异常。

❹ 点击故障码，可以看到提示 VCU 高压互锁断开。

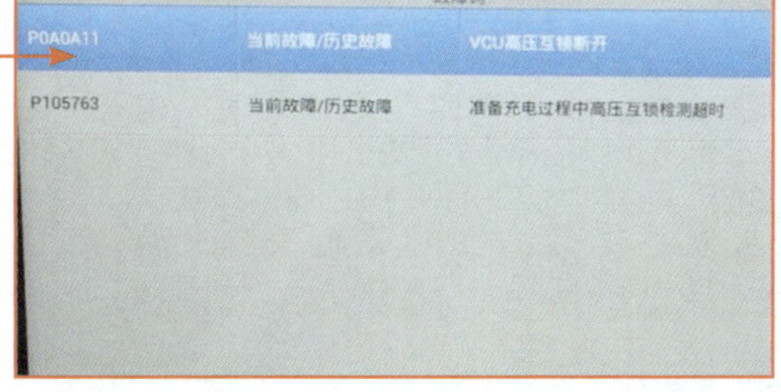

P0A0A11	当前故障/历史故障	VCU高压互锁断开
P105763	当前故障/历史故障	准备充电过程中高压互锁检测超时

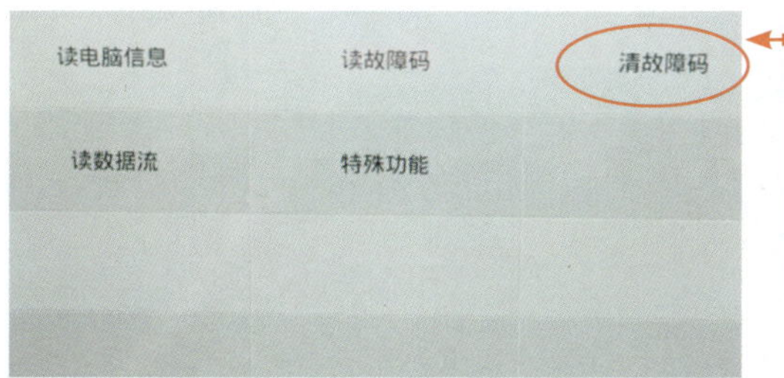

❺ 为防止读取到假的故障码，返回界面先点击“清故障码”，然后重新点击“读故障码”，重新扫描故障码。发现依旧是整车控制器（VCU）异常。

图 8-9　吉利新能源汽车上电后故障灯亮故障维修

❻ 根据故障码分析，先检查高压互锁线路。查看电路图发现高压互锁线路从 VCU 的 HVIL OUT 端输出到电机控制器 EP11−1 端口。

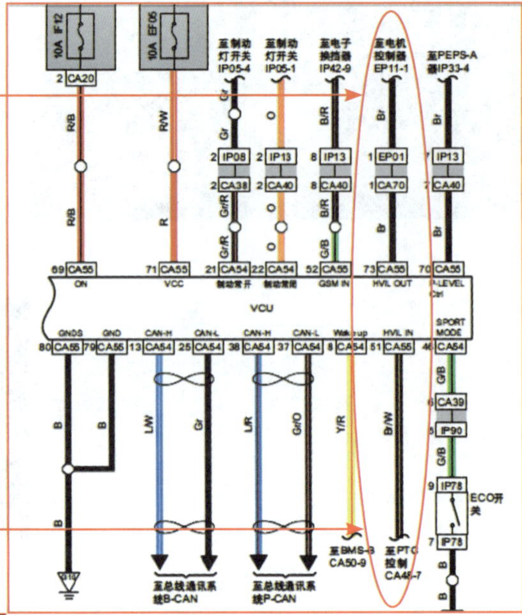

❼ 高压互锁线路从 PTC 控制器输入到 VCU 的 HVIL−IN 端。

❽ 车辆下电，并断开低压蓄电池负极。

❾ 检查高压互锁线路是否导通。用万用表的电阻挡（200 挡）测量，红表笔接 VCU 的 HVIL OUT 端，黑表笔接电机控制器低压线束的 EP11−1 端电阻。

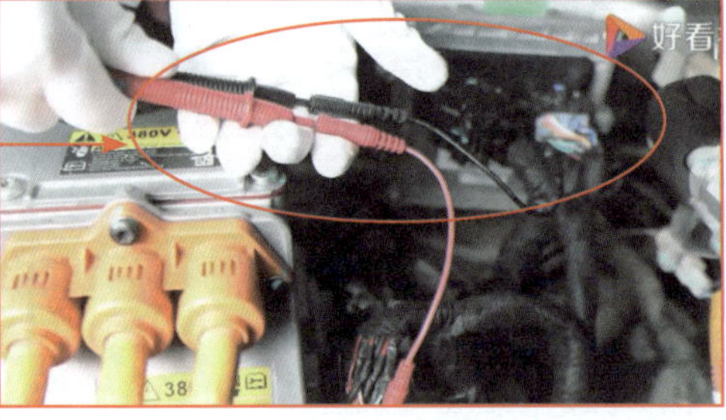

❿ 测量的阻值为 0.2 Ω（正常小于 1 Ω），导通正常。

图 8−9　吉利新能源汽车上电后故障灯亮故障维修（续）

⑪ 用同样的方法，测量 VCU 的 HVIL IN 端，和 PTC 控制器的高压互锁线针脚间的阻值。

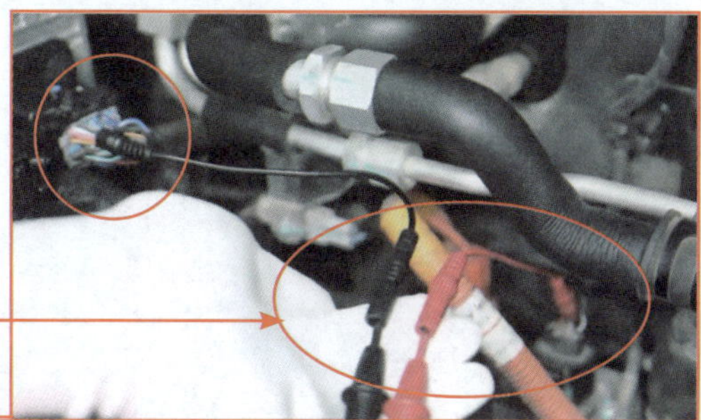

⑫ 测量的阻值为无穷大（正常小于 1 Ω），说明高压互锁线有断线故障。然后检查高压互锁接插件和导线，将断线修复。

⑬ 按下起动开关上电试车，仪表板故障灯都不亮了，可以正常挂挡，行驶，故障排除。

图 8-9　吉利新能源汽车上电后故障灯亮故障维修（续）

第9章 新能源汽车 DC/DC 转换器故障诊断与维修

在新能源汽车上，像整车控制器、电池管理系统等使用的是低压直流电。低压直流电由 DC/DC 转换器来提供供电。如果 DC/DC 电路出现问题，将会直接影响整车控制器、电池管理系统等的工作，因此 DC/DC 也是很重要的电路。本章将重点讲解 DC/DC 转换器的结构原理及维修方法。

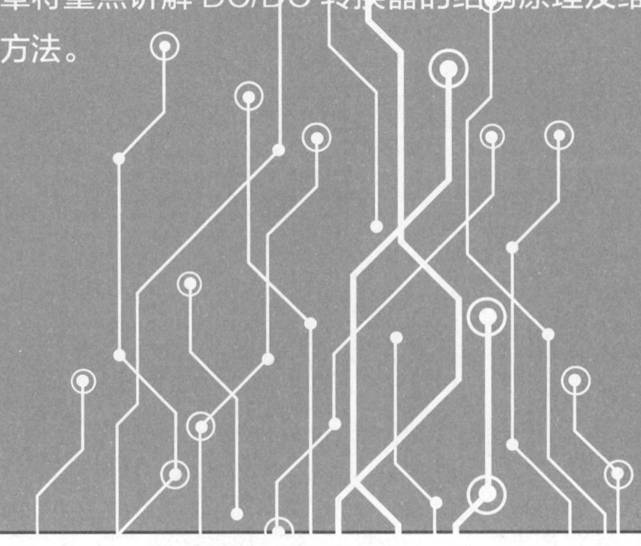

DC/DC 转换器结构及工作原理

DC/DC 转换器（DC/DC Converter）全称直流变换器，主要功能是将几百伏的高压直流电转换为14V左右的低压直流电，为蓄电池充电（就像传统汽车的交流发电机一样），并为车辆低压系统（如整车控制器、电池管理系统、电机控制器等）、附属电器设备（雨刷、车灯、仪表等）供电。

9.1.1　DC/DC 转换器的组成结构

新能源汽车的 DC/DC 转换器一般安装在整车前舱内，从外观看主要由外壳、接口等组成，其内部是一块 DC/DC 电路板，如图 9-1 所示。

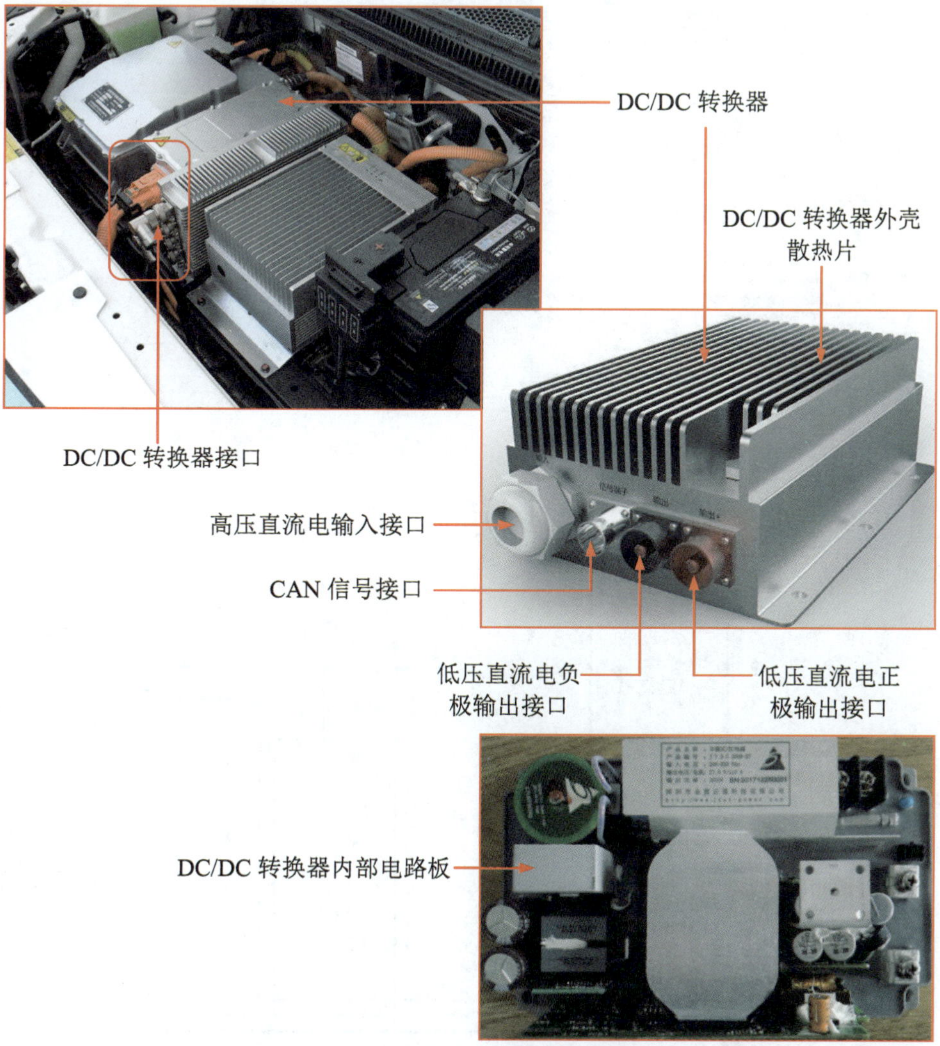

DC/DC 转换器
DC/DC 转换器外壳
散热片
DC/DC 转换器接口
高压直流电输入接口
CAN 信号接口
低压直流电负极输出接口
低压直流电正极输出接口
DC/DC 转换器内部电路板

图 9-1　DC/DC 转换器

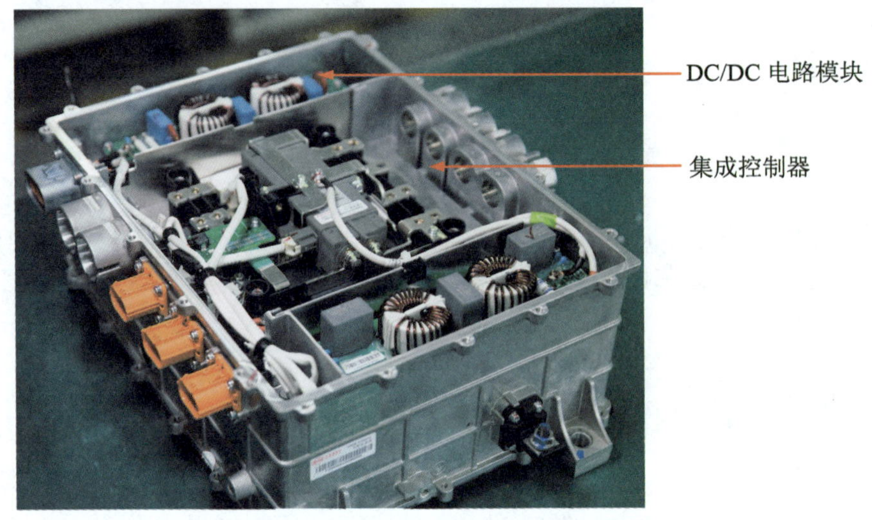

图 9-1　DC/DC 转换器（续）

9.1.2　DC/DC 转换器的工作过程

DC/DC 转换器电路连接如图 9-2 所示（以北汽新能源汽车为例）。

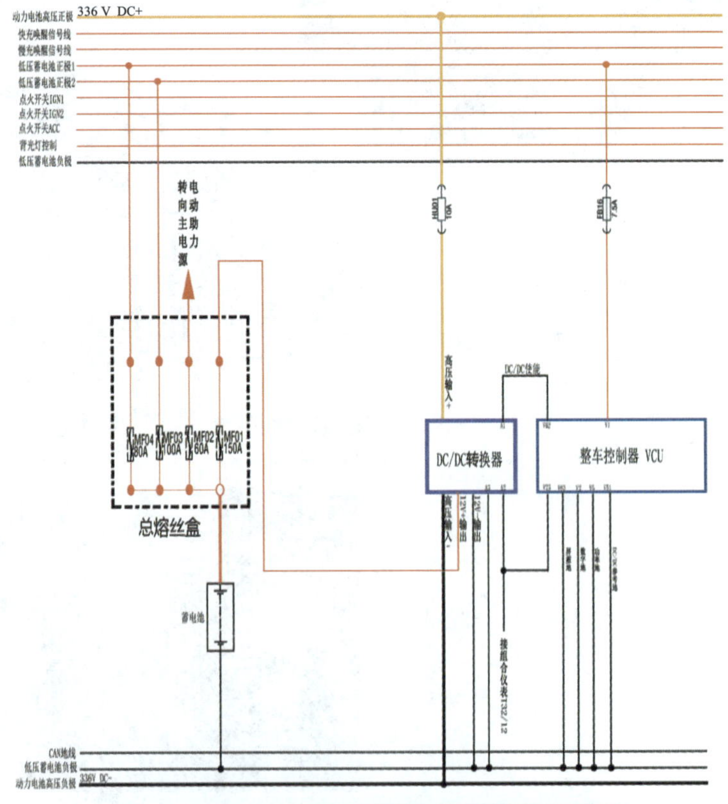

图 9-2　DC/DC 转换器电路连接图

（1）图 9-2 中，DC/DC 转换器的高压输入 + 通过熔丝 HU01 连接动力电池的正极，高压输入 - 为连接到动力电池的负极，为 DC/DC 提供高压直流供电；

（2）DC/DC 的 A1 端连接到整车控制器 VCU 的 V62 端，为使能控制信号线，VCU 通过此信号线向 DC/DC 转换器发送控制信号；

（3）12 V+ 输出和 12 V- 输出为 DC/DC 转换器的低压直流电正负极输出线，其中 12 V- 输出线直接连接到蓄电池的负极，12 V+ 输出线通过总熔丝盒后，连接到蓄电池的正极为蓄电池充电；

（4）最后蓄电池的正负极向整车控制器、电池管理系统、电机控制器等低压系统和附属用电器提供低压供电。

DC/DC 转换器电路工作过程如下：

当整车控制器（VCU）控制 DC/DC 继电器闭合后，DC/DC 转换器得到高压直流电，然后就进入待机状态。当整车控制器自检无故障后，就会向 DC/DC 转换器发送使能控制信号，接着 DC/DC 转换器就开始运行，将动力电池高压直流电转换为低压直流电给蓄电池充电，同时给低压用电系统供电。

当 DC/DC 转换器发生故障时，DC/DC 发出故障信号给整车控制器（VCU），然后 VCU 停止使能信号的输出，DC/DC 转换器停止工作。

9.1.3 DC/DC 转换器的电路结构

DC/DC 转换器电路主要由滤波电路、功率变换电路（变压器来变换）、PWM 控制电路、整流输出电路等组成，如图 9-3 所示。

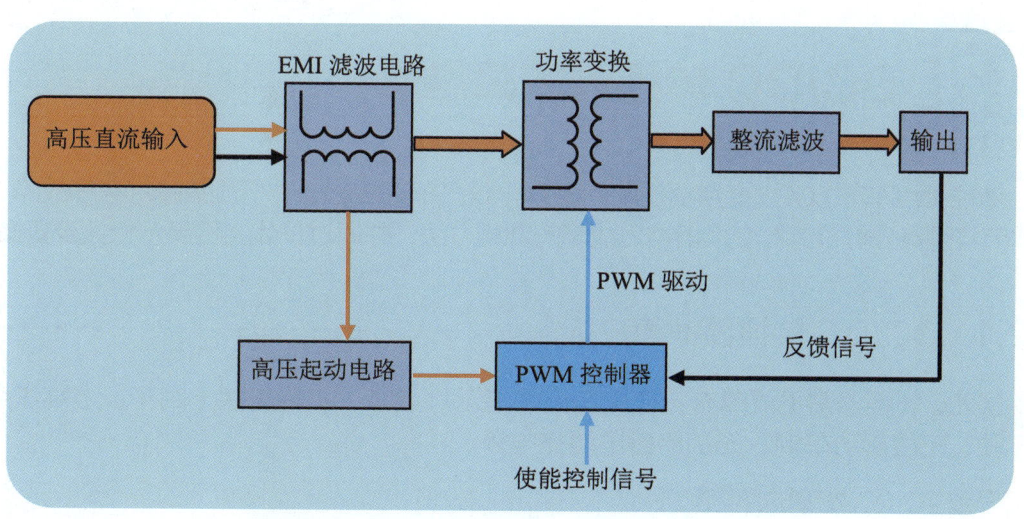

图 9-3　DC/DC 转换器功能框图

（1）DC/DC 转换器的高压直流输入由高压分配盒输入。动力电池输出的高压直流电经过高压分配盒的熔丝和继电器后，连接到 DC/DC 转换器的电源输入接口。

（2）EMI 滤波电路的作用是过滤高压直流输入电中的高频干扰（电源噪声），避免高频干扰影响电路的正常工作，同时也起到减少 DC/DC 电源电路本身对其他电路的电磁干扰。EMI 滤波电路主要由电容器和电感器等元器件组成。

（3）高压起动电路的功能主要为 PWM 控制芯片提供安全稳定的起动电压。

（4）功率变换电路主要由变压器组成，变压器既可以实现电气隔离，又可以起到电压调节的作用。

（5）PWM 控制器输出特定占空比的 PWM 矩形脉冲信号，用于驱动控制开关管不断的开启 / 关闭，处于开关振荡状态。从而使开关变压器的初级线圈产生开关电流，开关变压器处于工作状态，在次级线圈中产生感应电流。

（6）输出端整流滤波输出电路的作用是将开关变压器次级端输出的电压进行整流与滤波，使之得到稳定的直流电压输出。因为开关变压器的漏感和输出二极管的反向恢复电流造成的尖峰，都形成了潜在的电磁干扰。所以开关变压器输出的电压必须经过整流滤波处理后，才能再输送给其他电路。整流滤波输出电路主要由整流二极管、滤波电阻、滤波电容、滤波电感等组成。

（7）反馈电路主要包括稳压控制电路和保护电路。稳压控制电路的主要作用是在误差取样电路的作用下，由 PWM 控制器通过控制输出的开关管驱动脉冲信号的的宽度或周期，控制开关管导通时间的长短，使输出电压趋于稳定。

输出过电压保护电路的作用是：当输出电压超过设计值时，把输出电压限定在安全值的范围内。当开关电源内部稳压环路出现故障或输出过电压时，过电压保护电路进行保护以防止损坏后级用电设备。

DC/DC 转换器故障维修

新能源汽车的 DC/DC 变换器出现问题会导致汽车无法起动、低压故障灯亮等故障，下面本节将重点分析 DC/DC 变换器常见故障的维修方法，并通过具体实例展示相关步骤操作。

9.2.1 DC/DC 转换器故障分析

DC/DC 转换器常见故障有：低电压报警指示灯点亮、车辆无法上高压、上高压后无法行驶、无法起动车辆、无法给蓄电池充电等。

导致 DC-DC 故障的原因如下：

（1）DC/DC 高压熔断器熔断；

（2）DC/DC 低压电源接插件接触不良；

（3）DC/DC 转换器电路故障；

（4）DC/DC 控制使能线或接插件接触不良；

（5）整车控制器（VCU）未发出使能控制信号；

（6）低压蓄电池充电熔断器损坏；

（7）低压蓄电池故障。

9.2.2 DC/DC 转换器故障维修方法

DC/DC 转换器故障维修方法如图 9-4 所示。

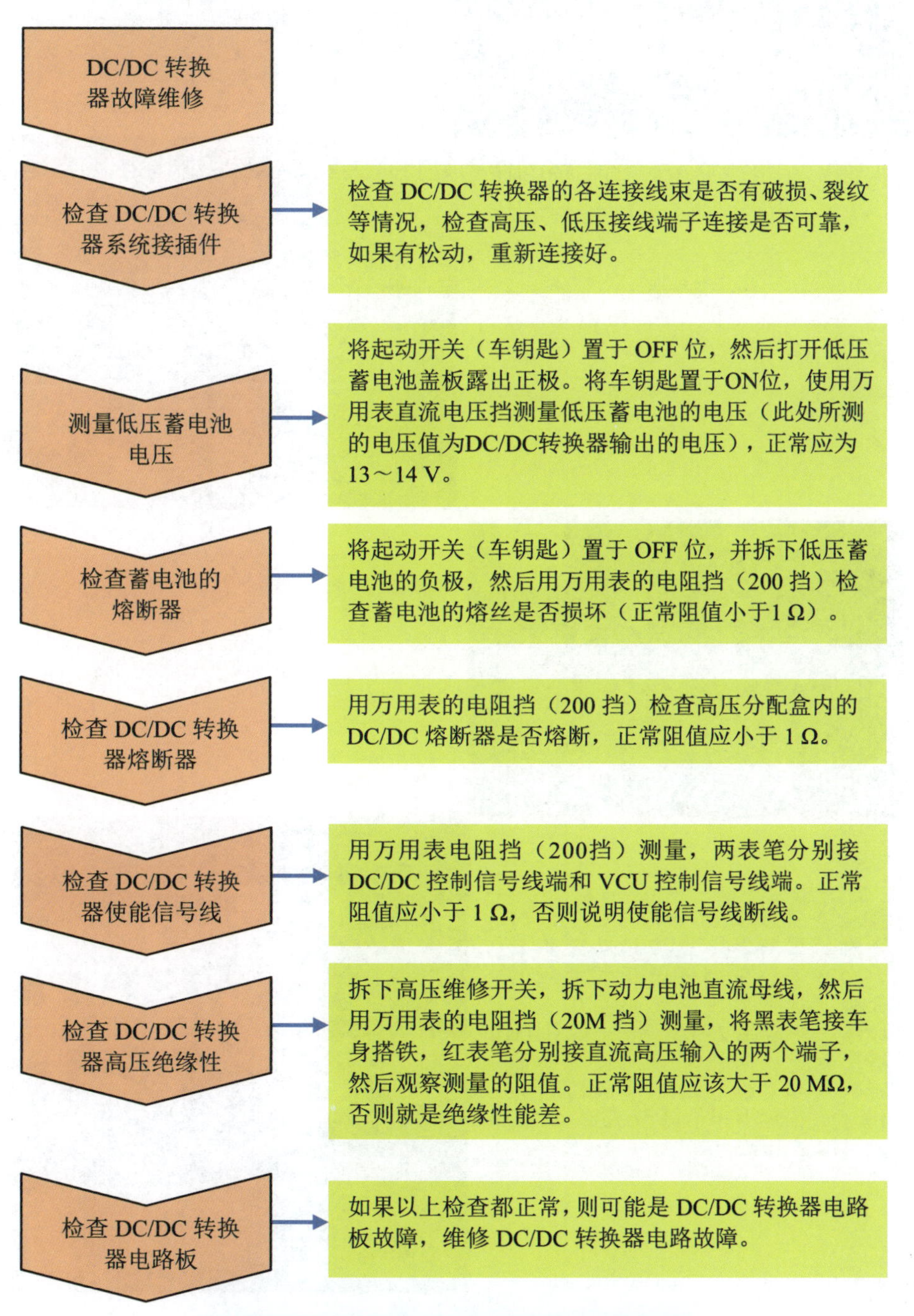

图 9-4 DC/DC 转换器故障维修方法

9.2.3 北汽 EV160 新能源汽车无法起动蓄电池故障灯亮故障维修实战

一辆北汽 EV160 新能源汽车无法起动，蓄电池故障灯亮，此故障一般是由于蓄电池或 DC/DC 转换器出现问题引起，具体维修方法和步骤如图 9-5 所示。

❶ 按下起动开关，开始上电后，仪表盘出现蓄电池故障灯亮，无法起动。

❷ 检测蓄电池电压。在起动开关开启的情况下，用万用表直流电压挡（20 V 挡）测量，红表笔接低压蓄电池正极，黑表笔接负极，测量电压为 11.86 V，电压不正常，正常应为 14 V 左右。

❸ 检查低压蓄电池充电线路中的熔断器。先用万用表直流电压挡（20 V 挡）测量，红表笔分别接低压蓄电池熔断器，黑表笔接低压蓄电池的负极，测量电压均为 11.86 V。说明熔断器正常，故障 DC/DC 转换器没有输出 14 V 直流电。

❹ 检查高压分配盒中 DC/DC 转换器的熔断器。先将起动开关置于 OFF 挡，并断开低压蓄电池的负极，拆下高压分配盒高压直流母线。然后用万用表电阻挡（200 挡）测量，两表笔分别接熔断器的两端测量阻值。测量的阻值为 0.5 Ω（正常小于 1 Ω）。阻值正常，说明熔断器正常。

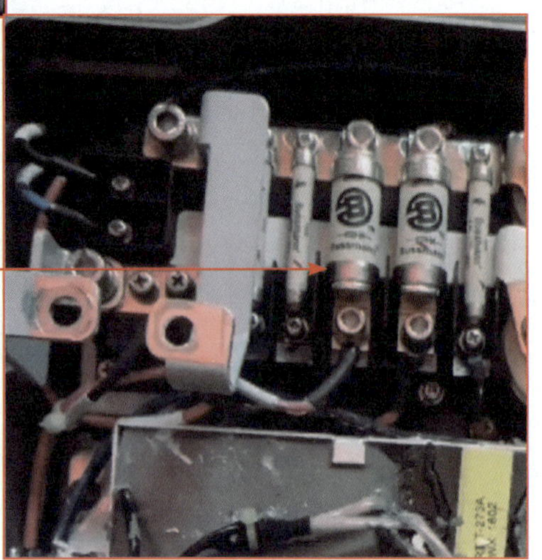

图 9-5 新能源汽车无法起动蓄电池故障灯亮故障维修方法

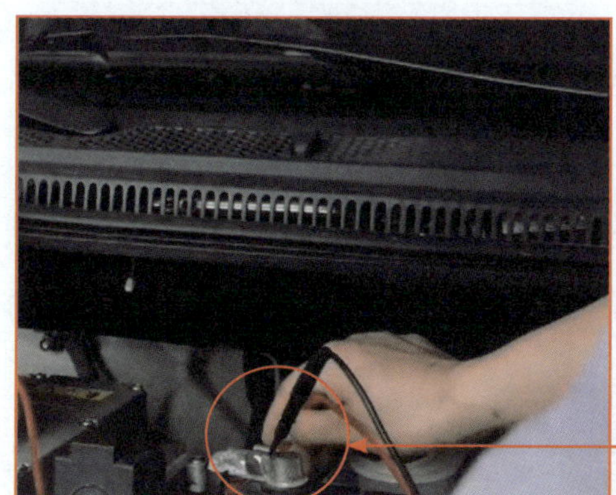

❺ 判断 DC/DC 使能信号线是否正常。用万用表的电阻挡（200 挡）测量，两表笔分别接 DC/DC 转换器使能信号端针脚和 VCU 使能信号端针脚，测量的阻值为 0.2 Ω（正常小于 1 Ω），说明使能信号线正常。

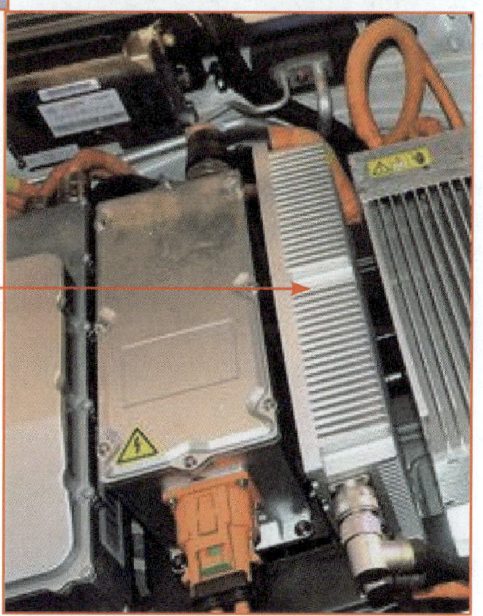

❻ 由于车辆可以上电，DC/DC 转换器的熔断器、使能信号均正常，因此判断是 DC/DC 转换器电路板故障，更换 DC/DC 转换器。之后上电测试，车辆可以正常行驶，故障排除。

图 9-5 新能源汽车无法起动蓄电池故障灯亮故障维修方法（续）

新能源汽车空调系统故障诊断与维修

汽车空调系统是实现对车厢内空气进行制冷、加热、换气和空气净化的装置。它可以为乘车人员提供舒适的乘车环境，还可以去除玻璃上的雾、霜和结冰等，是保证行车安全和人员健康的重要设备。本章将重点讲解新能源汽车空调系统的工作原理以及常见故障的维修方法。

10.1 看图识新能源汽车空调系统

新能源汽车的空调系统与传统汽车空调系统基本相同，主要由制冷系统、制热系统组成。空调系统主要包括控制面板、蒸发箱、出风口、电动压缩机、冷凝器、压力开关、管路、鼓风机、热交换器、PTC 加热器等，如图 10-1 所示。

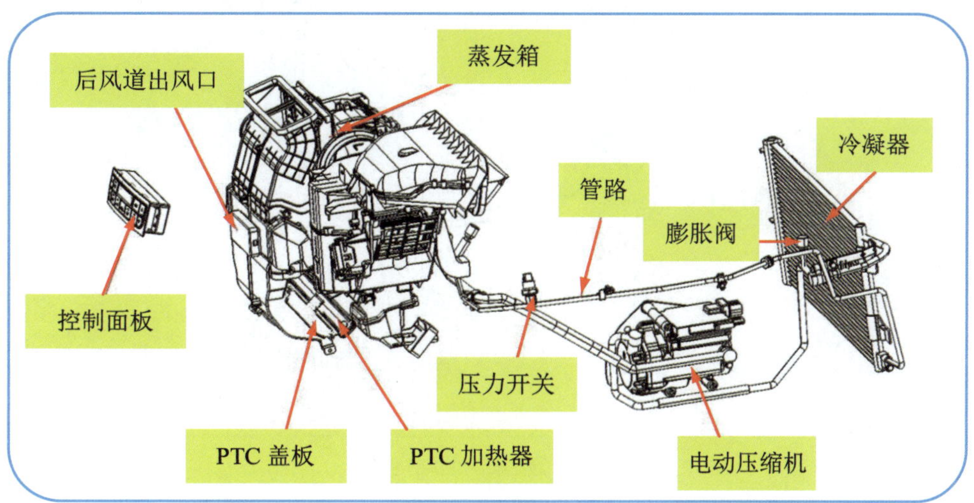

（a）空调系统组成

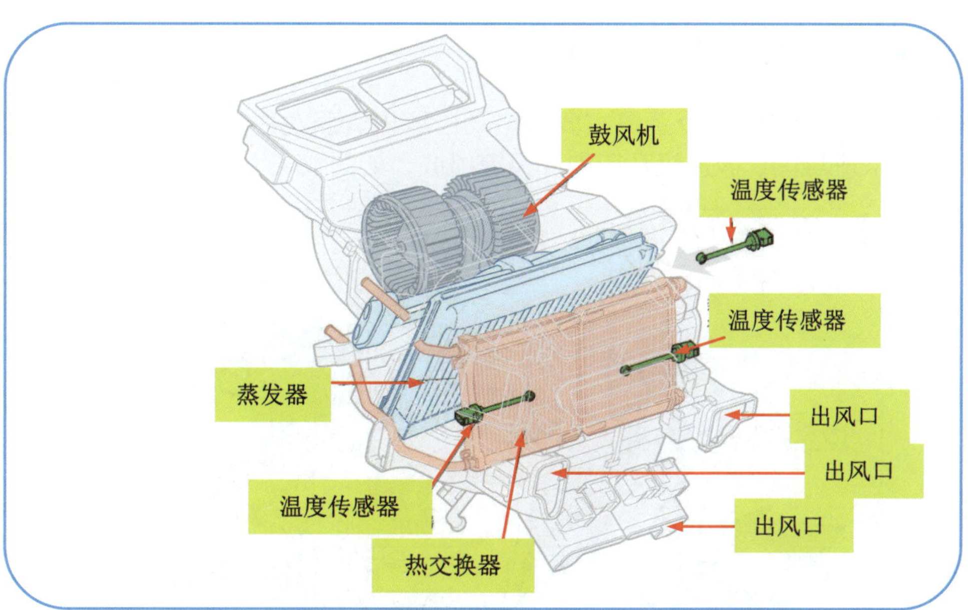

（b）蒸发箱内部结构

图 10-1 空调系统结构图

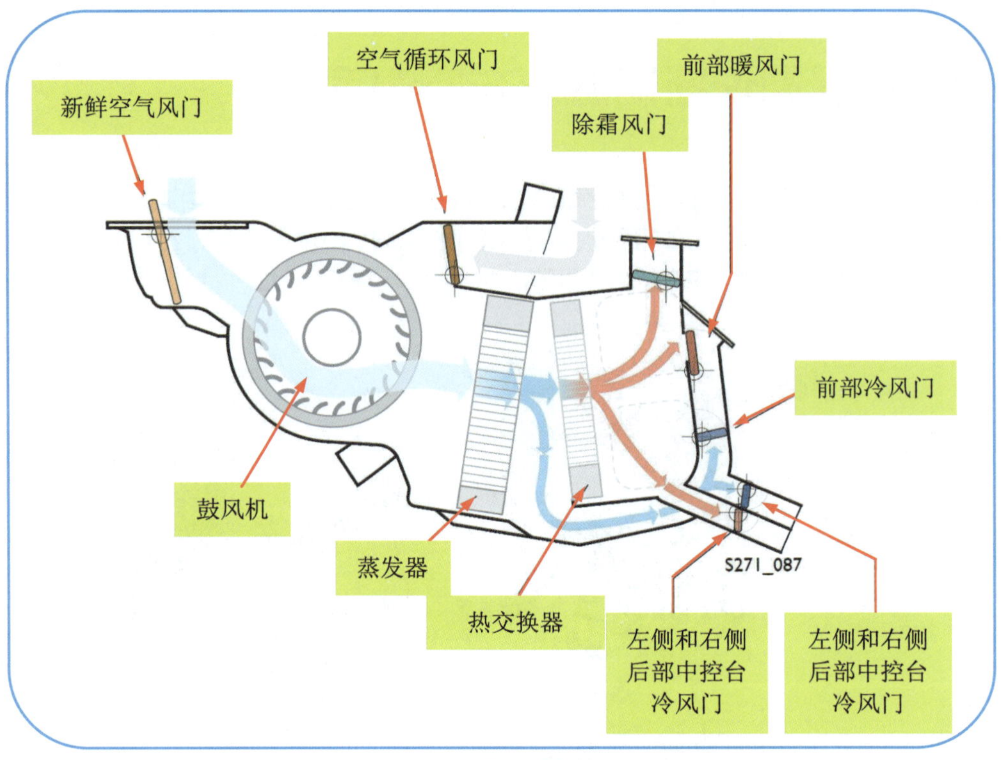

（c）蒸发箱侧面结构图

图 10-1　空调系统结构图（续）

10.1.1　空调制冷系统的组成结构

新能源汽车的空调制冷系统主要由电动压缩机、蒸发器、冷凝器、冷凝器风扇、膨胀阀、储液干燥器、鼓风机及压力开关等组成，如图 10-2 所示。

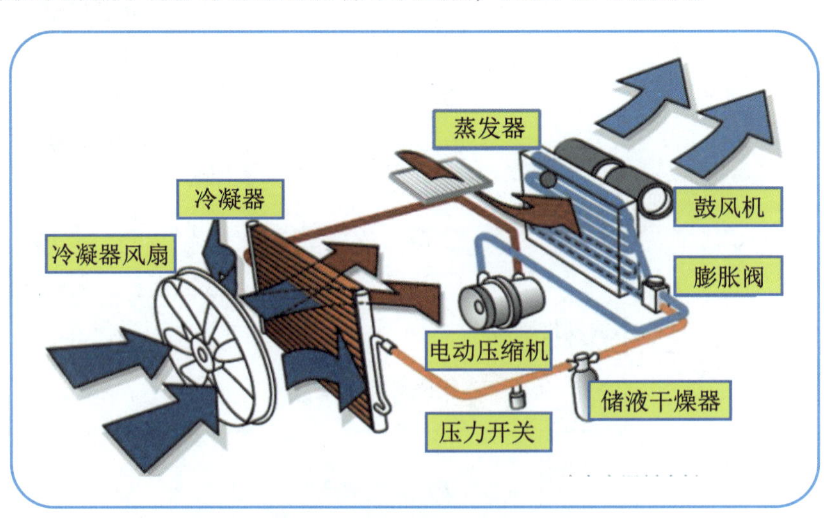

图 10-2　新能源汽车空调系统

1. 电动压缩机

压缩机的功能是用来提高制冷剂的压力，促使其在冷凝器中液化放热，并且作为动力源，促使制冷剂在系统内循环流动。新能源汽车采用的压缩机为电动压缩机，即将电动机、压缩机和控制器集成在一起的电动旋涡压缩机，如图 10-3 所示。

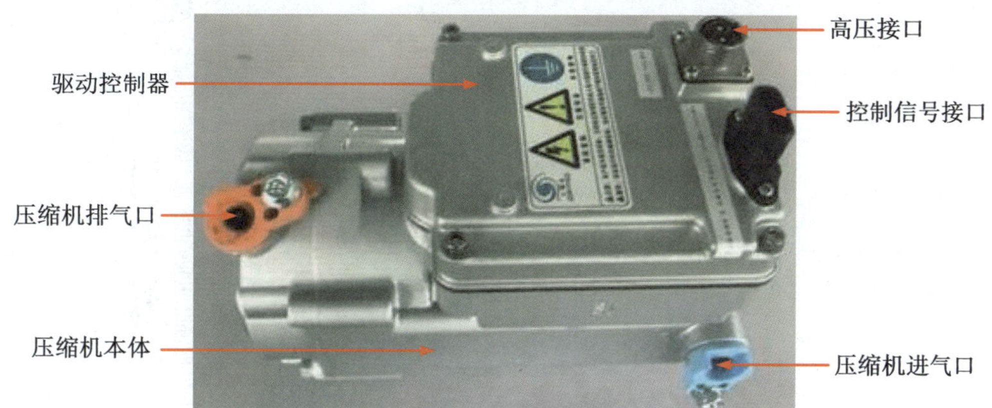

图 10-3　电动压缩机

电动压缩机采用螺旋型压缩机设计原理，采用电动涡旋式，压缩机通过电动机自身的旋转带动涡旋盘平动旋转，完成制冷剂的吸入和排出。另外，压缩机控制器通过 IPM 模块变频调节电动压缩机转速，并且具有过电流、欠电压自动检测和保护功能。

涡旋式压缩机包括一个定涡盘和一个动涡盘，这两个相互啮合的涡盘，其线型是相同的，它们相互错开 180° 安装在一起，即相位角相差 180°。

涡旋式压缩机的基本构造和工作原理如图 10-4 所示，其定涡盘固定在机架上，而动涡盘由电动机直接驱动。动涡盘是不能自转的，只能围绕定涡盘做很小回转半径的公转运动。

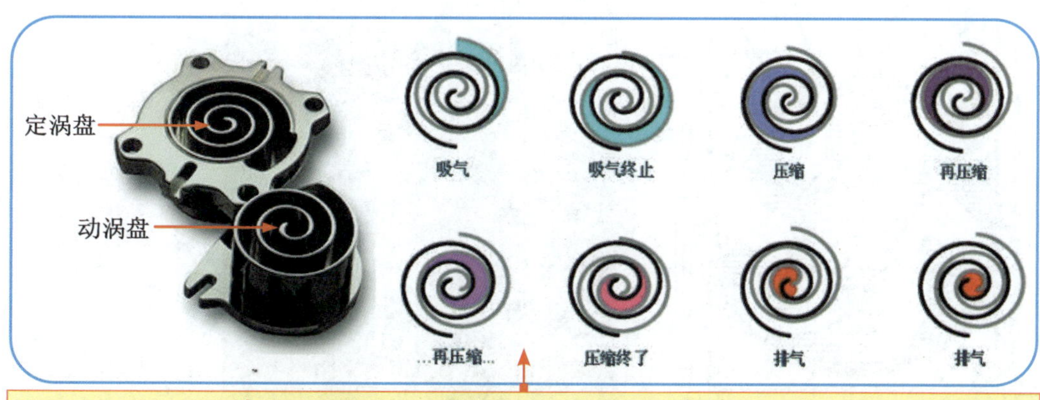

当驱动电动机旋转带动动涡盘公转时，制冷气体通过滤芯吸入定涡盘的外围部分，随着驱动轴的旋转，动涡盘在定涡盘内按轨迹运转，使动、定涡盘之间形成由外向内体积逐渐缩小的几个腔，对应分别为：吸气、吸气终止、压缩、再压缩、压缩终了和排气。制冷气体在动、定涡盘所组成的几个月牙形压缩腔内被逐步压缩，最后从定涡盘中心孔通过阀片将被压缩后的制冷气体连续排出。

图 10-4　涡旋式压缩机基本构造和工作原理

2. 冷凝器

冷凝器的作用是将高温高压气态制冷剂冷却为低温高压液态制冷剂，制冷剂蒸气放出的热量，由周围的空气带走，排到大气中，如图 10-5 所示。

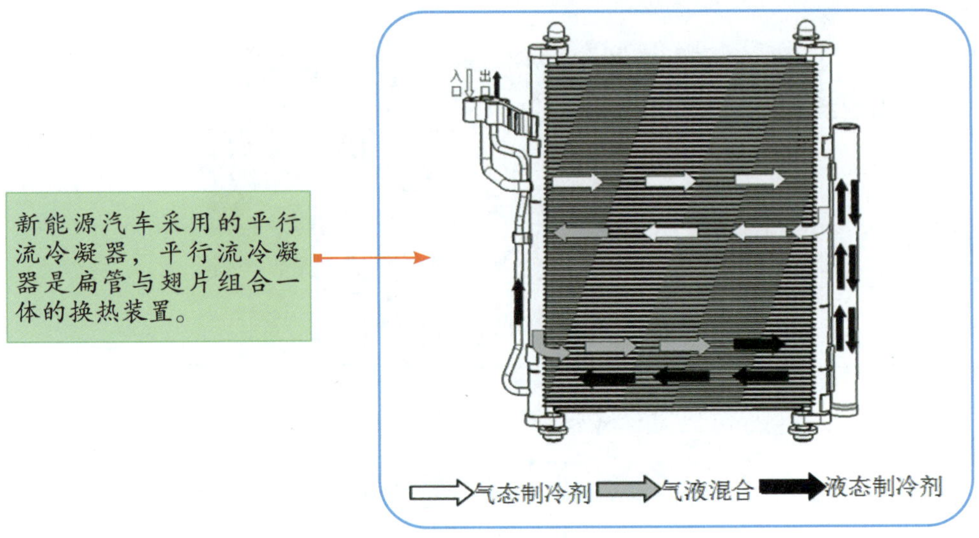

图 10-5 冷凝器

3. 冷凝器风扇

冷凝器风扇固定在冷却系统的散热器上，布置在电驱动舱前部。冷凝器风扇类型为轴流式，如图 10-6 所示。

图 10-6 冷凝器风扇

4. 蒸发器

蒸发器主要用来吸热。利用液态低温制冷剂在低压下易蒸发，转变为蒸汽并吸收室内空气介质中的热量，从而使周围空气温度下降，达到制冷目的。

蒸发器包含多个由铝板叠焊而成的制冷剂通道，每两组通道间夹有波浪散热带，如图 10-7 所示。

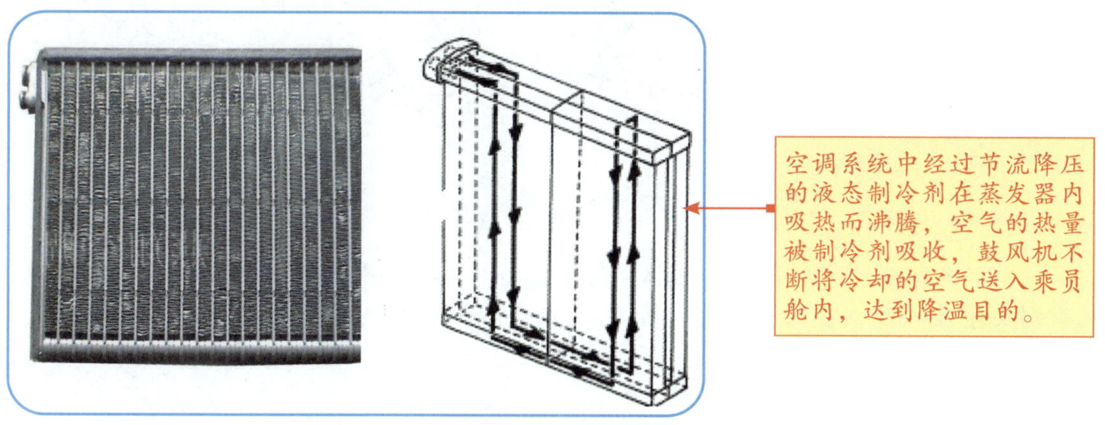

图 10-7　蒸发器

在蒸发器的表面，一般会加一个温度传感器，感知蒸发器表面温度，防止蒸发器结冰。温度传感器特性为温度降低时电阻增加，温度升高时电阻降低。图 10-8 所示为温度传感器。

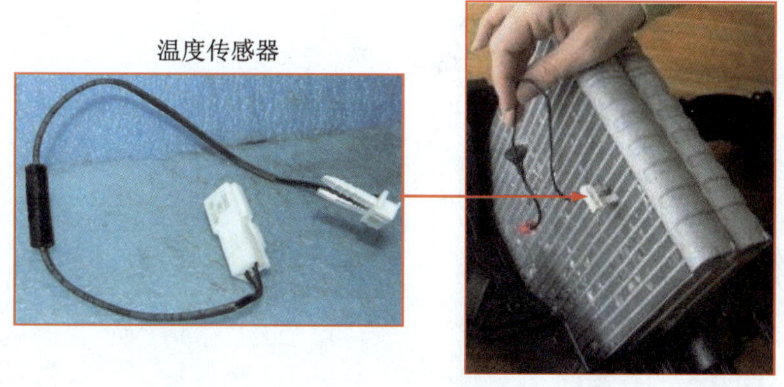

图 10-8　温度传感器

5. 膨胀阀

膨胀阀装配在蒸发器入口。储液干燥器流出的高压制冷剂从膨胀阀小孔内喷出，由液态急剧膨胀后变成低压雾态，如图 10-9 所示。膨胀阀主要起着节流降压和调节流量的作用，同时它还有防止湿压缩和液击保护压缩机及异常过热的功能。

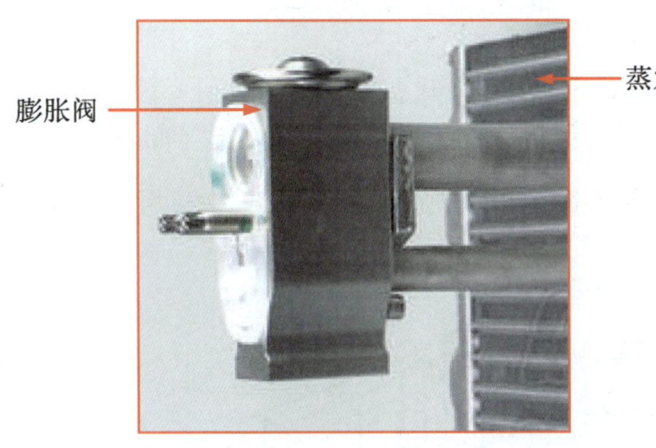

图 10-9　膨胀阀

注意：当膨胀阀罩脱落时，电驱动舱的热量传到感温包，导致膨胀阀的压力上升，制冷剂大量流入蒸发器。如果制冷剂不能完全汽化，液态制冷剂将会流入压缩机并损坏压缩机。

6. 压力开关

压力开关安装在冷凝器排气端的管路上，作用是当空调系统压力异常时，保护空调系统，如图 10-10 所示。当空调系统制冷管道中的压力异常时（比设定值范围过高或过低时），压力开关动作，打开或关断压力开关，并发信号到空调控制器，从而保护空调系统免受损坏。当压力恢复到正常范围后压力开关元件恢复通 / 断状态。

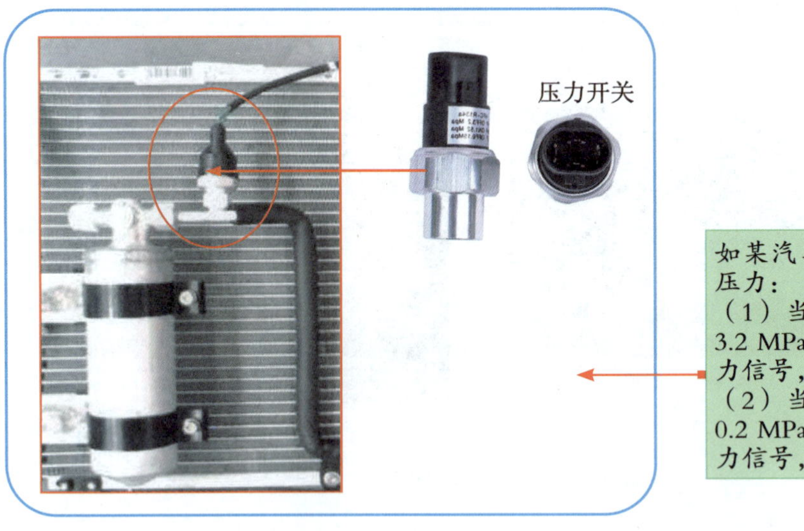

如某汽车的压力开关动作压力：
（1）当高压端压力高于 3.2 MPa，压力开关反馈压力信号，关闭制冷系统；
（2）当高压端压力低于 0.2 MPa，压力开关反馈压力信号，关闭制冷系统。

图 10-10　压力开关

7. 储液干燥器

汽车空调储液干燥器是配装在空调蒸发器和压缩机吸气管部位，如图 10-11 所示。

储液干燥器的主要功能包括储存制冷剂、过滤制冷剂、干燥制冷剂。

储液干燥器的作用总结如下：

（1）对制冷剂进行过滤。将系统中经常出现的杂质、脏物如锈蚀污垢、金属微粒等过滤掉，这些杂质会损坏压缩机气缸壁和轴承，还会堵塞过滤；

（2）吸收空调系统中的湿气。汽车空调系统中要求湿气越少越好，因为湿气会造成“冰塞”并腐蚀系统的管道等，使之不能正常工作；

（3）对过多的制冷剂进行储存作用。接受从冷凝器来的液体制冷剂并加以储存，根据蒸发器的需要提供所需制冷剂量。

图 10-11 储液干燥器

8. 鼓风机

鼓风机由电机和风扇组成，是空调系统空气循环的动力，将冷却后的空气不断吹入车厢。通过内外气按键实现空调内外气控制。内循环时，从空调主机侧面进气口吸入空气，外循环时，通过车辆前端护罩吸入空气，如图 10-12 所示。

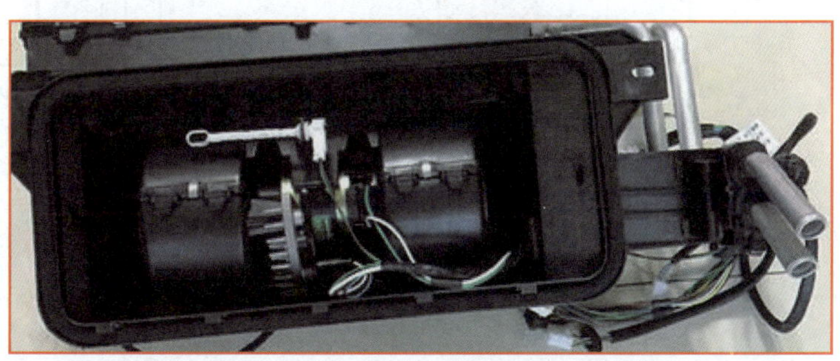

图 10-12 鼓风机

10.1.2 制热系统的组成结构

目前市面上的新能源汽车大多通过热泵或PTC制热的方式来实现新能源汽车供暖。新能源汽车的热泵制热系统主要由电动压缩机、蒸发器、冷凝器、冷凝器风扇、膨胀阀、四通阀、储液干燥器、鼓风机及压力开关等组成，如图 10-13 所示。

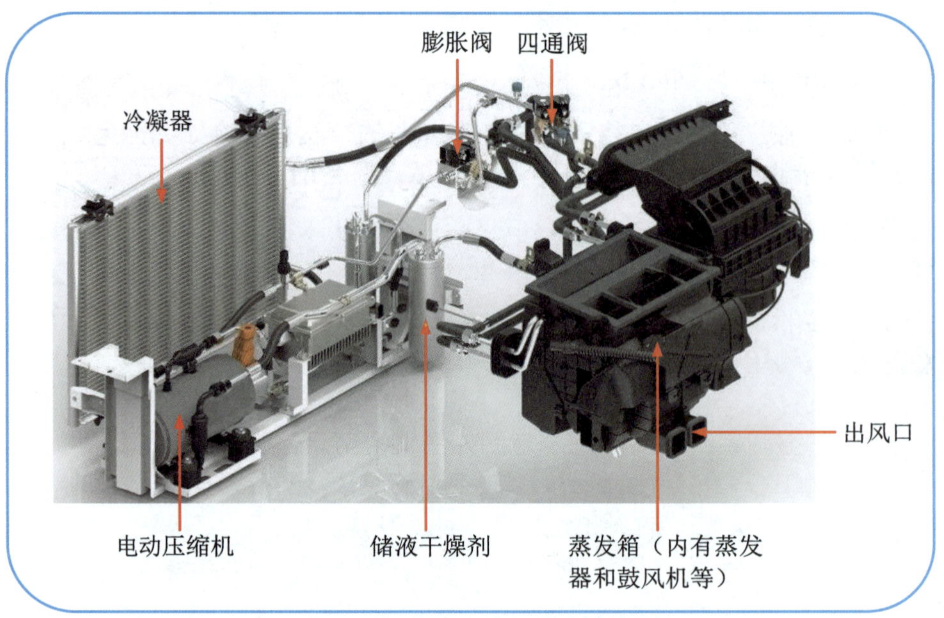

图 10-13 热泵制热系统

新能源汽车的 PTC 制热系统主要由 PTC 加热器、热交换器、鼓风机、水泵等组成，如图 10-14 所示。

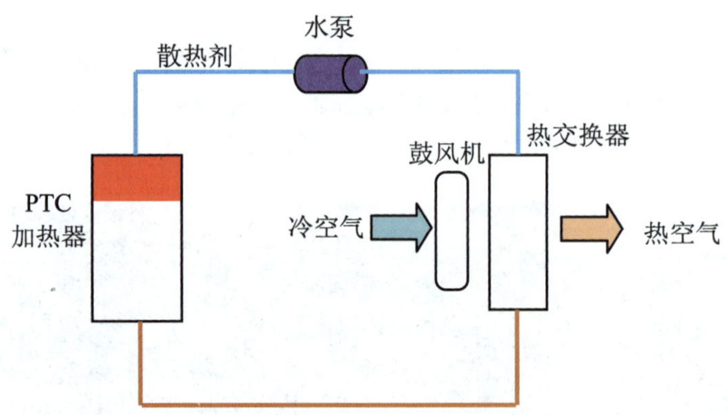

（a）利用散热剂传递热量的制热系统

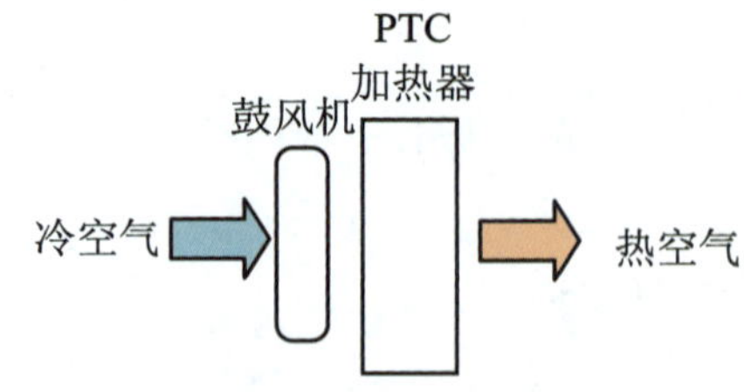

（b）只有 PTC 加热器的制热系统

图 10-14 新能源汽车的 PTC 制热系统

10.2 新能源汽车空调系统工作原理

液体由液态变为气态时会大量吸收热量，使周围的温度下降，简称为液体汽化吸热。空调器就是利用液体汽化吸热来制冷的。本节将详细讲解新能源汽车空调系统工作原理。

10.2.1 空调系统制冷原理

新能源汽车空调系统制冷原理示意图如图 10-15 所示。空调器主要采用蒸气压缩制冷循环方式，对于蒸气压缩式制冷，其工作原理就是使制冷剂在压缩机、冷凝器、膨胀阀和蒸发器等热力设备中进行压缩、放热、节流和吸热 4 个主要的热力过程，以完成制冷循环。

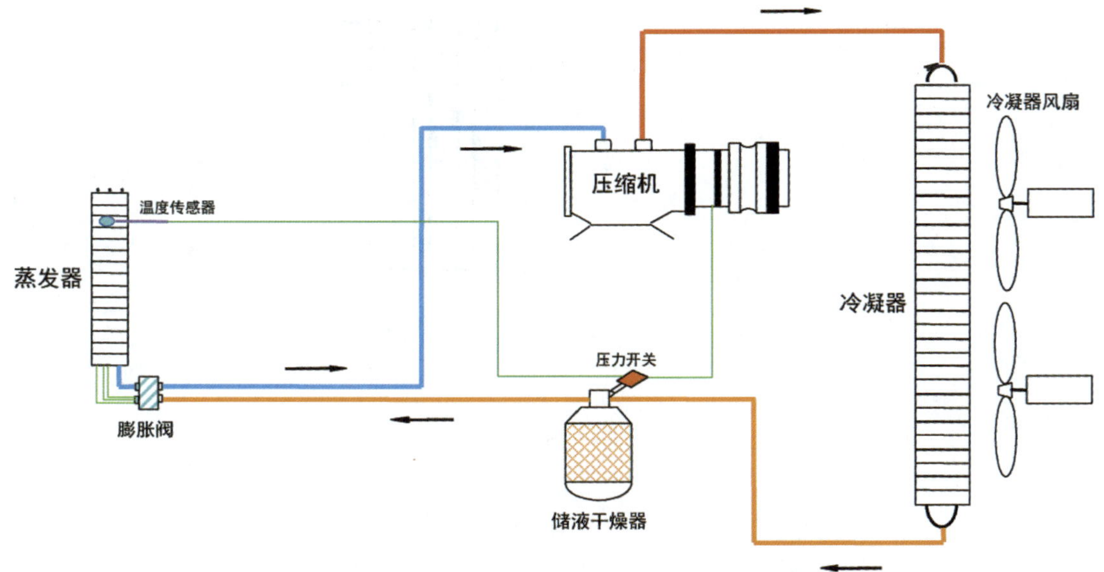

图 10-15 新能源汽车空调系统制冷原理示意图

我们来了解一下空调系统的制冷原理。

（1）压缩机将从蒸发器流出的低温低压的制冷剂蒸汽压缩，压缩成高温高压的气体，并使蒸汽的压力提高到与冷凝温度对应的冷凝压力，从而保证制冷剂蒸汽能在常温下被冷凝液化。压缩过程是一个升压升温过程，而制冷剂经压缩机压缩后，温度也升高了。

（2）制冷剂蒸汽被排入冷凝器冷凝，这样可以将制冷剂蒸汽冷凝为液态。冷凝过程是一个恒压放热过程，在高温的制冷剂蒸汽通过冷凝器的金属盘管和散热片时，在冷凝器风扇的配合下，制冷剂将热量传给冷凝器周围的空气，同时制冷剂降温冷却冷凝为高压常温的液体。由于冷凝器冷凝得到的液态制冷剂的冷凝温度和冷凝压力要高于蒸发温度和蒸发压力，在进入蒸发器前需让它降压降温。所以接下来高压液体制冷剂会进入膨胀阀降温降压。通过膨胀阀节流后，制冷剂会变成低温低压的液体。

（3）变成低温低压的制冷剂接下来会进入蒸发器，与驾驶室内的空气进行热交换。这时，液态的制冷剂由于吸收驾驶室空气中的热量由液体变成气体，并变成低温低压蒸汽，然后重新进入压缩机中，重复上述制冷循环。

10.2.2 PTC 加热器制热原理

有些新能源汽车的制热系统采用 PTC 加热方式，此制热系统比较简单，其工作原理如图 10-16 所示。

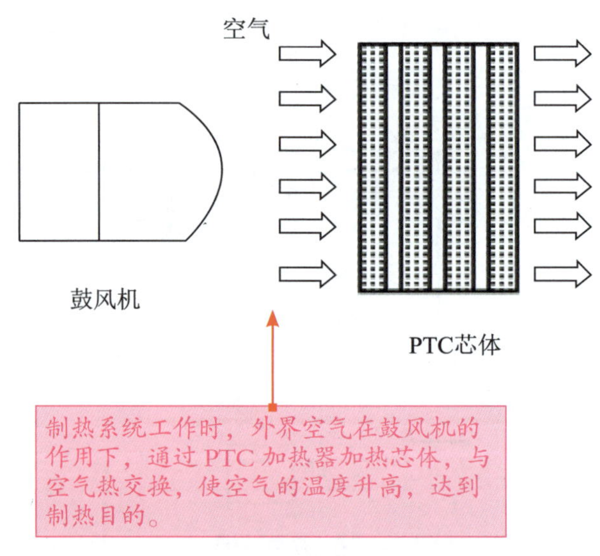

图 10-16　制热系统原理

PTC 加热器表面布置温度传感器，当温度传感器采集的温度大于 95 ℃时，空调控制器将自动断开电加热器电源输入。

PTC 加热器表面布置温度开关，当温度开关采集的温度大于 139 ℃时，将会自动断开 PTC 加热器电源输入。

当温度旋钮旋至制热区域最右边，PTC 加热器以全热模式工作；当温度旋钮旋至制热其他位置，PTC 加热器以第一级功率工作。

10.2.3 空调系统电路控制原理

空调系统电路连接如图 10-17 所示（以北汽新能源汽车为例）。

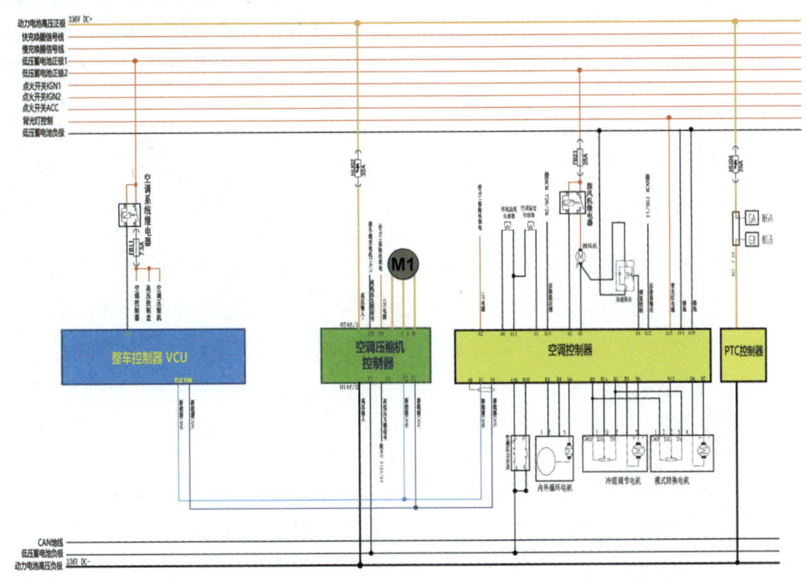

图 10-17　空调系统电路连接图

我们结合图 10-17 来讲解一个空调系统的控制原理。

（1）空调压缩机控制器的高压输入 + 通过熔丝 HU02 连接动力电池的高压正极，空调压缩机控制器的高压输入 - 连接到动力电池的高压负极，为空调压缩机控制器提供高压直流供电；

（2）空调压缩机控制器的 P1、P2 端连接到整车控制器 VCU 的 V111 和 V104 端，为 CON 通信信号线，VCU 通过 CAN 通信线向空调压缩机控制器发送控制信号；

（3）空调压缩机控制器的 P6、P2 端分别连接到空调系统继电器和熔丝 FB11，以及低压蓄电池负极，为空调压缩机控制器的电路提供 12 V 低压供电。

（4）空调压缩机控制器的 P3、P4 端分别连接到高低压互锁系统，P3 端从车载充电机接来，P4 端接 VCU 的互锁信号线。

（5）空调压缩机控制器的 U、V、W 端输出电动压缩机 M1 的驱动电压。

（6）环境温度传感器、空调温度传感器、鼓风机继电器、鼓风机调速模块、内外循环电机、冷暖调节电机、模式转换电机、压力开关等分别连接到空调控制器相应引脚，受空调控制器的控制。同时空调控制器通过 CAN 通信线与整车控制器 VCU 和空调压缩机控制器进行通信。

（7）动力电池高压正极通过熔丝 HU04、继电器 GA 和 GB 后连接到 PTC 控制器，同时动力电池高压负极也连接到 PTC 控制器，为 PTC 控制器供电。

空调系统电路制冷控制原理如下：

当风速旋钮打开后，鼓风机继电器闭合，鼓风机 1、2 两端得电，鼓风机工作，其中鼓风机 2 号端子与调速模块 1 相连作为电阻阻值调节的一端，调速模块 2 号端子接地，其 3 号端子与空调控制器的调试控制针脚（A4）相连，在风速旋钮不断调节下，实现阻值不断变化，从而使得鼓风机两端的电流不断变化，实现鼓风机转速的变化，从而实现风速的调节。

当用户按下 A/C 开关后，空调控制器会收到一个空调起动信号，然后空调控制器检测空调压力开关，当空调管路内达到一定压力时，压力开关吸合。

当整车控制器采集到空调 A/C 开关信号、空调压力开关信号、空调温度传感器信号、风速信号以及环境温度传感器信号后，经过运算处理形成控制信号，通过 CAN 总线传输给空调压缩机控制器，由空调压缩机控制器把动力电池输入的两相高压直流电转换为三相直流电输送给电动压缩机，并由空调压缩机控制器控制三相直流电的通 / 断，进而控制压缩机的运转。

空调系统继电器由整车控制器控制，空调系统继电器用来控制压缩机 12 V 低压电源，低压电源电压是空调压缩机控制器的通信信号传输及控制功能得以正常运行的可靠保证。整车控制器通过 CAN 通信总线“CANH 和 CANL”信号与空调压缩机控制器相连接，再由空调压缩机控制器控制电动压缩机的高压电源线 UVW 的通 / 断。

空调控制器发出压缩机开启请求信号后，空调控制器检查鼓风机是否开启。若鼓风机开启，再根据设定温度和环境温度综合控制压缩机的转速。

当设定温度和环境温度的差值大于 2 ℃，压缩机全速运转；当设定温度和环境温度的差值不大于 2 ℃，压缩机进入变频控制。

压缩机运行过程中，压缩机控制器实时监测运行状态，当运行状态发生异常时，压缩机可以及时处理并做出响应。

10.3 空调系统故障维修

新能源汽车空调系统出现故障通常会导致空调无法正常工作，本节将对新能源汽车空调系统的常见故障进行分析，并讲解空调系统压力测试方法、加注制冷剂方法以及空调系统故障检测维修方法。

10.3.1 空调系统故障分析

新能源汽车空调常见故障主要有：空调不制冷、空调冷气时有时无、空调有异响、空调不制热等故障。

造成新能源汽车空调的原因主要如下：

（1）动力电池电量 SOC 低于 30%；

（2）空调高压熔断器损坏；

（3）AC 开关故障；

（4）空调面板接插件接触不良或退针；

（5）空调控制器故障；

（6）空调高压开关故障；

（7）蒸发器温度传感器故障；

（8）整车控制器故障；

（9）制冷剂不足；

（10）压缩机低压线束接插件松动或退推针；

（11）压缩机损坏；

（12）PTC 温度传感器故障；

（13）PTC 加热器低压线束接插件松动或退针；

（14）PTC 高压继电器损坏；

（15）PTC 加热器损坏。

10.3.2　汽车空调系统压力检测判断方法

当空调制冷运行，鼓风机速度处于“高”位，打开车门，发动机保持在 1 500 r/min，这时汽车空调的正常的工作压力为，R134a 制冷剂：低压为 0.15~0.25 MPa，高压为 1.3~1.5 MPa。R12 制冷剂：低压为 0.15~0.2 MPa，高压为 1.45~1.5 MPa。

汽车空调系统压力检测判断方法如图 10-18 所示。

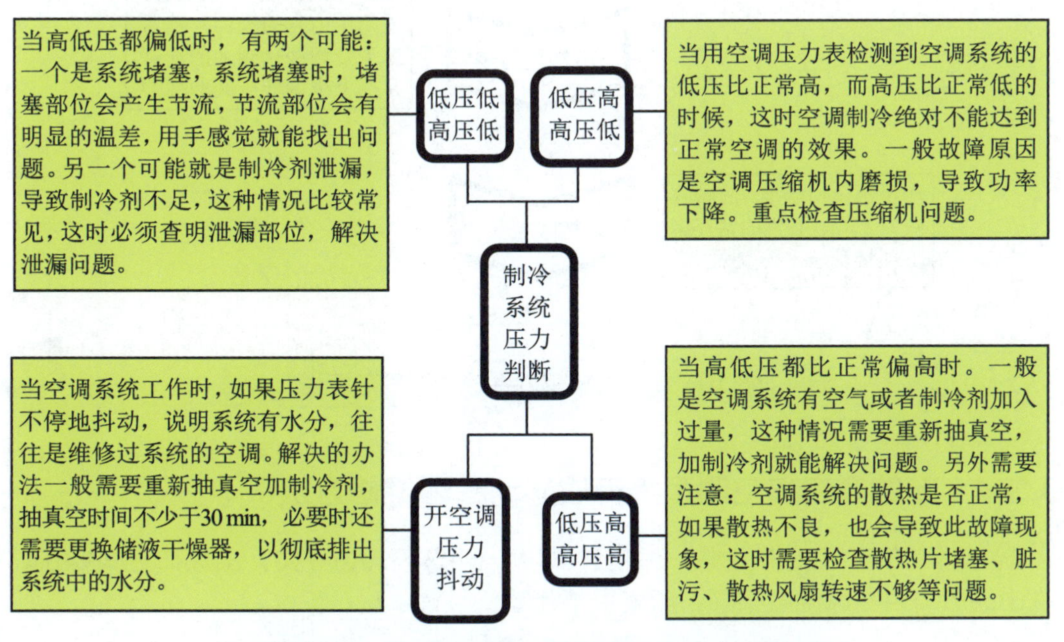

图 10-18　汽车空调系统压力检测判断方法

10.3.3 空调系统加注制冷剂流程

汽车空调系统加注制冷剂流程如图 10-19 所示。

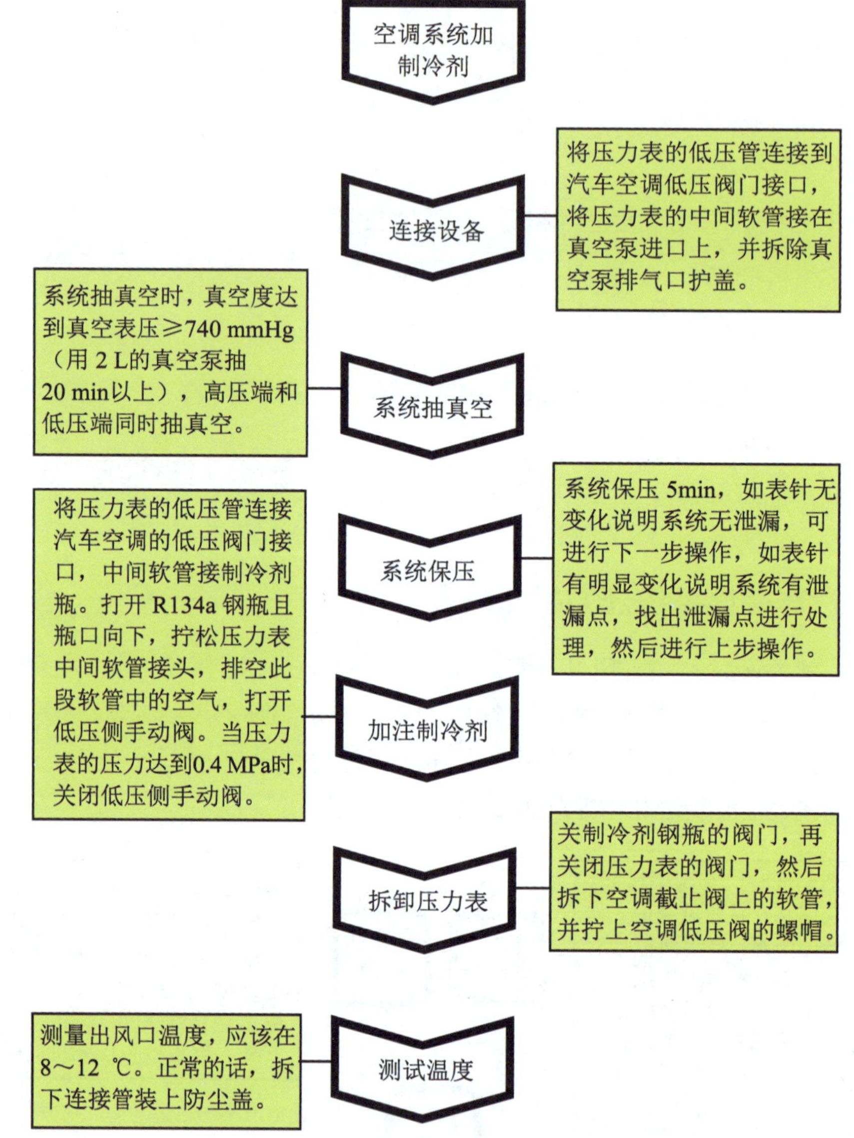

图 10-19　汽车空调系统加制冷剂流程

10.3.4 新能源汽车空调系统无法起动故障维修方法

新能源汽车可以正常上电，开启鼓风机，但按下 A/C 开关，出风口无风吹出，或者吹出的风与自然风温度相同，压缩机不起动。

此故障的检修思路和流程如图 10-20 所示。

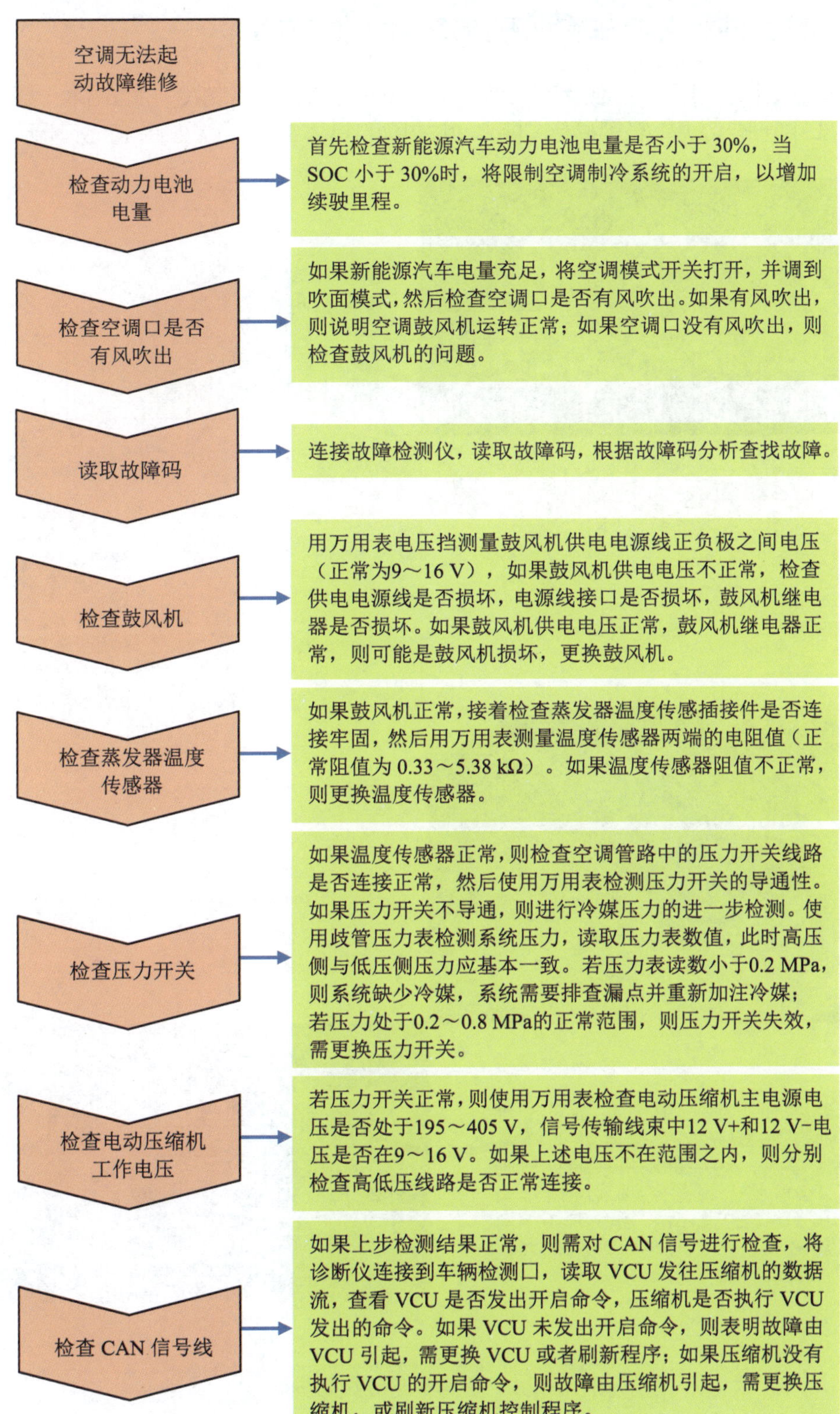

图 10-20 新能源汽车空调系统无法起动故障维修方法

10.3.5　众泰新能源汽车空调不制冷故障维修实战

一辆众泰新能源汽车上电及起动都正常，但空调系统不制冷。此故障一般由空调系统中的部件问题或缺冷媒等原因引起，此故障的具体维修方法如图 10-21 所示。

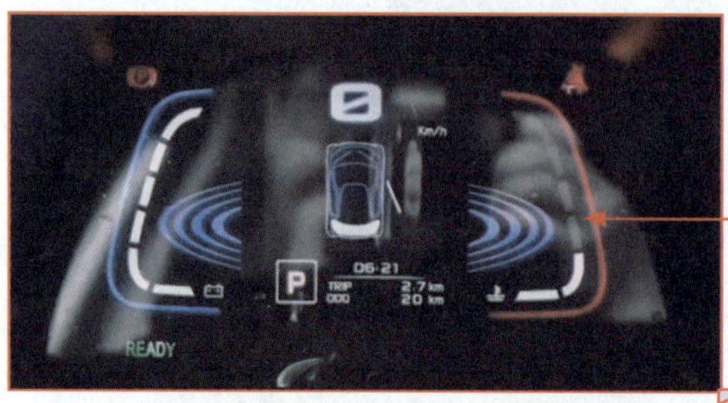

❶按下起动开关，车辆可以正常上电起动，READY 灯亮。但按下 A/C 开关后，空调不制冷。

❷连接故障检测仪，读取故障码，显示电机控制单元故障，具体为母线欠电压停机故障。

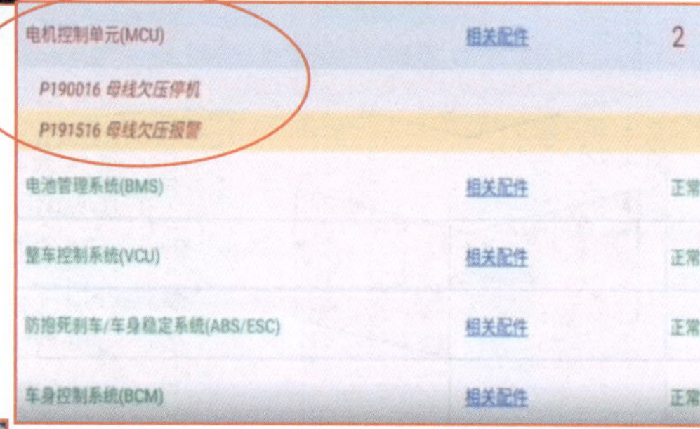

❸接下来先将起动开关置于 OFF，然后拆下空调压缩机的高压直流线插头。重新将起动开关置于 ON，并用万用表的直流电压挡（1 000 V）测量，红表笔接直流母线正极，黑表笔接直流母线负极，测量直流电压。测量值为 0.772 V，说明空调控制器的直流母线没有直流电。

❹将低压蓄电池负极拆下，再拆下高压分配盒输入的高压直流母线，然后用万用表的电阻挡（200 挡）测量空调系统的熔断器（保险）。两表笔分别接熔断器两端，测量的阻值为无穷大，说明熔断器熔断损坏。

图 10-21　空调不制冷故障维修

❺ 更换损坏的熔断器。

❻ 将重新接好空调压缩机的高压直流线插头，然后用兆欧表从压缩机高压直流插头测量绝缘值。红表笔接高压直流正极插头，黑表笔接高压直流负极插头，测量的绝缘值为 19 Ω，正常为 20 MΩ。说明空调压缩机有问题。

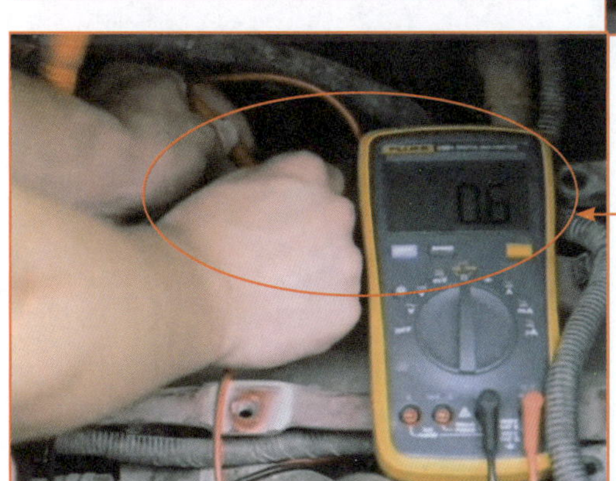

❼ 检测空调压缩机是否正常。拆下空调压缩机的直流电进线插头，然后用万用表的电阻挡（200 挡），分别测量压缩机三个端子中两两端子的阻值。测量值均为 0.6 Ω。阻值正常（正常小于 1 Ω），说明压缩机正常，肯定是压缩机控制器有问题。

❽ 更换空调压缩机的控制器，并将压缩机安装好，接好高压分配盒的高压直流线。

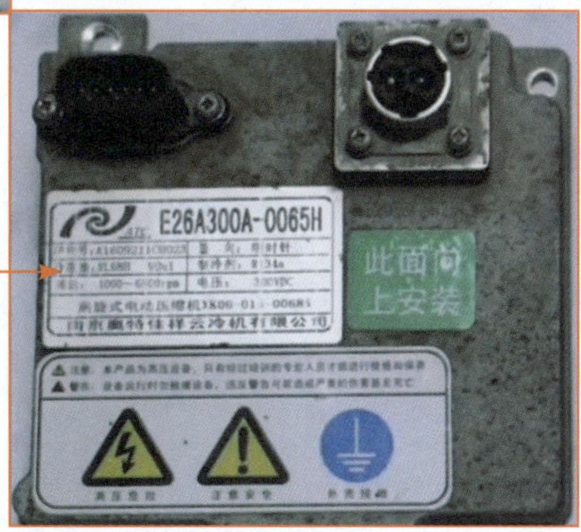

图 10-21 空调不制冷故障维修（续）

❾ 将起动开关置于 ON，起动车辆，并按下 A/C 开关起动空调。空调制冷正常了，故障排除。

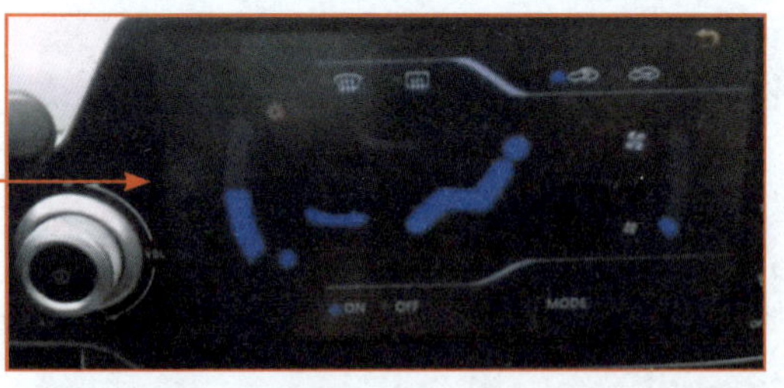

图 10-21　空调不制冷故障维修（续）